KB196360

적대 정치
앤솔러지

한국 민주주의 무너지다

NANAM
나남출판

적대 정치 앤솔러지

한국 민주주의 무너지다

2025년 3월 1일 발행
2025년 3월 1일 1쇄

저자	송호근
발행자	조완희
발행처	나남출판사
주소	10881 경기도 파주시 회동길 193, 4층(문발동)
전화	(031) 955-4601 (代)
FAX	(031) 955-4555
등록	제 406-2020-000055호 (2020.5.15)
홈페이지	http://www.nanam.net
전자우편	post@nanam.net

ISBN   979-11-92275-27-7
ISBN   979-11-971279-3-9(세트)

책값은 뒤표지에 있습니다.

적대 정치
앤솔러지

한국 민주주의 무너지다

송호근 지음

NANAM
나남출판

적대 정치 앤솔러지

문학이나 명곡에 어울리는 이 아름다운 '앤솔러지(선집)'란 말을 정치에 붙이고 나니 마음이 매우 아프다. 남미, 중앙아시아도 아니고 선진국 클럽에 이미 진입한 한국 정치가 '적대 정치^{敵對政治}의 진열장이라니. 독주와 독선의 연작^{連作}이었다. 노무현 정권 이래 지금까지 다섯 차례의 정권은 스스로 개방, 소통, 혁신을 내세웠지만, 폐쇄, 불통, 구태를 답습했다. 그걸 깨겠다고 의연하게 공언했던 정권들은 모두 구차한 변명과 함께 정권을 넘겨줬다.

정권교체는 언제나 피바람을 몰고 왔다. 청산^{淸算}의 정치로 희생된 사람이 부지기수다. 언제부턴가 '적폐청산'이 유행을 타더니 그 주요 대상이 제도와 관행의 혁파가 아니라 사람 척결로 바뀌었다. 현대판 유배형과 다름없었는데 괘씸죄와 불경죄를 저지른 사람들은 수상한 혐의를 쓰고 감옥에 갔다. 수많은 정치인과 인재들이 부정과 비리, 권력 남용으로 무대에서 사라졌다. 한강 다리에서 뛰어내린 사람부터 스스로 극단적 선택을 한 사람까지 애달프고 슬픈 뉴스가 쏟아졌다.

윤석열 대통령의 비상계엄은 적대 정치의 끝판이었다. 상대의 치밀한 공격에 결박당한 상태를 참고 견디지 못해 몸부림친 결과였다. 윤석열의 독주스타일이 공격 의욕에 충만한 민주당을 자극해 포박을 자초했다. 자업자득이다. 양 진영의 공격은 끈질겼다. 마치 아이언 돔에 날아드는 수천 발 미사일을 요격하는 장면 같았다. 그게 불꽃놀이라면 얼마나 좋을까만 증오의 미사일은 시민들의 꿈의 화폭인 밤하늘을 들쑤셨다.

운동권 정치인들의 진출이 가시화되었던 노무현 정권 당시는 그러려니 했다. 광장은 진보 단체의 함성으로 가득 찼는데 점점 조직화 요령을 습득한 보수 단체도 거리 시위를 감행하기 시작했다. 20년이 지난 지금은 너 나 할 것 없이 깃발과 경광봉을 흔들어댄다. 거리에서 서로 맞부딪힌들, 함성을 지르고 경찰과 무한정 대치한들 이미 적대 정치를 코드화한 정치가 나아질 것 같지 않다.

필자는 확신한다. 외신들이 그토록 칭송해 마지않던 광장의 함성은 이젠 임계선을 넘어 민주주의를 죽이는 독毒이 됐다고. 한국 정치는 세계에서 보기 드문 적대 정치의 난장亂場이다.

한국 정치를 그렇게 만든 제도와 관행을 뜯어고치지 않고 정권교체가 이뤄진들 적대 정치는 사라지지 않는다. 탄핵이 인용되고 대선이 두 달 내에 치러지면 이재명 대표와 민주당의 집권당 등극이 가시화된다.

신뢰할 만한 정치인이 대체로 지리멸렬한 현재로서는 가장 가능성 높은 시나리오다. 관용과 화해의 정치를 한다고? 얼마 전 양산 사저를 방문한 이재명 대표에게 문재인 전 대통령이 그렇게 조언했다. 친문親文과 비명非明 세력을 내치지 말라는 얘기였을 거다. 문 정권도 '광화문 시대'를 열겠다고 호언장담하고, 퇴근길 시민들과 소주 한잔 나누겠다는 정겨운 언약도 했지만 그런 일은 일어나지 않았다. 결함이 많은 제도와 관행, 정당 간 항시적 투쟁이 그걸 허락하지 않았다.

투쟁을 배태한 정치 제도의 혁파가 없다면 누가 등극해도 적어도 2030년까지 적대 정치는 지속할 것이다. 정치인들이 개과천선하지 않는 한 현행 제도가 그렇게 몰고 간다. 그 중간에 야당의 공세를 아예 틀어막고자 집권당이 무리수를 둘 가능성을 배제할 수 없다. 윤석열의 비상계엄처럼. 필자는 확신한다. 적대 정치는 한국의 민주주의를 이미 죽였다.

일단 민주주의로 이행하면 영원히 그곳에 머물 줄 알았다. 1987년 민주화 당시에는 상상하지 못했던 슬픈 현실이다. 민주주의는 내부 결점이 많은 체제라서 신중하게 다루지 않으면 쉽게 깨진다는 고금 지성인들의 경고가 새롭다. 관용과 자제의 행동수칙과 규범을 내면화하고 실행하면 민주주의 내부 결점들이 가려지고 질서, 성장, 안정과 같은 공익적 가치가 살아난다. '적과의 동침'이 정치다. 그걸 배신이라고 낙인찍는 순간 혐오와 증오가 들어선다.

적어도 김영삼과 김대중 정권 때는 반독재 투쟁의 끈끈한 동지 의식이 존재했다. 여야 정치인들은 경쟁자이자 동지였다. 그런 시절이 끝나자 냉정하게 갈라선 좌·우파는 서로 적敵이 됐고, 20년 지속한 적대 관계 속에서 끝내 철천지원수가 됐다. 테러와 반목으로 얼룩진 해방정국의 혼란을 탓할 게 아니다. 좌·우파 정치인들은 서로 접촉과 대화를 끊은 지 오래다.

대화 없는 정치가 얼마나 지속할까? 둘러친 아이언 돔에 미사일을 쏴대는 그런 견원지간犬猿之間 상태에서 근사한 비전과 명분을 들먹이는 정치인들을 TV 화면에서 매일 봐야 하는 건 치욕 그 자체다.

묻고 싶다. 한국이란 나라가, 5천만 인구의 생존과 삶이, 태어날 후손들과 미래가 모두 당신들 것인가? 검증과정 없이 불쑥불쑥 내놓는 정책 사안들, 스스로 규정한 사회 정의가 결국 역사의 진로를 바로잡을 거라는 당신들의 언약은 확증편향의 소산 아니던가? 당신들의 소신과 신념을 실현하려고 당신들 소유가 아닌 5천만 국민의 삶을 이토록 불편하게 만들어 왔다면 책임을 져야 한다고 말이다.

필자는 이런 못난 정치를 몽땅 해고한다고 외치고 싶다. 주권재민의 권리를 이렇게라도 행사하고 싶다. 양보와 자제를 통해 대의大義를 구현한다는 정치의 본질을 각인시키고 싶다.

나는 정치인들을 해고한다! 해고를 넘어 유배형을 발령한다! 한국정치의 민주주의 가드레일을 이토록 처참하게 파괴한 당신들을 귀양

보내는 동시에 권력남용 책임을 묻고 싶다. '정치의 사법화'는 민주주의를 탈선한 행위인데, 사법부를 불신한 나머지 '사법의 정치화'를 또다시 시도하는 당신들의 음험한 수작은 대한민국을 망치고야 만다. 아니 이미 망가졌다. 탄핵 심판, 이재명 대표 판결, 대선정국이 겹친 한국의 봄은 이미 망가진 정치 역량으로 감당하기 불가능하다.

다른 나라 같으면 이런 때에 '사회협약'이 출현하는데 한국 정치에는 그런 개념조차 존재하지 않는다. 그저 독주와 독선, 독점이다. 2030년까지 적대 정치가 지속할 거라는 필자의 지적이 이런 점에 근거하고 있다. 새로운 정권이 들어서면 다시 피바람이 불 것이고 많은 사람들이 감옥을 향할 것이다. 그것도 정의의 이름으로 말이다.

한국의 정치는 악의에 찬 사람만이 살아남는 조악한 기계, 민주주의의 가면을 쓴 전제정專制政과 유사하다.

정권교체의 비용이 한국만큼 큰 나라도 드물다. 정책의 전면 수정은 물론, 국가 주요 운영자의 거의 절반이 바뀐다. 약 3천여 명 정도가 직책을 바꾸거나 물러난다. 정책의 전면 수정, 주요 공직자들과 정치인들의 교체는 비용을 상쇄할 정도의 성과를 냈던가? 경제성장률, 고용률, 국민소득 수준이 정권의 성격에 따라 크게 달라졌던가? 그들이 부르짖었던 것만큼 성과와 업적이 있었던가?

아니다. 경제, 복지, 고용 전반의 변화는 지극히 미미했다. 어떤 정권은 정책부작용이 훨씬 커져서 감당할 수 없는 지경에 이르기도 했다.

한국은 북한과 땅을 맞대고, 중국, 러시아에 인접한 나라임은 누구나 인식하는 아찔한 현실이다. 지구촌에 이런 나라가 또 있는가? 한·미·일 동맹과 북·중·러 연합의 위험한 대치 상황에서 안전지대를 찾으라는 것이 정치에 발한 국민의 명령이었다.

분배정책이 정의롭다는 것은 누구나 다 안다. 성장과 고용에 미치는 영향을 최소화한 최적 정책을 찾으라는 것이 국민의 명령이다. '기울어진 운동장'이라 했다. 운동장을 바로잡아 다 좋아진다면 누가 그걸 선택하지 않으랴.

사회과학은 정의의 부작용과 역효과를 따진다. 지구 살리기는 인류의 공동 책임인데 국가경쟁력은 덮고 무조건 원자력 폐기처분을 발령하는 최악의 선택은 아무도 책임지지 않는 술집 객담에 가깝다. 에너지 믹스energy-mix와 같은 절충 개념은 생각하지도 않는다. 저급한 정치다.

좌·우파 투쟁의 핵심 축에 해당하는 저 중심 가치들을 엎고 다시 뒤집었던 것이 20년 정치의 궤적이었다. 그런데 성과는 별로 눈에 띄지 않았다. 왜 이런 소모적 투쟁을 사생결단 결행하고 있는가?

정치는 이념과 비전이 다른 사회세력들이 서로 공존할 가치 영역을 만들어내는 행위다. 그게 화합이고 포용이다. 그런데 한국을 '두 국민'으로 쪼개 이토록 치열한 격투를 벌이도록 부추기는 것, 그래서 한쪽이 다른 한쪽을 완전히 포박해 자신의 세계관에 묶어 두는 것, 이게 그대들 정치인의 목적이자 비전이었다.

필자는 분노한다. 시민들에게 불안감을 잔뜩 안겨준 정치인, 공존의 가치를 만들기는커녕 공동체를 두 쪽으로 갈라 집단적 격투를 하도록 부추기는 정치인, 그리하여 결국 어렵게 획득한 민주주의를 파손하고야 만 권력욕에 눈먼 정치인들에게 격한 분노를 보낸다. 이 책은 한 사회학자가 정치인 집단에 던진 분노의 돌팔매다. 적대 정치의 주역들과 그에 휩쓸린 우리들의 초라한 자화상을 다큐멘터리 영상처럼 되살리고자 했는데 그 어느 중간 지점에 어정쩡하게 서 있던 필자의 모습도 어른거린다.

2025년
그래도 봄을 기다리며
춘천에서
송호근 씀.

차 례

2 적대 정치의 기원과 증폭 좌파의 양식

3 정치 양극화와 폐쇄정치 우파의 양식

4 민주주의의 생환 좋은 정치를 찾아서

길 걷는 가늘

투부를이돌본

계엄의 밤은 잔인했다. 누구도 예상하지 못했다. 2024년 12월 3일 밤 10시 23분, 잠자리에 들 시각 시민들은 휴대폰에서 눈을 떼지 못했다. 웬 가짜뉴스를 속보로 송출하는가 싶었다. TV를 켰다. 중무장한 군인들이 국회로 진입하고 있었고, 국회 정문에는 들어가려는 사람과 막는 사람들이 엉켜 아수라장이 됐다. 실제 상황이었다.

눈앞이 캄캄해졌다. 계엄이라니, 44년 전 광주항쟁을 끝으로 사라졌던 계엄이 선진국 수도 서울에서 다시 벌어졌다. 초겨울 여의도의 밤공기는 쌀쌀했는데 특전단의 출현과 의구심에 찬 시민들의 운집으로 뒤숭숭한 열기가 피어올랐다. 계엄령 발동 속보는 사실이었다. TV에 계엄을 발령하는 윤석열 대통령의 모습이 되풀이 방영됐다.

불과 10여 년간 새누리당, 자유한국당, 미래통합당, 국민의힘으로 간판을 바꿔 달면서 실정과 탄핵 후유증을 극복하느라 전전긍긍한 보수당으로서는 민주당의 독주에 온몸으로 저항하는 윤석열이 그렇게 반가울 수가 없었다. 일종의 구세주였다. 보수당의 회생전략과 윤석열의 생존전략이 맞아떨어져 2022년 대선에서 0.73%의 미세한 격차로 윤석열이 등극했다. 기적이었다.

그러나 '윤석열 스타일'은 독주 기관차였다. 구설수와 비난을 무릅쓰고 청와대를 용산으로 옮겼다. 용산 대통령실과 내각은 주로 이명박, 박근혜 정권 출신으로 채워졌지만 어떤 경로와 인연으로 발탁되었는지 아무도 몰랐다. 정책결정 과정은 물론 정책 내용을 예견하기 힘들었다. 박근혜 정권이 그러했듯이 정권 중심부는 베일에 싸였다. 그런 상황에서 당정협의체는 가동되지 않았다. 국민의힘은 그저 바라만 보고 있다가 정책을 둘러싼 잡음이 쏟아지면 그걸 수습하는 일에 전념했다.

예고된 파국

재앙災殃의 문

2024년 겨울 초입, 경제 대국이자 민주주의 국가로 분류된 대한민국에서 후진국 현상인 계엄이 발동됐다. 나는 평소에 알고 지내던 정계 인사에게 전화를 걸었다. 그도 잠자리에 들었다가 일어났다고 했다. 믿기지 않는다는 말도 덧붙였다. 풍문이 사실로 구현된 이 기막힌 현실에 그도 나도 말문을 잃었다. 텔레비전 뉴스에 눈을 맞출 수밖에 다른 방법이 없었다.

　민주당 국회의원들의 긴급 소집령이 떨어졌다. 국민의힘도 소집을 발령했는데 국회 진입이 어려웠던지 여의도 당사로 장소를 바꿨다. 며칠 후에야 판명됐지만, 계엄해제 회의에 참석하면 결국 모양이 좋지 않다는 계산이 작용했다. 당사에 모인 여당은 이견을 좁히지 못한 채 우왕좌왕했을 것이었다. 여야 정당 모두 비상계엄을 사전에 인지하지 못했다는 증거였다.

민주당 의원들은 국회 정문 앞에서 실랑이를 벌이다 잠시 허용된 틈을 타서 국회의사당에 진입했다. 우원식 국회의장은 발걸음이 빨랐다. 일찍 국회에 도착한 그는 정문이 막히자 우측 담장을 넘었다. 1미터 조금 넘는 담장은 67세 국회의장의 월장을 그런대로 수월하게 해줬다. 대한민국 권력 2인자 국회의장의 월장, 이런 일이 일어났다.

그 시각, 여의도 상공 밤하늘에 굉음을 내면서 헬기가 줄지어 날아왔다. 국회의사당을 장악하라는 명령을 받은 공수특전단 병사들이 쏟아져 나왔다.

눈발이 휘날렸다. 귀가하던 시민들은 여의도로 발길을 돌렸다. 집에 있던 시민들도 겨울옷을 챙겨 입고 여의도로 몰려나왔다. 국회 앞 도로는 계엄령에 경악한 시민들로 붐볐다. 어느새 그들 손엔 콘서트용 응원봉이 들려 있었는데, 휘날리는 눈발과 함께 별처럼 흔들렸다. 계엄령 해제! 시민들의 구호가 밤하늘에 울려 퍼졌다. 밤 11시 30분경, 여의도 일대 카페와 식당은 몰려나온 시민들과 합세해 불을 다시 밝혔다. 비상계엄에 커피가 동나고, 응원봉과 계엄군의 총부리가 한데 엉켰다.

이런 계엄도 있다! 계획하지 않은 자연발생적 시위를 주도한 것은 MZ세대였다. 그들은 응원봉을 흔들면서 로제의 〈아파트〉를 불러 젖혔다. 집에 가라는 뜻이 얼마나 전달됐는지 모르지만,

Z세대로 구성된 계엄군도 그 합창을 들으면서 약간은 흥겨웠을 거다. 굳게 닫힌 국회의사당 본관 정문을 통과하지 못한 계엄군이 창문을 부수고 겨우 진입했다. 마치 화가 치민 불량 학생들이 교실 창문을 부수는 듯한 모습은 공수특전단에 전혀 어울리지 않는 풍경이었다. 텔레비전 중계를 본 시민들은 혀를 끌끌 찼다. 약간 정신을 수습한 필자도 젊은 시절 광주보병학교 훈련을 떠올리며 특전단답지 않다는 생뚱맞은 생각에 살짝 미소가 스쳤다. 웃을 때가 아니다!

특전단이 의사당 본관 진입에는 성공했는데, 그다음 행동이 더 수상했다. 목표가 무엇인지 헷갈렸다. 복도를 따라 잰걸음을 옮겼는데 목적지가 어딘지, 무엇을 하려는지 도무지 예상할 수 없었다. 의사당 본회의장인가? 체포 의원 명단을 받았다 해도 중무장한 젊은 병사들이 의원의 얼굴을 식별할 수 있었을까? 식별해서 체포했다 하더라도 끌고 나갈 수 있었을까? 체포와 도피, 군경과의 사투로 잔뼈가 굵은 운동권 의원들이 뻔히 보는 앞에서 Z세대가 그들을 체포한다?

특전단 진격이 국회 직원들과 보좌관들이 쌓은 집기 더미에 일단 막힌 것은 다행스런 일이다. 그리고 누군가 발사한 소화기 연기에 질식당해 쩔쩔맨 것은 더욱 다행이었다. 코미디인가?

그러는 사이, 중앙선거관리위원회 과천청사에는 또 다른 계엄군이 진입하고 있었다. 선관위 데이터센터를 압수 수색하려는 목적임이 나중에 알려졌다. 계엄군이 컴퓨터 본체 사진을 찍었고 한 무리는 이불 보따리만 한 무언가를 들고 어디론가 빠져나간 것으로 알려졌다. 선관위는 이를 공식적으로 부정하지만 만약 사실이라면 부정선거의 물증을 찾아 민주당을 괴멸시킨다는 대통령의 과대망상을 밝혀줄 천상의 선물이었다.

우원식 국회의장과 민주당 의원들은 준비라도 한 것처럼 재빨랐다. 하기야 2023년 가을부터 이재명 대표를 지근거리에서 보좌해온 민주당 김민석 최고위원이 말도 되지 않는 발언을 두어 번 했다가 세간의 빈축을 산 일이 있었는데, 계엄 기획자인 김용현 국방장관이 음해라고 맞받아쳤던 그 계엄을 대비해 오고 있었다는 사실이 입증된 순간이었다.

국민의힘과 민주당을 비롯, 조국혁신당과 개혁당 등 국회의원 190여 명이 모두 의사당에 진입해 계엄해제를 결의한 시각은 4일 새벽 1시, 계엄이 발령되고 꼭 2시간 37분 만이었다. 비상계엄이 선진국에서 돌발한 것도 그렇고, 계엄해제도 그렇게 재빨라 세계 역사에 기록될 만한 사건이었다.

2시간 37분짜리 계엄은 일종의 소동으로 끝났다. Z세대 계엄군도 소동을 일으켜 송구한 마음이 들었다. 국회 앞에 운집한 시민들도 뜨악해했다. 국회 밖 시민들은 무장 지프를 막아섰다. 출동한 부대 출신인 어느 시민은 후배를 타일렀다.

"살살 해라, 다치면 서로 끝장이야."

빌딩과 카페가 즐비한 선진국 거리에서 벌어진 진풍경이었다. 담장을 넘어 진입한 국회의장이 차분하게 계엄해제를 선포하자 계엄군은 안심한 듯 물러났다. 카메라에 목례한 계엄군도 있었다. 소란을 일으켜 죄송하다는 표시였다.

새벽 4시 30분, 용산 대통령실에서 윤석열 대통령은 계엄해제 결의를 수용한다는 담화를 발표했다. 해제 담화를 발하는 대통령의 표정은 몇 시간 전 계엄발령 때보다 힘이 없어 보였다. 그저 "국무회의를 통해 국회의 요구를 수용하여 계엄을 해제할 것입니다."가 끝이었다. 그제야 비로소 시민들은 잠자리에 들었을 것이지만 곧 밝아온 여명에 잠을 설쳤을 것이다. 대통령은 한마디로 끝을 맺고 화면에서 사라졌지만 시민들에게는 엄청난 시련의 시작이었다. 재앙의 문이 열렸다.

계엄 작란^{作亂}

현행 헌법상 비상계엄은 가능하다. 단, 외적의 침입으로 국가 안위에 위기가 발생하거나 상상을 초월하는 재앙이 사회 구성원의 생명을 위협할 때 통치권자는 비상계엄을 발할 수 있다. 윤석열 대통령이 12월 3일 밤 계엄을 발령했을 당시는 국민 생명을 좌우하는 극한 위협과는 거리가 멀었다. 정국이 소란해 을씨년스럽기는 했으나 시민들은 일찍 귀가해서 가족과 평온함을 즐기고 있었거나 내일의 업무를 위해 차분히 준비하고 있었다. 극한 위협을 느낀 것은 정작 윤석열 대통령 자신뿐이었다. 3일 밤 10시 23분, 그는 피를 토하는 심정으로 호소한다고 했다.

"판사를 겁박하고 다수의 검사를 탄핵하는 등 사법 업무를 마비시키고 … 행정부마저 마비시키고 있습니다. … 예산 삭감을 통해 국가의 본질 기능을 훼손하고 대한민국을 마약 천국, 민생 치안 공황상태로 만들었습니다"로 서두를 꺼낸 대통령은 곧장 반국가세력을 호명하는 것으로 거침없이 나아갔다.

이는 자유대한민국의 헌정 질서를 짓밟고, 헌법과 법에 의해 세워진 정당한 국가기관을 교란시키는 것으로써, 내란을 획책하는 명백한 반국가행위입니다.

비상계엄 선포 담화문에는 민주당이 자유민주주의 체제의 전복 세력으로 규정되었다. 그리하여 비상계엄은 "지금까지 패악질을 일삼은 만국의 원흉 반국가세력을 반드시 척결"하는 정당하고 합법적인 통치행위라고 선언했다.

되풀이 방영된 계엄 선포문을 보면서 필자는 강력한 거부감이 들었다. 과연 그런가? 민주당이 자유민주주의 체제를 전복하는 반국가세력인가? 그러면 그들을 뽑은 사람들은? 민주당이 사사건건 딴지를 걸고 욕설을 쏟아내기는 했지만 '자유민주주의 체제 전복 세력'까지는 너무 나갔다. 게다가 '내란을 획책하는 무리'라는 단호한 언명은 무엇에 근거하고 있는가? 내란은 불법적 수단을 극대화하여 정권을 탈취하는 행위, 국가를 주적主敵에 팔아넘기거나 정체성을 훼손하는 행위에 해당한다. 민주당은 과연 그러했나? 과거 주사파 성향을 청산하지 못하고 친북 발언을 서슴지 않는 정치인들이 더러 있기는 해도 내란까지야.

대통령 자신에게는 그렇게 느껴졌다 하더라도 비상계엄이라는 극단적 수단을 동원해서 '척결'하는 것은 반헌법적 행위임에 틀림없다. 독재체제라면 모를까 물리적 수단을 동원해서 체포 구금을 단행한다? 반헌법적, 초헌법적 발상이다.

비상계엄을 선포하기 직전 형식적이나마 국무회의를 했다고 하는데 말려도 듣지 않았다는 것이 당시 참석한 국무위원들의 한결같은 변명이었다. 필자는 이 점도 이해할 수 없다. 대통령이 반헌법적 비상계엄을 아무도 모르게 발령했다면 국무위원은 직무유기에 해당하고, 강력한 반대에도 불구하고 대통령이 밀어붙였다면 국무위원들의 공동책임이다. 국무위원 과반수 참석에 전원 동의가 있어야 비상계엄이 성립하기 때문이다.

그런데 국무위원들은 역부족이었다고 했다. 대통령이 못 나가게 드러누웠거나, 방을 폐쇄하거나, 그도 어려우면 사전에 언론 방송을 통해 폭로하는 비상수단을 강구해야 하지 않았을까. 그러나 미적거렸고 수수방관했다. 공동책임을 면치 못한다. 국무위원들은 학식도 높고 경험도 많은 사람들이다. 그런 사람들이 선진국이자 민주주의 국가에서 비상계엄은 어불성설임을 몰랐을까? 반드시 실패한다는 사실, 성공하더라도 역사의 심판을 피하지 못한다는 사실을 알아도 모른 척했을까?

경제성장과 쿠데타 간 상관관계를 연구한 미국 정치학자 쉐보르스키A. Przeworski는 1인당 국민소득 2,000~4,000달러 구간에서 쿠데타가 가장 빈번히 일어나며, 6,050달러를 넘어서면 쿠데타는 발생하지 않거나 실패한다는 사실을 발견했다.[1] 1981년 스페인에서 일어난 군부 쿠데타가 좋은 사례이다. 1975년 프랑코 사후 후안 카를로스 1세는 수아레스를 수상으로 임명하고 정당 간 합의를 통해 민주주의 이행을 성공적으로 이끌었다. 수아레스는 후안 카를로스 1세의 후원하에 정치범들을 석방하고 노동당, 사회당, 공산당, 국민당 간 정치적 화해를 끌어냈다. 지난날의 모든 아픈 기억을 묻고 새로운 출발을 모색한다는 취지의 몽클로아 협정은 민주이행의 디딤돌이 되었는데, 일부 과격한 군부가 반발했다.

1981년 2월 23일 프랑코 체제로의 복귀를 꾀하는 일단의 군부 세력이 국회 점령과 정치인 체포, 국영방송 장악을 기도하면서 쿠데타를 일으켰다. 국회가 점령당한 상태에서 후안 카를로스 1

세는 쿠데타에 반대한다는 성명서를 전국 방송에 송출했다. 쿠데타는 무산되고 군인들이 체포되면서 스페인의 민주주의는 생명을 보존했다. 1981년 스페인의 1인당 국민소득은 6,310달러였는데, 쿠데타와 오일쇼크 여파로 이듬해엔 5,680달러로 떨어졌다.

한국에서 발령된 최후의 비상계엄은 1980년 5·18 광주항쟁이다. 당시 1인당 국민소득은 1,728달러, 쉐보르스키의 진단에 의하면 쿠데타가 빈번히 일어나는 구간에 근접해 있었다. 그로부터 7년 후 1987년 4월 전두환이 개헌논의 유보를 선언한 호헌조치가 민주화 투쟁을 촉발하자 노태우가 국민선거를 골자로 하는 6·29선언으로 겨우 진정시켰던 그해 1인당 국민소득은 3,615달러 정도였다. 3년 후 1인당 국민소득은 6,804달러, 쉐보르스키의 상한선을 바로 돌파할 만큼 한국의 경제는 빠르게 성장하고 있었다. 경제성장에 공을 들인 전두환은 자신의 무덤을 파고 있었던 셈이다. 노태우는 쿠데타의 정치경제학을 접하진 못했겠지만 그의 정치 감각이 '양보' 쪽으로 돌아설 것을 지시하고 있었다.

그런데 1인당 국민소득이 3만 6천 달러에 이르는 한국에서 쿠데타, 혹은 비상계엄? 이토록 무지한 대통령이 있었는가? 정치적 상식에 해당하는 이런 사실을 무시할 만큼 그는 무모하고 유아독존적이었던 셈이다. 더욱이 국가 주요 기관과 언론방송을 완전 장악하고, 계엄사령부가 발하는 일련의 정치적 비상 메시지를 하나의 주파수로 일원화해도 대통령의 '피를 토하는 심정'을 납득시키기엔 천지가 바뀌었다. 유튜브, SNS, 개인방송, 인터넷 매체가 고도로 발달한 한국에서 대체 대통령의 저 고립된 격한 심정을 어떻게 이해할 수 있을까. 그런데 그는 그런 무모한 생각을 했고 실행에 옮겼다.

비상계엄 기획자인 김용현 국방장관이 대통령을 안심시켰을 것이다. 군軍이 따라 준다고, 국회와 주요 시설을 군이 장악할 것이라고, 신속히 출동해 각자 맡은 역할을 수행할 것이라고. 세상 현실 모르는 무모한 참모였다. 그 주군에 그 참모라니.

CCTV가 거미줄처럼 쳐 있고 일거수일투족이 통신 저장소에 착착 기록되는 요즘 같은 세상에서 비상계엄 기밀이 누설되지 않으리란 보장은 없다. 그래서인지 동원부대 지휘관들에게 세밀한 행동지침과 목적지를 사전에 알려주지 않았던 듯싶다. 특수전단 부대장은 비상계엄 발령과 동시에 국회를 장악하라는 명령을 받았는데 정작 의사당 잔디밭에 내린 그 지휘관은 의사당 건물구조를 몰랐다고 했다. T맵을 켜서 출입구를 확인했고 동선을 파악했을 때에는 이미 민주당 국회의원 대다수가 본회의장 내부에 운집해 있었다. '150명이 넘지 않도록 진입을 막거나 의원들을 들어내라'는 지령을 받은 현장 지휘관은 때가 늦었음을 알아차렸다.

중무장한 특전단 병사들도 느릿느릿 꾸물댔다. 목적지가 국회의사당임을 아는 순간 멈칫거렸을 것이다. 계엄이 실패로 끝나면 의원들을 성실히 들어낸 사병들은 불법 폭력행사 처벌을 면치 못할 것임을 우려했을 터이다. 외곽에도 같은 풍경이 벌어졌다. 국회의사당 대로에 무장 지프가 시위 군중에 의해 저지당했다. 세계만방에 이름을 떨치는 위용 당당한 K-9전차가 들이닥친들 같은 꼴이 됐을 것이다. K-9전차라도 응원봉 하나를 대적하지 못한다.

1979년 전두환이 호령한 그 일사불란한 12·12 사태에 비하면 이번 사태는 일종의 연습전이었다. 육군 주력부대인 수방사, 특전사, 방첩대가 총동원된 계엄치고는 대한민국 육군의 체면을 한없이 깎아내린 졸작이었다. 비상계엄에 군인 1,600명, 경찰 3,140명을 동원한다는 김용현의 말을 그대로 믿었다 하더라도 (진위는 아직 밝혀지지 않았다) 대통령은 과연 성공을 확신했을까? 비상계엄이 내란을 획책하는 반국가세력이 똬리를 틀고 있다는 민주당을 괴멸시킬 것임을 믿어 의심치 않았을까? 믿었다면 그는 일종의 정신착란증, 편집증 환자다.

김용현이 작성하고 대통령이 검수했다는 포고문이 그런 사실을 입증한다. 얼떨결에 계엄사령관에 임명된 박안수 참모총장이 낭독한 포고문은 5·18 광주항쟁 당시 내려진 구식 계엄포고문 그것이었다. 포고문을 실천에 옮길 사령부는 물론 계엄 조직은 제대로 갖추지도 않은 채였다.

누가 봐도 포고문은 경악스러웠다. 예를 들면, '1항, 국회와 지방의회, 정당의 정치 활동을 금한다'? 그러려면 국회를 완전 장악해야 하는데, 국회 건물구조도 몰랐다. 정당들이 거리로 나오고 팬덤 집단이 쏟아져 나온다면 대책은 있는가? 그 많은 지방의회는 누가 감시 통제하는가? '2항, 자유민주주의 체제를 부정하거나 전복을 기도하는 일체의 행위를 금하고…'? 부정과 전복을 어떻게 확정할 수 있는가? 이건 상급법원까지 가야 판명이 날 문제다. '3항 모든 언론과 출판은 계엄사의 통제를 받는다'? 언론과 출판을 일일이 검열한다, 계엄사 인력은 충분한가?

가장 튀고 공분을 많이 샀던 조항은 5항이었다. '전공의를 비롯하여 파업 중이거나 현장 이탈 의료인은 48시간 내에 복귀하고 위반 시는 계엄법에 의해 처단한다'. 전공의는 이미 다른 직장에 취업 중이고 '현장 이탈' 의료인은 정확히 무슨 뜻인지 헷갈리는데, 계엄법에 의해 처단한다? 처벌도 아니고 '처단'이란 반인륜적 단어를 썼다. 교수형이나 육체적 징벌을 상기시키는 무섭고 불법적인 개념이다. 조선 시대라면 몰라도 근현대 형사법에 처단이란 용어는 자취를 감춘 지 오래다. 전공의 문제로 속을 썩은 윤석열 대통령은 의사 집단을 처단의 대상으로 규정했다.

12·3 계엄은 윤석열의 작란作亂이었다. 대통령의 작란은 곧바로 국회 결의로 해제됐다. '내란을 획책하는 반국가세력을 척결

한다'는 근사한 취지의 쿠데타가 실패로 돌아갔음을 확인한 새벽 4시 윤석열은 해제 담화문을 발표했다. 그리고 그 해제 조치를 내란이 아니라는 증거로 써먹었다. 그는 12월과 1월 내내 이렇게 말했다.

"2시간짜리 내란이 어디 있습니까?"

계엄 전야前夜

정작 12월 3일 조간신문은 민주당의 주특기인 탄핵과 예산 삭감에 대한 우려와 걱정이 도배했다. 3일에는 정부가 제출한 2025년도 예산안 중 4조 1천억 원 감액안을 민주당이 단독 처리할 예정이었고, 최재해 감사원장, 이창수 서울중앙지검장, 조상원 중앙지검 4차장, 최재훈 중앙지검 반부패 2부장의 탄핵안을 처리할 방침이었다. 2024년 4월 총선으로 22대 국회 다수당에 등극한 민주당의 탄핵 20회. 민주당은 탄핵을 전방위로 휘두르는 무소불위 검객이 됐다. 마음에 안 들면 탄핵 대상에 올렸다. 검탄(검사탄핵), 감탄(감사원장 탄핵), 예탄(예산감액) 앞에 국민의힘은 무기력했다.

칼럼니스트, 논설위원, 그리고 예술가와 작가들에 이르기까지 나라 걱정에 우려와 고언을 쏟아냈다. 할 일이 태산 같은데 여야 정쟁에 매진하는 정치인들이 한심스러웠다. 그런데 어쩌랴, 안하무인인걸, 제 밥그릇 챙기고 힘센 사람에 줄서야 하는 판에 정책 따위야 제 일이 아니라는 걸. 걸핏하면 민생을 입에 달고 사는 정치인들의 속셈이 다른 데에 있음을 아는 사람은 다 안다.

윤 대통령은 임기 내내 김건희 여사 문제에 시달렸고, 4대 개혁(연금·노동·교육·의료)을 한다고 나섰는데 역량 부족과 민주당의 반대로 되는 일이 없었다. "부작용 내지 말고 두어 개만 집중해서 최선을 다해라"는 것이 그날 아침 칼럼니스트들의 안쓰럽지만 공통된 조언이었다.

되는 일이 없던 윤석열 대통령은 한꺼번에 밀린 일을 처리하고 싶었을까. 민주당을 비상계엄으로 괴멸시키면 밀린 정책을 일사천리로 추진할 수 있다고 믿었을까, 아니면, 되는 일이 없는 이참에 아예 싹 쓸어버리고 싶었을까?

"싹 쓸어버릴까?"는 윤 대통령이 술자리에서 자주 내뱉던 우스갯소리였다고 하는데 그날 밤 진실로 둔갑했다.

"싹 쓸어버려!"

자다가도 벌떡 일어나 잠꼬대처럼 중얼거렸을 이 말을 그는 그날 밤 실행에 옮겼다.

종북 반국가세력을 일거에 척결하고 자유 헌정 질서를 지키기 위해 비상계엄을 선포합니다.

2022년 5월 취임사에서 35번이나 반복 강조했던 '자유'라는 단어가 담화에서는 '진정한 자유'를 파괴하는 '대통령의 자유'로 둔갑했다. '종북 반국가세력'이 있을 수는 있겠으나 경쟁상대인 민주당과 좌파 집단을 무작정 지목하는 것이어서 자유를 내세워 자유를 억압하는 전체주의 덫에 걸렸다는 사실을 본인만 몰랐다. 민주주의는 '일시에 척결하는' 정치체제가 아니다. 상대가 국가의 적이 분명할지라도 국민적 합의를 만들어가면서 서서히 물리치는 정치양식이 민주주의다.

그러니 답답하기 짝이 없다. 정의로운 일을 하는 자신을 온갖 법적 근거를 활용하여 방해하고 차단하는 행태를 허용하는 것이 민주주의다. 그 행위에 대한 선악의 판단은 국민들의 몫이다. 윤석열은 국민을 제치고 자신이 심판자를 자처했다. 그것도 위험천만한 방식으로 말이다.

실패한 비상계엄으로 민주당은 권력 영토를 완전히 장악했는데 비상계엄 선포에 이르기까지 민주당이 기여한 몫은 윤석열만큼이나 크다. 모든 일을 틀어막았다. 민생과 민의라는 그럴듯한 명분을 동원해 아예 정권에 허용된 길을 망가뜨려 한 걸음도 못 나가도록 막았다. 175명, 국회 절반 이상을 장악한 민주당은 거칠 게 없었다. 게다가 조국혁신당 12명 의원을 지원군으로 거느리고 있지 않은가. 이런 뜻밖의 사태를 맞아 민주당은 내심 반가

위 표정 관리도 못할 지경이 됐다. 그동안 지루한 공방전이 뜻밖의 사태로 결실을 맺었다.

윤 정권 2년 7개월 동안 민주당은 권력을 부수는 것에 모든 힘을 집중했다. 지난 총선에서 거야巨野로 등극한 이후 민주당이 정권과 살바싸움 한 것 외에 어떤 희망적 메시지를 주었는지 국민들은 기억이 없다. 정권을 쓰러뜨리는 것이 그들의 목표였다. 이재명을 대표로 옹립한 그들은 운동권 방식으로 전면전을 선포했다. 내부 반발이 있기는 했는데 소용이 없었다. 이재명 대표 주변 인물 중 네 명이 극단적 행위로 항변했건만 무위였다. 이재명의 피의자 혐의를 벗겨내는 데에 집중한 정치행태는 '의리' 그 자체였다.

보상이 따라야 의리가 작동한다. 이재명 대표가 야당의 중심인물로 떠오른 것은 문재인 대통령의 빈자리를 채울 인사가 마땅찮아서다. 민주당 정치인들은 포퓰리즘에 능하고 달변인 이재명 대표의 능력을 한눈에 알아봤다. 흙수저이자 운동권에서 잔뼈가 굵은 지역정치인을 민주당은 서슴없이 지도자로 영입했다. 의회 경험이 전혀 없다는 사실쯤은 문제가 안 됐다. 22대 총선에서 반명反明과 친문親文을 내친 '비명횡사' 공천에서 보았듯 그의 내부에 어른거리는 독주성향도 윤석열의 독선적 기질에 대적하기에 적합했다. 22대 총선 과정은 민주당을 이재명 라인으로 채우는 데에 성공한 중대한 계기였다. 민주당은 민주주의보다는 집권

가능성에 매달려 '미래의 독재자'를 옹립했다.

레비츠키와 지블랫은 이런 현상을 집단적 포기라 개념화했다. 권력을 탈환하고 난 후 언젠가 잠재적 독재자를 길들일 수 있다는 착각이다. 이 착각은 의도적인 것이다. 잠재적 독재자가 정권을 잡는 것이 자신의 이익과 맞아 떨어지기에 이념적 공모가 맺어진다.[2] 쉽게 말해 담합이다. 민주당은 이재명 대표 리더십 아래 잘 다듬어진 일사불란한 이념집단이 됐고, 윤석열에 대한 공격의 칼날을 질서정연하게 가다듬을 수 있었다. 이재명을 보좌하는 주변 정치인들의 면면이 하나같이 거센 이유는 이 때문이다. 그 뒤에 다소 온건하지만 혁명의 기억을 간직한 의원들이 지원군처럼 늘어서 있다.

2024년 11월은 대치 정국의 절정이었다. 김건희 여사의 세 번째 특검안이 윤석열에 의해 거부당했고 판사, 검사들이 탄핵대상에 올랐다. 양쪽 모두 화가 난 상태였다. 민주당은 예산안 삭감을 단행했고, 경제법안 심의를 유보했다. 미국의 트럼프 후보가 대통령에 당선되자 증권시장, 금융시장에 찬바람이 불었다. 마침 정치 브로커 명태균의 녹음에서 김건희와 윤석열 당선자의 선거 개입 정황이 드러나자 민주당은 다시 탄핵카드를 꺼내들었다. 11월엔 이재명 대표 사법재판이 두 차례 대기 중이었다. 위증교사 사건과 선거법 위반 혐의. 선거법 위반 혐의는 이미 1차

재판에서 형을 언도받은 상태라서 이재명 대표 역시 정치생명을 다투는 사안이었다.

민주당은 '윤석열 탄핵' 현수막을 들고 거리 시위에 나섰다. 여론을 그쪽으로 몰아가려는 전략이었다. 전국 대학가의 학생과 교수들도 탄핵과 하야 요구에 가세했다. 11월 7일 윤석열의 담화문이 정치 현안은 외면한 채 공허한 대국민 약속으로 점철되었기 때문이었다. 교수들이 나선 것은 이례적이었다. 시국선언문이 전국을 덮었다. 교수들은 캠퍼스 바깥으로 나와 거리 행진도 주저하지 않았다. 경희대 교수 시국선언문은 인상적이었다.

나는 폐허 속을 부끄럽게 살고 있다. … 나는 역사의 아픔이 부박한 정치적 계산으로 짓밟히는 것을 보았다. … 나는 이태원 참사 이후 첫 강의에서 출석을 부르다가, 대답 없는 이름 앞에서 어떤 표정을 지을지 알지 못했다. … 3

뒤숭숭한 11월이었다. 무슨 일이 일어나고야 말 것 같은 정국, 시민들은 각 진영의 대열에서 기세를 올렸다. 8년 전인 2016년 12월, 박근혜 탄핵이 일어났던 그 겨울이 떠올랐다. 다시 탄핵의 시간이 닥쳐오고 있었다. 필자는 그런 심정으로 칼럼을 썼다.

2016년 12월, 대통령의 탄핵소추가 인용되자 광화문은 들끓었다. 연인원 1천만 명이 내지른 함성에 외신들은 깜짝 놀랐다. 마침 중국을 견제하는 사드 배치 지연 문제가 극동 안보에 초미의 관심사였기에 미국은 핵항모 칼빈슨호를 서해로 급파했다. 칼빈슨호는 전략폭격기의 호위를 받으며 권력의 진공상태가 된 남한해협으로 서서히 진입했다. 한 달 뒤면 트럼프 정부가 출범하는 정권 이양기에 북한의 오판을 우려한 오바마 정부의 마지막 배려였다.

정확히 8년이 지났다. 초겨울 찬비가 내리는 광화문은 다시 함성과 깃발로 가득 찼다. 필자가 한 달 전 제안한 그 생뚱맞은 문학축제라면 좋으련만 창과 칼이 난무하는 망국亡國의 춤판이 벌어졌다. 대통령 놀이를 했다는 김 여사를 의금부로 보내야 한다는 절규는 새로울 것이 없는데, 벼랑에 내몰린 야당 지도자와 지지집단의 울부짖음이 광장에 나뒹굴었다. 때마침 대통령 하야를 촉구하는 대학 시국성명서가 전국 각지에서 터져 나온 터라 야당의 전의는 더욱 살벌해졌다.

우크라이나에 무기를 대준 윤 대통령은 전쟁 획책으로 몰렸고, 대북 전단 살포를 묵인했다는 국방장관은 탄핵 리스트에 새로 올랐다(비상계엄을 눈치 챘을까?). 우크라이나에 파견된 북한군 500명이 전사했다는 기사도 떴다. 2기 트럼프 정부가 예고되었건만 한국은 집안싸움에 여념이 없다. 국가안보를 내팽개친 것은 예나 지금이나 다를 게 없다.

이재명 대표 사건은 어제(11월 25일) 판결이 난 위증교사 사건 외에 3건이 더 남았다. 만약, 한국에 정치 투쟁으로 인하여 정권 진공상태가 다시 발생한다면 미국은 칼빈슨호를 급파할까? 집안 싸움을 지켜주려 미국이 선뜻 나설까?

미국이 신경 쓸 일은 더욱 많아졌다. 중동 전쟁은 끝이 안 보이고, 우크라이나 전쟁은 위험선을 넘었다. 미국산 미사일이 작렬하는 가운데, 핵사용도 불사한다는 모스크바의 경고도 나왔다. 안보를 손익으로 셈하는 트럼프 당선인은 설령 한국에 미함대를 파견해도 현금을 요구할 것이 불 보듯 뻔한데 내부 싸움판을 키워가는 정치권은 무슨 대책이라도 있는지 절박하게 묻고 싶다.

한반도를 둘러싼 4강 지형이 요동친다. 원한과 반목이 켜켜이 쌓였다. 바이든 정부만 해도 북 · 중 · 러 견제 정책은 일관됐다. 트럼프는 어디로 튈지 모른다. MAGA(미국을 다시 위대하게) 패권주의, 국익 우선주의, 보호주의에 집착한 트럼프의 머릿속엔 중국이 최대 적이다. 미국의 거친 행보로 취약한 한 · 중 · 일 협력 체제는 쉬 망가진다. 북 · 러 밀착이 중국 고립에 도움이 된다고 판단하면 미국은 방관 자세로 돌아설 것이다. 하노이 회차^{回車}로 트럼프는 김정은의 아집을 말로 꺾지 못한다는 사실을 이미 뼈저리게 터득했다. 그렇다고 한국이 무대 뒤에서 은밀히 중국과 거래할 수도 없고, 북한에 유입되는 러시아의 최신 무기 기술을 막을 방법도 묘연하다. 게다가, 김정은과의 거래에서 주한미군 감축이나 철수가 거론된다면 한국으로선 낭패가 아닐 수 없다. 노무현 정부 당시 등거리 외교와 균형자론이 부상한 적이 있다. 패권주의로 치닫는 트럼프에게 그것은 얄미운 짓거리에 지나지 않는다.

도대체 어떤 복안이 있는가? 내정에 죽을 쑤는 윤 대통령이 정신을 수습해 대미 외교 로드맵을 가다듬고 전열을 정비할 수 있을까. 2기 트럼프가 내년 초부터 당장 한국산 수출품에 10% 보호관세, 중국산에는 초고율 관세 60%를 때린다면 한국경제는 미·중 틈바구니에서 숨을 거칠게 몰아쉴 게 틀림없다.

미국, 영국, 독일, 청과 일련의 수호조약을 맺었던 1880년대 초에도 척사론 만인소가 전국을 울렸다. 왜양倭洋은 금수일체이니 인류를 망가뜨린다는 것.

제물포 앞바다에 서양 군함이 들락거렸다. 일본 명치유신을 보고 돌아온 약관 27세 유길준은 고종에게 상소문을 올렸다 (〈언사소言事疏〉, 1883). 개화 자강은 외교를 가지런히 해야 하는데, 자주 외교는 곧 내정內政에 달렸다고.

"내수가 혼란하면 상대국들이 업신여기고, 결국 병정兵政과 상무商務가 무너진다!"

27세 청년에게도 보였던 자강의 두 기둥, 국방과 교역은 바로 2기 트럼프 대비책의 핵심이다. 그런데 내정, 외교, 자강으로 나아가는 길은 왜 이리도 어지러운가. 세계 10위권 경제 대국, 문화와 상품마다 K 자를 붙이는 한국의 내부 실상은 포연이 자욱한 전쟁터다. 나라는 반명反明과 반윤反尹 연대로 이미 두 조각났다. 한 해가 저물어도 나라의 미래는 새로 떠오르지 않는다. 이렇게 소리치고 싶다. 이게 당신들의 나라냐?

이 글이 발표되고 정확히 일주일 후 비상계엄이 터졌다. 그리고 열흘 후 국회에서 탄핵소추안이 가결되었다. 예감이 맞았다. 탄핵정국이 다시 찾아왔다.

민주당도 공동책임

정권탈환을 노리는 민주당은 표정 관리를 해야 할 만큼 상황이 호전됐다. 뜻하지 않은 선물이 하늘에서 떨어져 내린 것이다. 계엄을 대비는 했지만 실제로 감행할 것이라고는 누구도 장담하지 않았다. 민주당은 그저 정권탈환을 향해 윤석열을 포격하는 데에 온 역량을 집중했다. 국민의 관점으로 보자면, 계엄 사태는 정치권의 공동책임이다. 여야 할 것 없이 잘잘못을 따질 계제가 아니다. 정치를 이런 지경으로 몰아갔다는 것, 민생과 민의를 내세워 정파적 이익만을 도모했다는 것, 극단적 사태를 일으키도록 일방적으로 몰아갔다는 것이 그렇다.

이런 언명이 민주당 입장에서는 억울할지 모른다. 아무리 얘기해도 윤석열은 듣지 않았다, 민주당의 주장을 하나도 수용하지 않았다, 외려 문재인 정권의 비화秘話를 파헤쳐 야당 지도부를 괴멸시키려 했다, 경쟁자인 이재명 대표의 정치적 매장을 꾸준히 도모했다 … 등등.

2022년 5월 윤석열 정권 출범 이후 건설적이고 진취적인 정책은 거의 없었고, 소란한 당쟁과 정치인과 행정부를 상대로 한 고소, 고발이 세간을 달궜다. 팬덤정치도 절정을 이뤄 광화문 광장은 항상 시끄러웠다. 윤석열 정권 2년 7개월은 여야 간 공방전으로 얼룩진 정신 사나운 시간이었다. 목숨을 내놓고 싸우는 사생결단 투쟁의 시간이었다. 경찰과 검찰, 사법부가 고소, 고발전의 전면에 등장한 것은 자연스런 결과였다.

19세기 경찰국가라 해도 이렇지는 않았을 것이다. 1987년 민주화 이후 이렇게 낭비적인 싸움에 모든 정치역량을 쏟아부은 정권은 처음이었다. 시민들이 지긋지긋하다고 치를 떨어도, 잠시 싸움을 내려놓고 미래를 바라보자고 권해도 마이동풍이었다. 철천지원수들이 벌이는 사투! 그 처절한 싸움은 비상계엄이라는 참사를 낳고 결국 한국 정치에 민주주의 탈선이라는 비극을 안겨줬다.

누군가는 반박할지 모른다. 아니다, 이제부터 윤 정권의 독주와 독선이 끝나고 민주정치의 지평이 열렸다고, 새로운 민주주의가 시작됐다고. 광화문과 여의도, 한남동 관저 앞에 쪼개진 저 시위 집단은 자신들이 열렬히 지지하는 정치인이 민주주의를 살려낼 것이라고 굳건히 믿고 있다. 촛불의 희망을, 명멸하는 응원봉의 빛을 부정하는 것은 아니다.

그러나 민주주의는 한쪽이 자살하거나, 자살을 방조하거나, 당내부 싸움으로 한쪽이 스스로 붕괴하면 균형과 견제라는 성립요건 미달이다. 균형과 견제 기제가 작동하지 않는 민주주의는 없다. 자격을 상실한다. 경쟁자가 없는 정치판은 결국 독재로 가는 문을 연다.

윤석열 정권의 자진 붕괴를 초래한 요인들 ─ 예를 들면, 대통령을 둘러싼 보좌관들의 비밀장막, 비선조직, 정책결정 과정과 절차, 야당과의 대화 단절, 양당의 이념 격돌, 그런 결핍을 보완하고 수정할 정치양식의 부재 ─ 이 민주당 집권으로 새롭게 돋아날까? 게다가 이미 국회를 장악한 민주당이 정권까지 장악하면 무소불위다. 무적의 '터미네이터'가 따로 없다. 민주당 정치인들의 양식을 믿는다고? 그들이 아무리 민주주의 원칙에 충실하려 해도 독주는 독선을 낳고 독선은 독재를 낳는 것이 보편적 현상이다.

민주주의라고? 어림없는 소리다. 운동권 출신 민주 투사들이 결핍한 경험적 기질이 바로 '자제'다. 청년 시절을 적과의 투쟁으로 보낸 운동권 정치인들에게 '상호관용'까지 바라지는 않겠지만, 적어도 욕망의 억제 정도는 내면화했어야 했다. 물론 이런 언명은 수사와 척결로 평생을 보낸 윤석열 대통령에게도 적용되는 뼈아픈 말임은 두말할 나위가 없다.

윤석열의 비상계엄 작란으로 한국의 민주주의는 이미 사망신고서를 제출했다. 국회와 청와대를 장악한 민주당의 시간이 열린다. 적어도 2025년 봄부터 총선이 있는 2028년 봄까지 3년간은 민주당 주도의 독재 위험에 완전히 노출된 시간이다. 무적함대의 함포사격이 민주주의의 회생 가능성을 격멸할 것이다. 이미 윤석열이 보인 고집불통의 통치양식과 비상계엄이 그런 회생 가능성을 뭉개버렸고, 민주당은 한국 정치를 민주주의에서 떼내 독재 영역으로 이주시켰다.

너무 가혹한 판단이라고? 아니다. 민주주의의 훼손은 일찍부터 일어났다. 정확히 말하면, 노무현 대통령의 극단적 선택을 계기로 우파와 좌파 모두 '증오의 정치'로 내닫기 시작했다. 생존을 위하여, 상대의 공격에 살아남기 위하여. 권력 장악을 향한 필사적 싸움은 민생과 민의로 포장됐고, 더 거창하게는 민주주의적 가치로 회칠됐다. 노무현 대통령의 자살은 민주당 정치인들에게 천추의 한을 남겼다. 문재인이 민주당의 원수 갚기 대작전의 얼굴마담으로 추대된 것도 그런 의도였다. 이명박과 박근혜가 민주당 주자들보다는 명성과 정치적 유산에 있어 약간 앞섰을 뿐 원수 갚기 정치를 누그러뜨릴 지혜와 기예를 발휘하지는 못했다. 이미 한국 정치는 죽기 살기식 난타전으로 진입한 뒤였다.

윤석열의 등극 과정이 이런 난타전의 절정기에 이뤄졌다는 것이 아이러니다. 2019년 8월 초, 조국 민정수석의 법무장관 임명이 계기였다. 그런 의미에서 2019년 8월은 난타전 정국과 저열한 법치法治의 시작이었고, 자격도 경험도 없는 윤석열 검찰총장의 등장을 부추긴 원년으로 기록될 만하다.

윤석열 정권은 해결되지 않은 법적 난타전을 풀어야 하는 지난한 과제를 안고 출범했다. 대통령 자신이 법전문가임에도 해결한 것은 별로 없었을 뿐더러, 도이치모터스 주가조작 혐의를 받은 김건희 여사와 장모 문제를 덤으로 떠안았다. 김건희 문제는 묘수가 없는 태생적 난제였다. 이 난제는 정권의 모든 행보를 막는 암초가 됐다. 암초는 여럿이었다.

첫째, 김 여사 특검. 윤 정권의 예봉을 꺾으려는 민주당의 첫번째 전략이 바로 김 여사 특검법이었다. 도이치모터스 주가조작이 사실로 드러나면 퍼스트레이디의 구속이라는 초유의 사태가 발생하고, 윤석열 정권의 날개는 꺾인다. 정권 초기부터 양당은 모든 역량을 기울여 공격하고 막아내는 접전에 매진했다. 대통령은 거부권을 거듭 행사했지만, 아무도 진실을 믿지 않았다.

둘째, 인사 관련 싸움. 김 여사 문제는 문재인 정권의 인사 청산과 맞물려 정부 요로에 친정권 인사를 배치하는 통치전략을 망가뜨렸다. 욕설과 비난 속에 진행된 모든 인사청문회는 유실되기 일쑤였는데 대통령은 강권 임명으로 맞섰다. 대통령이 발탁한 인사들도 역량 미달이거나 검증되지 않은 사람들이 대부분이었다. 어떤 추천과정을 밟았는지, 어떤 검증을 거쳤는지도 아리송한 사람들이 태반이었다.

이태원 참사가 일어났을 때에도 윤 정권은 책임을 부인했다. 이상민 행안부 장관은 거의 반년 정도 직무정지 상태에 있다가 다시 돌아왔는데 결국 비상계엄 책임을 물어 탄핵당했다. 민주당의 저항으로 인사 물갈이는 제대로 추진되지 않았다. 문재인 정권 때에 임명된 공직 수장들은 임기 전 교체의 합법성 여부를 대법원에 상고했다. 대법원 판사들은 정치적 쟁투의 합법성을 심의하느라 골머리를 앓았다.

셋째, 검찰개혁 투쟁이다. 문재인 연출, 조국 주연 검찰개혁 드라마를 문재인 대통령이 발탁한 검찰총장 윤석열이 저지선을 구축할 때부터 수상한 기운이 나돌기 시작했다. 윤석열 총장이 민정수석실 압수수색이라는 강공을 펼쳐 조국의 비리를 만천하에 드러내자 검찰개혁의 승세는 급기야 윤석열에게 기울었다. 검찰은 윤석열이라는 뜻밖의 수호자가 출현하자 문재인 정권에서 가뿐하게 돌아섰다. 문 정권은 박범계와 추미애를 구원투수로 기용했는데, 윤석열은 검찰총장 직무정지선을 뚫고 생환했다. 윤석열의 뚝심에 보수진영은 박수로 환대했다.

문 정권의 스타로 등장한 조국은 윤석열과 사투를 벌이다가 지난 2024년 총선에서 조국혁신당 대표로 잠시 부활했지만 결국 대법원 최종 판결로 감옥에 갔다. 그 직전, 조국혁신당 대표로 윤석열 탄핵을 결재하고 감옥에 들어갔기에 억장이 무너지지는 않았을 것이다.

넷째, 연금·노동·교육·의료에 초점을 둔 4대 개혁은 지지부진하거나 대실패에 직면했다. 특히 의료개혁은 윤석열 정권의 최대 악수惡手로 의사 집단을 포함 전문가 계층이 등을 돌린 결정적 계기로 작용했다. 대통령 자신은 의료개혁이 국민 지지율을 높이는 창구라고 확신했는데, 부작용이 산더미처럼 쌓이는 거칠고 무지한 방식을 누가 건의했는지도 밝혀지지 않았다.

거야巨野의 거부권은 힘이 셌다. 모든 정치 전선에서 도움은커녕 거절과 부정 일변도였는데 여소야대 정국에서 그게 먹혀들었다. 국민의힘은 쩔쩔 매거나 수수방관할 수밖에 없었다. 특사를 보내 민주당과 사전 협의한다거나 타협을 이뤄낼 수도 없었다. 양당을 오가며 타협과 합의를 구할 폭넓은 네트워크를 가진 인사가 없었다. 박근혜 정권 보좌관이 법조계와 군부 인사들로 주류를 이룬 것처럼, 윤 정권 역시 마찬가지였다. 이명박, 박근혜 정권 당시 보좌관과 비서관 출신 인사들이 줄줄이 윤 정권을 둘러쌌다.

민주당의 총공세는 윤 정권을 저지하는 데에 성공했는데, 그 대가로 시민사회의 대립 역시 심화됐다. 이재명 대표를 비호하는 시민세력이 매우 강력한 팬덤정치를 구사했다. 개혁의 딸(개

딸)은 도처에 존재감을 과시했다. 시민사회의 양극화가 민주당이 노렸던 것이었는지는 분명치 않은데 시민 양극화가 민주당의 집권플랜을 앞당겨 줄 기상천외의 선물일지도 모른다. 양당이 모범을 보인 이념 공방과 격돌 양상이 시민사회의 논쟁과 대립을 격화시켰다.

가짜뉴스의 힘은 더욱 거세졌다. 믿고 싶은 바를 정보화해 퍼뜨리는 것만큼 팬덤정치를 흥겹게 하는 것은 없다. 부정선거! 결국 여기까지 왔다. 자유 선거와 공정 선거 자체를 의심하는 상태는 민주주의의 가드레일을 망가뜨리는 첩경이다. 그런데 윤석열 대통령이 그것을 믿었다니! '부정선거!'라는 현수막이 길거리에 나부낄 때부터 한국 민주주의는 38년의 짧은 역사를 뒤로하고 사망을 예고하기 시작했다.

정치 양극화: 죽음에 이르는 병

21세기 들어 글로벌 환경이 급변하자 세계의 민주주의는 성장을 멈추고 도처에서 신음소리를 내기 시작했다. 민주주의가 효율성을 상실하고 있다는 증거다. 제조업을 근간으로 태어난 민주주의가 제4차 산업혁명의 충격을 제대로 흡수하지 못했고, 민주주의의 성장을 촉진하는 요인들이 급격히 쇠퇴했다. 민주주의는

1990년~2015년 사이 최대한 발화했다는 것이 정치학자들의 일반적 견해이다.

헌팅턴이 분석한 민주주의 제 3파(1970년 이후)는 2010년을 전후해서 정지된 것처럼 보인다. 더러는 재再권위주의화로 돌아서기도 했고 남미처럼 독재체제로의 급격한 선회를 막아내지 못했다. 남미에서 민주주의 모범국가로 꼽힌 베네수엘라가 권위주의 체제로 돌아섰다. 유럽에도 극우파의 돌출현상으로 민주주의의 예봉이 꺾인 국가가 속출했다. 오스트리아, 폴란드, 튀르키예가 전형적 사례이고, 독일과 프랑스에도 극우파의 약진이 두드러진다. 트럼프 행정부의 출현은 민주주의의 종주국인 미국에서도 민주주의 훼손에 대한 경각심을 높였다.

앞에서 인용한 레비츠키와 지블랫은 바로 트럼프 현상이 토크빌 이후 굳건하게 성장했던 '미국 민주주의'의 기둥을 무너뜨리고 있음을 알리려는 목적에서 그 책을 썼다. 그 저서의 삼분의 일에 해당하는 분량을 트럼프 현상에 바치고 있는 이유다. 그런데 이들의 경고와 극심한 우려에도 불구하고 2024년 11월 트럼프가 다시 대통령에 당선되었으니 미국 민주주의의 앞길은 난망할 뿐이다. 민주주의의 회복력에 막연한 기대를 걸기에는 정치적 하부구조와 지형이 너무나 변했다.

민주주의의 발화를 지원했던 요인들이 속속 소멸하고 있기 때문이다. 민주주의를 촉진하는 요인은 세 가지다. 경제성장, 엘리트 주도, 단일 인종 민족국가가 그것이다. 세계는 이미 저성장 지대로 진입한 지 오래다. 그러기에 전 세계 국가들은 '지속가능 성장'에 사활을 걸고 저성장이라도 지속가능성에 비상한 관심을 기울이는 중이다. 저성장은 분배투쟁과 계급투쟁을 촉발하는데 기존의 계급 타협적 방식으로는 해결할 수 없는 현상들이 산더미처럼 쌓였다. IT와 AI로 무장한 자동화된 기업과 공장에서 쫓겨난 실직자들을 어떻게 수용해야 하는가? 경제적 부의 양극화가 더욱 심화되는 현실에서 복지정책은 계급투쟁을 잠재울 수 있는가? 이런 20세기적 질문은 제 4차 산업혁명의 행진 앞에 속수무책이다.

지난 시대 민주주의를 이끌었던 엘리트 협상은 이미 철 지난 관행이 되었다. SNS의 발달로 대중선동가의 시대로 접어들었다. 단일민족국가의 동질성은 인종 다양성에 의해 이질성으로 바뀌었다. 미국도 인종별 부족주의가 극성이다. 이질적 사회의 틈을 비집고 올라온 정치적 부족주의 분절선이 합의와 동의 형성의 기반을 갉아먹는다.[4]

한국도 이런 추세의 중심에 있는 나라다. 저성장이 지속하는 가운데 SNS의 눈부신 발달이 자제와 상호관용의 기반을 송두리째 날려버렸다. 게다가 단일민족국가의 내부를 격화된 보수·진보 간 이데올로기 대립이 접합 불가의 분절선을 구축했다. 한국의 경우 이념적 분절선은 인종, 종교의 대치선만큼 완강해져서 이제는 그 어떤 논리도 해결할 수 없는 경계선이 됐다. 헌팅턴이 문명의 단절선이라 칭했던 만큼이나 단단하고 굳건하다. 헌팅턴은 문명단절선에 올라앉은 국가에서 전쟁이 발생한다고 보고했다.[5] 서로 다른 이념집단이 운집한 광화문은 무기만 안 들었을 뿐 거의 전쟁터다. 한남동 대통령 관저 앞 역시 이념의 전쟁터였음은 다를 바 없다.

'단절'은 정치 양극화를 촉발한다. 여야 정당 간 대화와 합의는 거의 불가능한 상태에 이르렀고, 법적 논리와 근거를 앞세운 법치전쟁이 국회를 점령한 지 오래다. 증오와 원한이 정당 사이를 가로막아 이성적 대화의 공간을 없애버렸다. 양당은 철천지 원수이다. 앞에서 지적했듯, 증오와 원한의 정치는 노무현 전 대통령의 극단적 선택에서 발원했다. 이명박 대통령은 좌파 정당의 '원한 갚기 정치'의 표적이었다. 그로부터 '양당 간 거리'가 시간이 갈수록 멀어졌다. 불과 20년 사이 여야 정당들이 해산과 창당을 거듭하고 명칭을 새롭게 바꾸어도 이미 내면화된 원한과 증오는 한국 정치의 불치병을 키웠다. 양당 간 거리는 화해가 불가능할 정도로 멀어졌다. 양당이 원수지간으로 격멸해야 할 대상이 된 한국 정치의 현실은 정치 양극화의 전형이다.

미국에도 이런 우려가 오래전부터 터져 나왔다. 미국의 국제경제학자 폴 크루그먼P. Krugman은 양당 간 거리가 멀어질수록 경제성장률이 하락한다고 지적했다.[6] 타협과 합의가 불가능한 정치체제에서 성장정책이 제대로 나올 리가 없다. 크루그먼은 부시 행정부의 독주를 비판하면서 이렇게 한탄했다.

"1990년대에 그토록 이성적인 경제 지도력을 발휘했던 미국의 정치체계가 어쩌다 지금과 같은 부정직과 무책임의 난국으로 들어갔나?"라고.[7]

경제위기는 정치적 양극화를 부추기고 그것은 다시 정치 양극화를 심화한다. 이런 부정적 환류를 민주당 오바마 행정부도 탈출할 수 없었다. 오바마 행정부에서 예산국 장관을 역임했던 모이제스 나임Moisés naim은, "미국의 정치적 양극화가 점점 더 심해지고 있음을, 그래서 통치에 필요한 기본적이고 필수적인 일을 수행할 행정부의 능력을 해치고 있음을 명확히 깨달았다"고 고백할 정도다.[8] 마치 한국을 두고 하는 말처럼 들린다.

적대감은 한국 정치를 지배하는 아주 나쁜 원동력이 됐다. 증오의 단어를 제대로 뱉어내는 정치인일수록 대중인기를 독차지한다. 증오의 정치, 적대의 정치는 문재인 정권 후반기에 들어 극대화됐다. 어찌 보면, 노무현 정권 후반기에 발원한 적대감이 이명박, 박근혜 정권에서 증폭되고 문재인 정권에 이르러 그 폭력적 실체를 드러냈다고 할 수 있겠다. 핵심 개념을 간략히 집약하면 이렇다.

- '나라다운 나라'를 구축하겠다는 정권의 정당성은 '정의와 공정'에 심각한 균열이 발생하면서 퇴색했다(정책의 배신 또는 정책의 부작용 양산).
- 이른바 '은둔 정치'를 끝내고 시민과의 항시적 대화의 장을 열겠다는 '광화문시대' 공약은 대통령 자신이 관저 정치에 깊숙이 들어앉음으로서 스스로 깨뜨렸다(불통 정치).
- 진보 정치가 보수 정치보다 나은 점을 '관용 내지 포용'이라고 한다면, 임기 내내 대통령이 외쳤던 '적폐청산'은 관용의 적이었다. 야당은 경쟁 상대가 아니라 적이었다. 말은 '포용정치'를 내세웠지만 적대 정치로 일관했다(적대 정치).
- 진보 정치는 이른바 586세대의 낡은 세계관을 실현하는 무대였다. 그것은 현실과는 동떨어진 이념적 정치였다(이념 정치).
- 통치자 개인의 정치적 팬덤이 기승을 부려 공론을 왜곡하는 폐해를 낳았다. 팬덤이 경쟁 상대를 비방하거나 정책패키지를 옹호하기 위해 동원한 레토릭은 극단적 표현과 욕설로 얼룩졌다(공론 왜곡).

정책의 배신, 불통, 적의, 이념, 공론 왜곡은 윤석열 정권을 울타리에 가뒀다. 민주당의 포격은 더욱 거세졌다. 급기야 '정치 양극화'의 내부 모순은 비등점을 넘어 비상계엄으로 터져 나왔다. 한국 정치가 죽음에 이르는 병을 앓다가 급기야 사망을 고한 것이다.

계엄해제 결의 이후 탄핵소추를 가결한 민주당은 거칠 것이 없었다. 민주당을 향해 권력의 대로가 뚫렸다. 한덕수 국무총리가 국회가 추천한 헌재 재판관 임명 동의안을 거부하자 탄핵 포화를 날렸다. 한덕수가 침몰하고 최상목 부총리가 대행의 권한을 물려받았다. 국무위원이든 누구든 민주당의 뜻을 어긴 고위 공직자는 탄핵 협박을 받았다. 성탄절 이브에 교회 종소리는 들리지 않았다. 12월 24일 자 〈중앙일보〉 칼럼에 필자는 '민주주의 사망'을 인정해야 했다. 제목은 '죽음에 이르는 병'.

독재정권 시절에도 성탄절 이브는 설레었다. 감시 눈초리를 번뜩이던 정권도 이날만은 통행금지를 해제했다. 레스토랑과 다방에 시민들이 넘쳐났다. 아껴둔 돈으로 스테이크와 피자를 주문해 먹을 때 연인들은 행복했다. 전파사에서 울려 퍼지는 캐럴을 들으며 귀갓길을 재촉하는 사람들이 행여 눈발이라도 맞으면 정취가 살아났다. 궁핍했던 시절, 마음은 먼 미래를 향했다.

민주주의 37년째를 보내는 경제 대국, 성탄절 이브 발걸음은 무겁다. 마음에 통행금지 빗장이 걸렸다. 먼 미래는커녕 가까운 미래조차 가늠할 수 없다. 그 시대착오적 비상계엄령이 연말의 훈훈한 기운을 몰아냈고, 이때를 놓칠세라 득의만만한 거야巨野의 독오른 공세에 마음의 행로는 차단됐다. 깨어 있는 시민들의 절규는 처절한데 한국의 민주주의는 사망을 고하는 중이다. 이미 토막 난 한국 정치, 봉합 불가다.

민주주의를 죽이는 최악의 질병이 '극단적 양극화'다. 이 질병은 2004년 총선에서 열린우리당이 탄생하면서 예고됐다. 정치권에 대거 진입한 586세대가 미래를 열어줄 것으로 믿었다. 이른바 '혁명세대'는 보수 정치인들을 독재 하수인으로 낙인찍었고, 검찰, 경찰, 국정원 등 사찰기관을 민주주의의 적으로 간주했다. 시민단체가 정치권에 진입하면서 이념 전쟁에 불을 댕겼다. 정적을 음해하고 고소, 고발을 남발한 것은 여야 가릴 것이 없었다. 대통령은 최상의 표적이었다. 모두 감옥에 갔거나 수사 대상이 됐다. 정치 경쟁자를 겨냥한 이토록 잔인한 공격은 남미에서나 보는 풍경이다. 죽음에 이르는 병이 20년간 깊어져 한국 민주주의는 마침내 '죽었다'.

희망이 없다는 뜻이다. 대통령은 야당의 포화에 막혀 되는 일이 없었다. 그렇다고 계엄령이라는 극약 처방을 쓸 줄이야. 국회발 내란죄 혐의와 탄핵소추 앞에 국가기능은 마비됐다. 이 총체적 난국에 지휘권을 별안간 넘겨받은 야당 대표는 점령군처럼 의기양양한데, 참사의 근본 원인인 정치 양극화의 책임은 가려졌다. 스스로 정치적 생명을 끊은 대통령의 빈자리를 민주당 리더가 채운들 민주주의가 되살아날까.

윤석열 대통령이 민주당을 '광란의 춤', '반국가세력'이라 지칭해 민주주의 룰을 망가뜨린 것처럼, 반민주, 반민생, 반민족 팻말로 내내 항거한 야당의 행보도 다를 바 없다. 양자 모두 민주주의 울타리를 부수고 뛰쳐나갔다. 탄핵 국회에서 민주주의 룰을 지키라는 국회의장의 호소는 그럴듯하게 들렸으나 그릇을 깬 것은 피차 마찬가지였다.

극단적 양극화는 대중선동가들의 출현을 조장한다. 유력 정치인들이 상대 당의 맹공을 받아 끌어 내려지면 바로 대중적 인기를 누리는 아웃사이더들이 등장한다. 정당정치의 초보자들이 들어선다. '국민의힘'이 정권 유지를 위해 전직 검찰총장을 급히 영입했듯이, 성남시장과 경기지사를 지낸 야당 대표 역시 정당정치 경륜이 없는 포퓰리즘 아웃사이더다. 독재성향을 감춘 위험한 아웃사이더를 걸러내는 것이 국민이 부여한 정당의 책무라면, 여야 정당은 앞장서서 가장 중대한 책무를 버렸다. 민주당 586 세대원들이 팬덤정치의 총아를 내세워 정권 재탈환에 나선 것은 예정된 코스였다. 민주 열망에 가득 찬 시민들이 쌍심지를 켜고 있어도 이런 탈선 정당들이 활개를 치는 한 민주주의는 회생 불가다.

민생과 민의民意? 윤석열과 국민의힘은 무력하기 짝이 없었는데 민주당도 민생과 민의를 진정 고뇌했다면, 탄핵 남발, 임명 거부, 예산 삭감, 외교 비방을 주야장천 감행했을까. 여당이 붕괴한 탄핵 시국에 야당은 국가 존망과 안위를 우려하기보다 여전히 유사포퓰리즘 입법안을 밀어붙이고 있다. 이게 국가안전보다 시급한 사안인지는 모르겠다. 양곡관리법, 농수산물 가격안정법, 농어업 재해보험법, 국회증언감정법 등등. 이런 입법안이 세금 낭비, 도덕적 해이, 기업인 군기 잡기 같은 부작용을 품고 있는지 검증조차 안 됐다. 문재인 정권 때 종합부동산세와 최저임금제가 초래한 심각한 부작용을 뼈저리게 경험했다. 거부권을 행사한 한덕수 권한대행은 즉각 탄핵 경고를 받았다. 탄핵은 대한민국의 미래를 침몰시킬 가장 화력이 센 최종병기다.

정당이 독선에 능한 정치인을 걸러낸 것은 김대중 정권까지다. 이후 정당들은 여과장치를 상실한 채 민생팔이 선동가들의 놀이터, 헌법 파괴 포크레인으로 변질했다. 헌법은 허점이 많은 최소한의 계약이다. 헌법 '내'에서 계엄령을 했다고 강변하고, 헌법 '내'에서 내란죄로 처벌한다고 압수수색을 강행하면, 갈팡질팡 피해자는 결국 국민이다. 헌법재판소에서 격투하는 정당들과 정치인들이 결국 우리의 미래를 짓밟았다고 할 수밖에.

무차별 공격으로 시작해 내란죄 탄핵으로 번지는 2024년 성탄절 이브의 종소리는 들리지 않는다. 시민들을 오랫동안 괴롭힌 사회±鄕적 적개심이 결국 민주주의의 장송곡을 틀고 말았다. 장례식을 치르면 새 생명이 태어날까.

만에 하나, 정치권이 '정치 양극화'라는 한국 정치의 불치병을 아프게 인지한다면 새 생명이 태어날지 모른다. 그러나 권력이 눈앞에 보이는 마당에 온몸에 번진 그 병을 무시한 채 질주할 것임이 분명하다.[9] 2025년 1월 이후 일어나는 정치적 공방전은 죽은 민주주의를 둘러싼 장례식장의 소란과 다름없다.

난 독주스타일!

민주주의 쏠리다

격랑의 바다로

윤석열이 대통령에 등극했을 때 그는 이미 지쳐 있었다. 그가 대선에 뛰어든 것은 생명 부지를 위한 절박한 결단이었다. 민주당 후보인 이재명이 등극한다면 그는 검찰개혁 저지와 직권남용이라는 죄목으로 감옥행이 분명했다. 2019년 7월 25일, 검찰총장에 발탁된 윤석열은 지지부진했던 검찰개혁을 마무리할 최선의 적임자로 지목되었다. 곧 법무장관에 임명될 조국의 뒤를 이어 현장을 정리할 지휘봉을 거머쥐었다. 그러나 누구도 예상하지 못한 사태가 일어났다. 수사 칼날을 거꾸로 돌렸던 것이다.

조국 수석은 법무장관 청문회 준비에 돌입했다. 그런데 갑자기 문제가 터졌다. 조국 딸의 입시 비리였다. 표창장 위조, 인턴증명서 위조, 증명서 위조 등 대한민국 국민들이 가장 민감해하는 입시 비리가 하필 조국 교수에게서 발생했다. 그 제보를 접한 국민들은 어처구니가 없었던 거다. 정의와 공정을 내건 정권에서 바로 그 원칙과 기강을 세우는 민정수석, 거기에 법무장관에 임명된 인물이 정권의 중추신경을 건드린 것이다. 청와대는 난감했을 터이고, 총장 업무를 막 시작하는 윤 총장도 난처했을 것이다. 2019년 8월 한 달이 그렇게 지나갔다. 엎치락뒤치락 진실여부를 두고 여야가 공방전을 벌렸고, 친문, 반문 간 논쟁이 SNS를 뜨겁게 달궜다. 여름 더위가 더욱 끈적거렸다.

윤 총장이 단안을 내렸다. 온 나라가 시끄러운데 신임 총장으로서 뭔가 행동을 취하지 않을 수 없었고, 그것으로 기강을 세워야 했다. 대학에 수사팀을 파견했다. 그게 사달이었다. 정권 실세인 586세대의 핵심인물에 대한 압수수색은 엄청난 파장을 몰고 왔다. 그 후 1년 넘게 국민의 피로감을 증폭시킨 사태의 시작, 그리하여 문빠와 개국본(개싸움국민본부), 조국지원시민연대와 태극기 부대가 맞붙는 지루한 싸움이 개시됐다. 전면전의 시작이었다.

문재인 대통령은 윤석열이 '검수완박'(검찰 수사권 완전 박탈)에 불만을 품고 있었음을 눈치채지 못했다. 검찰은 그의 야망을 키워준 토양이자 더 큰 바다로 나아갈 범선이었다. 인생의 모든 것이 검찰인데 어찌 그것을 파괴하랴. 그런 인물이 검수완박의 완장을 찬 사람에게 칼날을 겨누는 것은 자연스런 이치였다. 법무장관에 내정된 조국의 사적 비리를 들춰냈고, 울산시장 선거 개입 정황을 비롯하여 부산시장의 부정 수사를 무마했다는 혐의를 세간에 흘려보냈다. 조국은 윤석열의 적수가 되지 못했다.

집권여당인 민주당의 반격도 만만치 않았다. 박범계, 추미애를 전면에 내세워 검찰총장 직무정지 사태까지 몰았지만 윤석열은 살아 돌아왔다. 그 '고난의 행군'에서 보수진영의 영웅이 탄생하고 있었음을 민주당은 알아차리지 못했다.

그 영웅이 결국 대통령으로 등극했다. 민주당이 급해졌다. 모든 것을 막고 차단했다. 민주당의 온몸 저항 앞에 윤 정권의 명패인 4대 개혁(연금·노동·교육·의료개혁)은 논의만 무성할 뿐 진전되지 않았다. 문 정권 말기에 터져 나왔던 미해결 정치 현안이 윤석열 정권의 발목을 잡았다.

초기 윤석열 정권이 집중했던 최대의 현안이 바로 '이재명 죽이기'였다. 이재명에 덧씌운 범법 혐의는 여럿이었는데, 초기부터 윤석열 정권이 공들인 법적 심판을 막으려는 민주당의 방어 작전이 광범위하게 펼쳐졌다. 민주당 운동권 세력은 결국 이재명을 당 대표로 옹립하고 정치적 역량을 모두 이재명 대표 지키기에 쏟아부었다. 격랑의 바다였다. 상대를 죽이지 못하면 내가 침몰하는 사즉생死卽生의 결투가 윤 정권 전반기를 달궜다. 민주화 이후 일곱 차례의 정권 중 이토록 격심한 정치 투쟁이 2년여 지속된 것도 초유의 일이었다.

정치권에서는 '정치 양극화'라는 개념 자체도 안중에 두지 않았다. 여야與野 모두 격랑의 바다로 뛰어들었다. 윤 정권의 슬로건인 '자유민주주의'는 이재명을 옹립한 민주당 정치인들이 친북親北, 친중親中 성향이고 결국 국가안전을 위협하는 반反국가세력이라는 폭로적 취지를 담은 개념이었다. 취임사부터 윤석열 대통령은 홀로 독학해온 자유민주주의의 실체를 드러냈다.

출항 고동도 애매했다

윤석열 대통령이 취임 연단에 선 모습은 낯설었다. 김영삼이나 김대중 같은 위엄과 경륜이 그리웠다고 할까. 막중한 대업에 곧 적응할 거라는 희망적 사고를 애써 떠올려 우려를 날려 보냈다. 마침 화창한 5월의 햇살에 집단 기대는 한층 부풀었고, 여의도 상공엔 무지갯빛 채운彩雲도 떴다.

취임사는 간결했고 명료했다. 게다가 역대 취임사의 단골 개념인 국민과 민족을 잠시 내려놓고 자유시민, 세계시민 같은 지성 담론과 접속했다는 것은 뜻밖이었다. '자유!'를 수십 번 외친 대통령의 출항 고동은 우렁찼다.

딱 거기까지였다. 여의도 광장에 운집한 축하객들이 박수로 응했는데 감동의 물결은 아니었다. 맥이 좀 빠졌다. 윤 정권의 행보를 만천하에 고할 결정적 한마디를 고대했던 필자는 느닷없는 종지부에 당황했다. 안내인을 따르다 길이 뚝 끊어진 듯했다. 그런 심정이었다. '진정한 국민의 나라'는 어떻게 달라지는가? '다시, 대한민국'은 어떻게 만들 건데? 답은 그냥 '자유'였다. 그것도 고전적 사회계약론의 반쪽이거나, 유럽과 선진국에서는 이미 폐기된 1960년대 밀턴 프리드먼^{M. Friedman} 류의 개념이었다.

'시장은 자유를 촉진한다!' 프리드먼이 《자본주의와 자유》(1962)에서 힘줘 말했다. 1960년대 국가운영의 주류 케인스주의에 대항하는 시장론자의 반격이었다. 이후 세계는 시장의 폭력에 몸살을 앓았다. 한국이 그렇다. 외환위기(1998)와 금융위기(2008)는 고삐 풀린 자본과 시장이 초래한 비극이었다. 시장은 메뚜기 떼처럼 내려앉아 돈을 먹어 치웠다. 서민들이 길거리로 내몰렸다. 그런데 "자유와 시장은 번영과 풍요를 꽃 피우고 … 경제성장은 다시 자유를 확대한다"고? 고등학교 교과서에 등장한다면 이 환류 명제의 진위를 밝히느라 선생은 땀깨나 흘렸을 거다. 대학 강의는 이게 왜 어려운지에서 시작한다.

세상은 그렇게 원론적으로 고상하게 돌아가지 않는다. 문재인 정권은 시장을 옥죄어 수많은 국민을 익사^{溺死}시켰다. 있는 자의 자유와 시장을 멀리 귀양보낸 역설^{逆說}이었다. 그럼 이걸 거꾸로 뒤집겠다는 얘기인가? 좌우 진자^{振子}운동? 기실 박정희 정권도 저런 원론적 얘기를 자주 했다. 자유, 성장, 풍요가 산업화(또는

과학기술 혁신)로 성취된다는 사실을. 그러나 그 뒤에 숨은 위험
은 절대 발설하지 않았다. 시장은 폭력과 자유라는 두 얼굴을 갖
는다는 만고의 진리 말이다. 없는 자에겐 억압, 있는 자에겐 자유
다. 이 상극의 드라마, 억압과 자유 사이에 어떤 민주적 연륙교를
놓을 것인지가 정권의 성격과 성패를 가른다.

적어도 좌파 정권의 치명적 오류를 치유할 시대의 조감도쯤은
내놔야 했다. 진보 좌파는 윤석열 정권의 헛발질을 고대하며 참
호에 은신했다. 청년기 반항을 떨치지 못한 급진 초선의원들과,
그들의 백병전을 은근히 즐기는 민주당의 불손한 권력자들은 시
장을 잘못 건드린 문 정권의 뼈아픈 실책을 전혀 인정하지 않았
다. 좌파의 무감각증이 시장과 진정한 자유를 시들게 했다. 좌파
의 확증편향증에 대한 정책적 징벌을 고대한 국민적 갈증은 '자
유와 시장'이라는 지당하고 지루한 수사修辭 속으로 증발했다.

취임사는 에세이가 아니다. 되돌이표 순환논법을 왜 그대로 방
치했을까. 취임사의 본체가 그렇다. 자유의 가치와 시장경제가
초석, 그 위에 자유 시민의 조건(경제적 기초), 도약과 빠른 성장,
과학기술과 혁신, 세계 평화와 연대를 쌓아 올렸는데 그 모두는
다시 '자유의 촉진제'라고 했다. 자유가 자유를 낳는다! 자유를
민주와 제대로 결합시키려 공황과 전쟁을 불사했던 것이 20세기
역사다. 국민들이 묻는다. '그건 됐고, 어떻게 할 건데?'

고립적이거나 상충적인 이 섬들을 연결하는 해법이 정치다. 문

명국가들이 골머리를 앓았다. 그게 없으면 그 자체 반^反지성주의다. 어설픈 논리와 서툰 해법에서 집단 패싸움이 발아한다. 좌파 정권에만 해당하는 것은 아니다. 취임사에는 반지성주의를 해체할 '영혼의 혁명'은커녕 보수의 정수인 '도덕성의 민주화'도 흐릿했다.

세상은 훨씬 무섭고 복잡하다. 대통령의 해법인 계급 '연대'와 부르주아 '박애'는 산전수전 다 겪은 복지국가에서 겨우 접선했다. 취임 후 첫 시정연설의 모델인 영국 보수당과 노동당의 협력정치는 그 첫걸음이었다. 4대 개혁의 방향은 일단 환영하는데, 110개 국정과제가 나이브한 자유방정식의 함수가 아님을 보여줘야 한다. 좌우를 막론하고 미사여구로 편익을 치장하는 정치꾼들이 득실대는 한국 정치에 갓 들어온 신입 정치인에게 정교한 사회적 설계도를 주문하는 것은 무리일지 모른다.

그러고 보니, 취임식에서 불렸던 환영곡 〈네순 도르마^{Nessun Dorma}〉가 생뚱맞게 들린 이유를 알겠다. 취임사와 동형^{同形}이었다. 내 이름을 맞추면 구애를 포기할게, 그러나 모를 거야, 결국 공주는 내 차지, 승리하리라. 스토커 칼라프 왕자다운 노래다. 취임사에 웬 공주가 튀어나오고 너를 차지하고야 말리라는 격투 노래가 불렸을까. 김건희 여사가 어른거렸다. 아무튼, 연기^{煙氣}처럼 모호한 자유 개념과 무중력 원론만으로 국민은 내 것이라는 자만의 전주곡이 아니길 바랄 수밖에.

난 독주스타일!

윤석열은 독고다이였다. 국민 스타 이효리가 모교 졸업식에서 작정하고 한마디 했다. '인생은 독고다이(특공대)!'라고. 굳건히 견디고 자신을 믿으라는 충고다. 얼마나 험한 가시밭이었으면 이런 내심을 비쳤을까. 자기 스타일을 고집해야 하는 예인藝人에게는 약인데, 독선의 유혹에 빠지기 쉬운 정치가에게는 독毒이다.

2024년 100만 이상 관객을 모았던 다큐멘터리 〈건국전쟁〉의 주인공 이승만도 그랬다. 패권국 미국과 감히 담판을 해내는 약소국 지도자가 누가 있었을까. 단정單政 수립이 아니었다면 북한 정권에 먹혔을 가능성이 컸다. 토지개혁은 더러 알려졌지만, 이승만이 밀어붙인 한미상호방위조약은 생소할 것이다. 그것으로 최후진국 한국은 해양세력의 일원이 됐다. 친일은 반공의 이항대립이었다. 1956년부터 81세 이승만에겐 종신집권이 어른거렸는데 민주적 저항을 예상하지 못했다. 인人의 장막에 둘러싸였다. 4·19 항쟁 시 부상 학생에게 흘린 눈물엔 자신의 과오와 민주 열망에 대한 경외가 동시에 담겼다.

청년 이승만을 투옥시킨 고종高宗도 독고다이였다. 고종은 아관파천俄館播遷으로 개화파를 무너뜨리고 대한제국 황제에 올랐다(1897). 연호는 광무光武, 내각(의정부)과 행정(궁내부)을 분리해 근대적 체제를 얼핏 갖췄지만 고종은 전권을 휘둘렀다. 혼란기를 돌파해온 기억이 거기 있었다. 만기친람萬機親覽. 눈 밖에 난 대신들은 하루아침에 교체됐다. 신안군 섬, 해남, 제주도에 유배 정객들이 득실댔다. 을사오적 이완용과 송병준은 통감부와 교감해 장수를 누렸다. 고종의 독전獨戰이 망국을 재촉했다.

민주화 38년간 보수 정권에 유독 독고다이가 많은 건 뜻밖이다. 세태에 밝았던 김영삼은 경제 펀더멘털이 튼튼하다는 말만 믿다가 미국 클린턴 대통령의 긴급전화를 받았다. 성탄절 이브, 나라 곳간이 거덜 났다. 시민에게 묻지도 않고 서울시를 하느님께 봉헌한 이명박은 미국산 쇠고기 수입을 흔쾌히 수락했다가 혼쭐이 났다. 독실한 크리스천 부시 대통령과 영성이 그냥 통했다. 성공의 독선은 그만큼 무섭다. 청와대 관저에 깊숙이 틀어박힌 대통령에게 최순실에 대한 보고가 닿을 리 없었다. 그 탓에 대통령이 귀양 갔다. 이번에는 섬이 아니라 감옥, 독선의 비극이었다.

'오빠 강남스타일!' 세계를 풍미한 가수 싸이가 말춤을 춰대는데 몸이 저절로 들썩인다. "낮에는 따사로운 인간적인 여자 … 밤이 오면 심장이 뜨거워지는 여자" 앞에서 오빠는 온몸을 흔들어댄다. "반전이 있는 여자 … 그래 너, 그래 바로 너", 오빠는 혼신의 힘을 다한다. "지금부터 갈 데까지 가 볼까~"라는 절창에 이르러 여자는 결국 오빠에게 왔을 거다. 문제는 다음이다. 그녀 앞에서 '강남스타일!'을 고집하고, "나는 뭘 좀 아는 놈, 갈 데까지 가 볼까"를 계속 외치면 그녀가 남아 있을까? 예인藝人 싸이는 그래야 하지만 정치인은 낭패를 부를 뿐이다.

독주스타일! 유배라는 위험지대를 건너 권좌에 등극한 후에도 오빠는 '독주스타일!'을 계속 외치는 중이다. 좌파의 기습 공격과 십자포화를 물리친 힘은 목숨을 담보한 독고다이의 도박이었다. 검찰총장 시절 뚝심이 아니라 좌파의 오만 때문에 유권자들이 힘을 실어줬다. 뚫고 왔다는 독선의 강장제, 석열스타일!의 유효기간은 이미 만료된 지 오래다. 그런데 용산 집무실 근처에는 말춤 노래만 들린다.

춤도 같이 춰야 제맛인데, 참모들은 보이지 않는다. 내각도 누군지 헷갈린다. 가끔 내놓는 정책에 살 만한 것이 더러 있음에도 그 경위와 내막은 깜깜하다. 의사 증원은 국민이 다 원하는 시급 사안인데, 막후 타협이 있었는지. 총선 전면전에 앞서 의료계 전투가 먼저 터졌다. 강경 진압은 저급한 정치다. 문재인 정권에는 주연급 인물이 너무 많아 탈이었다. 책임 전가의 달인들이었다. 윤 정권에는 조연助演조차 아리송하다. 내각과 참모의 존재감이 없기에 모든 화살이 오빠에게 쏠린다.

말춤 추는 오빠가 앞으로 죽 내민 팔에 갑작스레 명품 백이 걸렸다. 크리스챤 디올 파우치란다. 몰카, 영혼을 구제할 목사가 할 짓인지는 모르겠으나 이쯤 되면 오빠가 알아차려야 한다. 대통령의 연인은 유권자임을. 내부에서 누가 말도 못 꺼낼 거다. 야당이 몰아붙인 특검법안은 불법 몰카라도 이용 가치를 총동원하는 진보

68

의 치졸한 공세였다. 참다못한 김경율 여당 비대위원이 '마리 앙
투아네트'를 발설했을 때 대통령은 성공의 독선을 떠올려야 했다.
웬걸, 이관섭 비서실장이 혼비백산 한동훈 비대위원장을 찾아 결
별을 통고했단다. 망연자실, 비서실과 내각은 맞춤 추는 대통령의
백댄서일 뿐, 민주정치의 한 축인 책임성이 증발했다.

  한국의 민주정치는 3백만 원짜리 디올 백에 휘청거리고, 유권
자를 살필 대통령과 참모들은 '오빠 독주스타일!'에 정신이 없
다. 유권자는 '반전'을 좀 아는 사람인데, 오빠의 사전엔 반전反轉
이 없다. 화석처럼 굳어진 민주당을 탓할 필요는 없다. 반전이면
역전逆轉인데, '갈 때까지 가볼까~'라는 독고다이 노래의 끝은 역
사가 안다. 파국 아니면 유배, 한국 정치의 서글픈 운명이다.

'정권 100일'의 축문祝文

이제나저제나 기다렸다. 애초에 기대가 크지 않았던 터라 애간
장 태울 필요는 없었다. 그래도 궁금했다. 윤석열 정부의 큰 그림
과 조감도가 무엇인지를. 60일이 지났다. 선거후유증에 거친 말
들이 섞였다. 출범 100일까지 한 달 남짓, 통치메뉴 주방장인 이
준석 대표는 오랏줄에 묶여 귀양 갔다. 여당에 팬데믹 후폭풍과
고물가 공격을 막아낼 비장의 아이언 돔을 기대하긴 틀렸다. 신

임 대통령들은 항상 얘기했다. 서민과 민생을 돌보겠노라고. 이젠 안다. 그냥 하는 소리라는 것을.

한국인은 백일잔치를 중시한다. 신생아가 사死와 작별하고 생生으로 진입하는 날이다. 정권 100일이 중요한 이유다. '신경제 100일 작전'을 제대로 구사한 것은 김영삼 정부였다. 당선되기 전 이미 구상이 섰고, 사계斯界 실력자들이 모여들었고, 전광석화처럼 해치웠다. 금융실명제, 부동산실명제를 불도저로 밀어붙였고, 사정 개혁, 하나회 척결로 거침없이 나아갔다. 1994년에는 세계화를 선언했다. 김영삼 자신도 이게 뭔지 몰랐을 거다. 아무튼 'Sekyewha'라는 표기는 촌스러웠지만, 세계정세와 경제 동향을 감지했다는 뜻이었다. 지지율이 치솟았다. 그런 정권도 성공의 달콤함을 즐기는 사이 악몽 같은 외환위기를 맞았다.

출범 석 달 만에 철퇴를 맞은 것은 이명박 정권이다. 한미 FTA를 체결하고 즐겁게 돌아온 이명박은 느닷없이 광우병 파동에 직면했다. '뇌송송 구멍탁!', 이 한 소절이 정권을 흔들어놓을 줄이야. 혼절한 정권이 기력을 회복하는 데에 2년이 걸렸다. 후반기 재기 의욕을 다져 '실용정부'를 선언했는데 이미 호소력을 잃었다. 지금은 미국 수출 쇠고기의 24%를 한국인이 먹어치운다. '정권 100일'의 축문祝文이다. 축복과 저주의 갈림길, 성패 가도가 대충 드러난다.

그래서 섬뜩했다. 윤석열 정부, 촬영 무대는 차려졌는데 배우들도 배경음악도 없었다. 감독이 보이지 않고 줄거리는 그냥 개봉박두. 주역 한 사람만 등장해 동분서주하는 양상이었다. 대변인이 마이크 잡는 장면을 못 봤다. 이정식 고용노동부 장관이 '주52시간 개편'을 발표했다가 대통령의 '노!' 한 마디에 주눅이 들었다. 문재인 정권이 사활을 걸었던 정책인데 5년 누적된 폐해를 단번에 제거할 대체재가 아니었다. 대기업 임금 인상 자제를 요청한 추경호 부총리도 군부정권이냐는 세간의 비난에 입을 다물었다. 세금 완화, 집값 안정은 잘 하고 있는데 타 부처 수장들은 메뉴만 만지작거렸다.

주휴수당을 합친 최저임금은 드디어 1만 원대를 넘었다. 왜 큰 틀의 '고용주도성장'을 선언하지 않는가? 문재인 정권의 질긴 유산에 갇혀 간판을 갈지 못했다.

상상력 빈곤이었다. 진정한 국민의 나라? 문재인 정권 표절이다. 공정과 상식? 그것도 표절 냄새가 났다. 자유민주주의? 상식인데 애매했다. 참모진의 주류가 검사와 관료라서 그렇다. 그 직업은 상상력과 주관을 억제해야 출세할 수 있는 세계다. 운동권이 벌여놓은 무절제한 공상空想정치를 법조문과 규정집으로 세탁할 수는 있겠지만, 몰려오는 다중 쓰나미를 해치울 고차원 방정식이나 비전 개념에는 약했다.

대통령은 민간전문가들과 '도시락 야자'에 돌입했다. 열정은 공감하는데 대통령은 공부하는 직업이 아니다. 인재들을 동원해

채근하고 정권 포부를 담은 현판을 걸고, 핵심정책을 열정적으로 구사해도 한참 늦었다. 대통령은 전문가들의 머리와 지략을 활용하는 사람이다. 관현악기 모두를 능숙하게 불어 젖히는 만능 지휘자를 본 일이 있는가?

주연급 조연 한동훈 법무장관이 무대 뒤에서 홀로 분주하기는 하지만, 여전히 단역 뮤지컬 60일, 대통령의 개인기와 뚝심만으로 연출한 설익은 초짜 정치였다. 백 년 전, 스페인 독감 팬데믹이 물러가자 식량난이 세계를 강타했다. 고물가에 실업률이 치솟아 결국 1929년 대공항으로 이어졌다. 코로나19 후유증에 의한 미국 이자율의 고공행진은 한국에 환란과 인플레 공포를 몰고 왔다. 노회한 야당은 버티기 지연작전에 돌입했다. 합법적 지연작전의 목표는 명백하다. 윤석열 정부의 헛발질, 아니면 미수未遂 유발. 시계視界가 1980년대에 멈춘 586세대의 참호전을 21세기 한국인이 감내해야 한다.

거기에 인재난이 가중됐다. 참여를 권유해 보지만 손사래를 치는 사람이 대부분이었다. 패가망신, 멸문지화를 목격했기 때문이다. 쓸 만한 인재는 죄다 초야로 돌아갔다. 윤석열 대통령은 서운해 물었을 것이다. "내가 그렇게 나쁩니까?"

정권의 앞날을 좌우할 22대 총선이 다가오고 있었다.

민주당에 포위되다

막말꾼의 쓸모

22대 총선에서 집권여당이 이렇게 죽을 쓸 수 있을까. 아니 죽써서 남 줬다고 하는 게 맞을 거다. 그나마 한동훈 선대위원장이 선방했기에 그 정도지 대통령 탄핵 저지선마저 무너질 뻔했다. 국민의힘 진지는 분노의 포격을 맞아 처참히 허물어졌고, 민주당은 성곽을 더 쌓아 올렸으며, 조국 대표는 의병을 규합해 교두보를 구축했다. 투표를 종이 폭탄이라 했던가. 한 위원장은 온몸에 상처를 입고 침울하게 물러갔다.

조국은 제3당 대표로 등극한 날 저녁 검찰 청사 앞에서 포효했다. 이번에는 "쫄렸나?"가 아니었다. "김건희 여사를 검찰에 소환하라"는 혁신당 공약이었다.

대통령실은 당혹스러워했다. 전국을 돌며 스물네 차례나 선심 정책을 남발했는데, 그게 안 먹히다니. 문재인 정권이 저지른 온갖 폐기물을 치우느라 동분서주했거늘 그게 안 통했다니. 그래도 국민과 대화하려 애썼는데 일방통행이라니. 사실 유례없는 불통 정치의 대명사는 문 정권이었다. 운동권들이 설쳐댔고 운동권 정책과 수사修辭가 남발했다. 시끄럽고 소란한 잡음 속에 공적은 증발됐다. 내실없는 진보였다. 이에 대한 유권자의 응징은

2022년 대통령선거로 이미 끝났다. 0.73% 석패惜敗는 나 홀로 독주에 대한 응징의 결과였다. 유권자들은 리셋 상태에서 새로 들어선 정권을 주시하기 시작했음을 용산만 몰랐다.

용산은 커튼으로 가려졌고, 민심의 화살은 대통령의 뚝심에 튕겨 나갔다. 세월호만큼 비참했던 이태원 참사에 책임질 사람은 없었다. 채 상병 죽음도 해명뿐이었다. 그 뚝심으로 칭찬받을 일을 하긴 했다. 한미동맹 강화, 세금 인하, 규제 완화, 천안함과 전쟁 유족 위로, 북한에 대한 자존심 회복 등등.

정작 용산의 민심 풍향계는 돌지 않았다. 한국 민주화를 특징짓는 그 유명한 '청산의 정치'를 조금 자제했더라면 표심은 좀 너그러웠을 것이다. 청산은 새로 등장한 정권의 유혹이다. 전前 정권의 실정이 많을수록 청산의 강도는 높아진다. 윤석열 정권이 독려한 폐기물 처리반은 인적 청산까지 손을 뻗었다. 막말꾼, 범법자, 종북파를 가리지 않았다. 의심의 눈으로 보면 모두 피의자가 된다. 압수수색은 일상이 됐다. 윤 정권 탄생을 저지했던 특급 저격수들이 대거 법정에 섰거나 유배를 갔고, 선남선녀를 피의자로 몰아세우는 검찰 방식이 어느덧 정치양식이 됐다.

필자는 야당이 외친 민생 파탄이나 경제 파탄을 믿지 않는다. 적어도 문 정권보다는 나았다. 야당이 경제를 이념의 늪에 빠뜨렸다는 사실을 유권자들은 잊지 않았다. 그런데 왜 심판론이 먹혔는가. 경제는 거의 상수다. 22대 총선에서 야당을 밀어준 2050

세대는 누가 집권해도 경제 사정은 크게 나아지지 않는다는 사실을 터득했다. 경제 대국 한국에서 경제가 정치에서 떨어져 나온 지 오래다. 대통령에 꼼짝 못 하는 여당, 율사로 무장한 권력집단, 야당 정치인들에 대한 증오와 적개심, 여덟 차례 특검법 거부, 내부 경쟁자들을 내치는 윤 정권의 속 좁은 행보에 유권자들은 마음의 문을 닫았다. 범법자든 막말꾼이든 그들의 거친 입이라도 빌려 죽비처럼 내리치고 싶었던 거다. 심판론이 먹혔던 세간 정서다.

무엇보다 인적 청산을 너무 밀고 나갔다. 이재명 대표의 위법 물증을 2년 넘게 찾는 중이다. 조국 대표는 말과 행동이 달랐는데 가족이 산산조각 났다. 아내와 자식이 범법자로 몰리면서 피눈물이 났다. 용산의 이런 직선 행보에는 막말꾼의 포화가 제격이라고 유권자들은 믿은 듯했다. 천박해도 속 시원했던 거다. 세상의 품격을 처절하게 짓밟았던 이들을 유권자는 온전히 국회로 돌려보냈다. 이들을 용도폐기하기엔 아직 할 일이 남았다는 뜻이다. 정동영, 추미애 같은 원로가 귀환했다. 막말 저격수들과 함께 '재명이네 마을' 수호 율사들이 대거 국회에 입성했다. 유배갔던 이성윤, 박은정이 해배돼 야권에 합류했다.

자, 이제 심판론의 1호 과제, 아내들을 구출할 차례다. 감옥에 간 조국 대표 부인, 법정을 들락거리는 이재명 대표 부인. 혐의 여부와 상관없이 정적政敵과 적장賊將의 목을 죄는데 아내를 연루시킨 것은 한국 정치 초유의 행태다. 한국 정서에 어긋난다. '법 앞에 만인은 평등'하지만 불공정을 통해 공정을 도모하는 것이 정치의 지혜다. 만약 '묻지마 평등'을 원한다면 대통령도 예외일 수 없다는 논리에 조 대표와 이 대표는 이심전심 동맹 서약을 맺었다. 조국혁신당 1호 공약인 '한동훈 특검법'은 조국과 가족을 꽁꽁 묶은 대리인의 죄를 묻는다. 2호 공약인 '김건희 검찰소환'은 '너도 당해 보라'는 한풀이 응징이다.

한국 정치가 어쩌다 이 꼴이 됐을까. 정치권의 복수전은 국민을 죽음의 계곡으로 몰고 간다. 마치 로마 시대 검투장처럼 한 사람이 죽어야 끝장이 난다. 관중들은 쓰러진 검투사를 죽이라고 외친다. 아내를 구출하라 – 야권 '특명 1호'는 한국 정치에 거친 폭풍을 몰아칠 것이다. 막장극 제2편이 예고됐다.

이재명의 독전

끝도 없는 정치권 싸움에 국민 정서는 마른 논바닥처럼 갈라졌다. 사람들이 죽어 나간다. '단군 이래 최대 비리'와 '검찰이 살인자'라는 논리 사이에 어떤 접점도 없다. 더 죽어야 끝날까, 아니면, 이대로 국력을 파탄 낼까. 이런 적이 없었다. 이재명을 둘러싼 사건의 전모는 수상한데 검찰의 행보 역시 도를 넘었다는 생각이 동시에 든다. 공중公衆을 매수하려는 정치권은 참호전을 구축했다. '끝까지 간다'는 결의다. 정치인들이 연일 독기를 뿜어내니 참 딱하고 피곤하다.

검찰 조사는 원래 살기殺氣를 뿜어낸다. 피의자든 참고인이든 한 번 불려가 본 사람에겐 악몽이다. 주변을 때리고 옥죄면 평상적 행위도 범법 그물망에 걸려든다. 피의자가 혐의 흔적을 박박 지워도 삭제한 기억을 귀신같이 들춰내는 게 검사다. 늦은 밤 나서는 검찰청의 어둠에 다리가 후들거린다. 무엇보다 인생탑이 무너진다. 정직과 성실로 살아온 사람의 최대 자산인 자존감이 쪼그라들면 극단적 행위가 어른거린다. 범법의 수위와는 상관없이 자신과 가족의 품격을 지켜줄 마지막 수단에 호소하는 것이다.

바로 이 지점에서 지도자 품성론이 나온다. 노무현 대통령은 부엉이 바위에서 뛰어내렸다. 논두렁 시계, 친인척 비리, 측근 단속 실패, 요즘 사건에 비하면 당시 검찰은 말할 것도 없이 도를 넘었다. '누구도 원망하지 마라, 운명이다.' 그는 한국 정치에 내장된 구렁텅이에 자신을 던지는 것으로 수하들과 가족의 품위를 지켰다. 필자는 당시 비통한 심정을 이렇게 썼다.

"그 생명공양生命供養의 대가로 우리는 한국 정치를 직조하는 '운명의 형식'에 대해 눈을 번쩍 떴다."

이후 16년 동안 우리는 그 운명의 형식을 어떻게 복기해 왔길래 이번에는 야당 대표 충복들의 낙화落花를 감당해야 하는가. 대장은 항상 책임을 걸머지는 중심에 포진한다. 명량해전에서 이순신은 일자진을 뒤로 두고 홀로 왜선과 싸웠다. 해류가 바뀌기를 기다리라는 작전명령에 만호들은 대장의 위태로운 독전獨戰을 숨죽이며 바라봤다. 명량이 몸을 뒤척이기 시작했다. 만호들이 해류를 타고 돌진했다. 왜선 300척이 부서졌다. 승전이든 패전이든 책임은 대장의 것이다.

그런데 숱한 비리 혐의에 맞선 이재명의 독전督戰에 만호들은 사라졌다. 법률 만호, 척후 만호, 자금 만호, 기획 만호, 그리고 행정 만호에 이르기까지. 대장선이 '결백 깃발'을 휘날리는데 만호가 모든 걸 뒤집어써야 하는 현실 앞에 무너진 것이다. 행정 만호 고故 전형수 비서실장은 유서에 '사건조작이 무섭다'고 극한 두려움을 표현했다. 고인이 두려워한 사건조작의 주체는 누구일까. 행정책임자는 결정을 내리지 않는다. 집행할 뿐이다. 명령의 주체가 나섰다면 행정 만호는 그나마 버티지 않았을까.

가치와 효용을 적절히 구사하는 게 정치다. 대의大義를 구제하는 본업에서 효용이 판을 치면 가치가 묻힌다. 문재인 정권이 내세운 '정의와 공정'은 시의적절했으나 정책 비효용으로 가치가 무너졌다. 정치권이 촉각을 세우는 여론이 가치를 구제하는 것도 아니다. 디지털 세상에서 팬덤은 언제든지 바뀔 격류다. 팬덤을 외면하면 낭패를 당하고 팬덤에 몸을 맡기면 가치를 상실한다. 팬덤이 떨어져 나간 프랑스 대통령 마크롱은 사면초가의 늪에서 여전히 의연하다. 프랑스의 미래가 연금개혁에 달렸음은 개혁 실패 국가에서 이미 입증됐다. 민주 투사의 휘광을 독점하고 민중을 대변한다는 이른바 진보 정치가 오늘날 추구하는 가치는 무엇인가? 철 지난 논변과 비속한 말투, 그리고 근거 없는 신학적 증오 속에 익사했다.

최초의 합의, 개 식용 금지

'개 식용 금지법'이 국회에서 통과되자 외신들이 난리가 났다. 미국 CNN은 방송 도중 속보를 내보냈고, 주요 통신사들도 호들갑을 떨었다. 네팔, 필리핀, 인도네시아처럼 개를 먹는 나라가 더러 있음에도 이렇게 조명을 받는 건 한국이 G10 멤버이기 때문일 것이다. '드디어 후진국을 벗어났다' – 〈월스트리트저널〉의 이런 표현에는 문화적 경멸감도 읽힌다.

　아무튼 개 식용 금지! 세시가 워낙 달라졌으니 개고기 권하던 정약용茶山 선생도 이해할 듯하다. 친형 정약전 선생이 쇠약하다는 소식을 접한 순간 다산 선생은 개를 떠올렸다. 흑산도에 산개가 수백 마리 있을 터인데 안타까웠던 모양이었다. 5일에 한 마리씩 잡는데, 올가미 설치하는 방법, 삶는 법에 더해 식초, 장, 기름, 파로 버무린 양념까지를 설명했다. 실학자 박제가의 요리법이었다.

조선 최초의 어류도감《자산어보》를 만들고 있던 정약전 선생이 산개를 정말 먹었을까만, '개'라면 당대의 시대적 고통을 앓는 몸에 들어가 보양이 되고 싶을지도 모르겠다. '외롭고 가난한 시인이 쐬주를 마실 때 안주가 되어도 좋다'고 쾌히 승낙한 '명태' 처럼(양명문의 시), 너절하기 짝이 없는 정·관계 인사들을 내리치는《목민심서》의 죽비를 더 세게 만들어주고도 싶다. 개 생명은 구했어도, '개 마음'을 읽으려면 아직 멀었다. 요즘 동시통역하는 AI 앱 줄링구아^{Zoolingua}가 나왔다는데 개의 관점에서 그건 '개소리'다. 표정, 동작, 음성만으로는 개의 마음과 눈초리를 알아채지 못한다.

오죽했으면 작가 김훈이 스스로 개가 되어 세상을 보려 했을까. 자전거 여행 중 폐촌에서 마주친 개들의 눈초리는 알쏭달쏭했다. 그래서 진돗개 '보리'로 자신을 둔갑시켰다(소설《개》). 풍경과 달빛이 달라졌다. 사람들은 제멋대로였다. 죄짓고 딱 잡아떼는 사람들이 우선 웃겼다. 개는 꼬리가 절로 흔들려 감출 수가 없다. "웃지 않기가 힘들어. 그야말로 개수작"이었다.

진돗개 '보리'가 요즘의 정치판을 본다면 뭐라 할까, 그냥 컹컹 짖고 말까, 아니면 개판이라 할까. 개에 등급을 부여한 건 인간이다. 애완견, 경비견, 탐색견처럼 특정 임무를 받은 개를 견^犬으로 불렀고, 버려진 잡초 같은 개는 구^狗 자를 붙였다. 몸 색깔에 따라

황구, 흑구, 백구다. 황구로 태어난 '보리'는 정치판에 '구' 자를 붙여도 좋을 사람이 그득하다는 사실을 놀라워했을 것이다. '견'과 '구'를 애써 구별한 그들이 정작 견격犬格을 아랑곳 않고 나불대는 어지러운 광경에 질리고도 남을 것이다. 막말꾼의 말 중에 '암컷', '개xx'는 본능적으로 알겠는데, '발목때기' '칼빵', '개딸'은 요령부득. 정치하는 사람들이 정견政犬은커녕 정구政狗가 된 현실을 정작 개는 이해 못 한다.

정치인들이 이러니 개들이 가장 좋아하는 10대 20대들이 말마다 '개' 자를 붙이는 풍조가 널리 퍼졌다. 좋으면 그냥 좋지 왜 '개좋아'라 하는지. 맛있게 먹으면 되지 왜 '개맛있어' 하는지 개는 알지 못한다. 저잣거리 말인 '대박'도 그렇다. '통일은 대박이다'라고 어떤 대통령이 발언한 이후 널리 퍼져서 아무나 대박 타령을 한다. 인기 스타도 말끝마다 '대~박', 식자들도 '대박~'이다. '개대박'이 아닌 게 좀 아쉽긴 하다.

견격犬格 있는 개는 무리 짓지 않는다. 무리 짓는 건 먹을 것을 찾아 으르렁대는 들개다. 이들은 이빨이 날카롭고 성질 사나운 두목을 따른다. 비굴해야 먹고 산다. 그런데 정치판 사람들은 왜 두목을 앞세워 졸졸 따르는지 개는 알 수 없다. 온몸에 상처 입은 두목도 있고 새로 영입한 날렵한 두목도 있다. 얼마 전 당적을 옮긴 모某 의원이 민주당 중진들은 입을 다물었다고 다 아는 기밀을 누설했는데 원래 정당이 그런 것인지 개는 모른다. 하기야 요즘 사람들이 제 입맛에 맞는 유튜브에 문전성시라고 하니 졸졸 따르는 게 개만의 천성은 아닌 듯하다.

그럼에도 오줌 질러놓고 쌍욕하고 삿대질하는 정치판은 정말 꼴불견이었는데 몇 년 만에 흔쾌히 의견일치를 본 게 바로 이것이었다. 개 식용 금지! 초당적 지지를 얻었다나? 꼬리가 또 절로 흔들리긴 해도 두 무리 간 최초 합의를 사람들이 '개 연정聯政'이라 하니 기분은 썩 좋지 않다.

기대는 금물, 연정 원조국들도 요즘 사나운 두목들이 설쳐대 산통이 다 깨진다는 소문인데 한국이야 말할 것도 없을 거다. 들개 떼처럼 몰려다닌 게 마음에 걸렸는지 돌아가신 대통령 묘소 앞에 머리를 조아리는 꼴을 보면 정말 개우습지만 개가 좋아하는 인간들은 대체로 홀딱 넘어가기 일쑤다. 선거철에 그들이 일시에 교양신사, 요조숙녀로 위장해도 개는 냄새로 직감한다. 복면 뒤 숨은 얼굴을. 잘못 뽑아놓고 4년을 왕왕대는 통에 개시끄러워 잠을 설쳤는데, 그런 시절이 올까 또 잠을 설치는 요즘이다. 물갈이해 봐야 율사律士 아니면 운동권이고 제3지대 빅텐트도 노숙자 꼴 날 것 같은데 덫에 걸렸다는 몰카 명품백이 또 시끄러워질 모양이다. 이참에 아예 근심 걱정 버리고 들판이나 쏘다닐까 한다. 덫에 걸려 팔려 갈 일 없으니.

잔인했던 그해 여름

여름은 온갖 살아 있는 것들이 응축한 힘을 한껏 분출하는 계절이다. 잎과 가지를 드높이 치켜 올리는 나무 밑에 꽃들은 서로 화려한 색깔을 뿜낸다. 폭우에 꺾어진들 폭염에 시든들 개의치 않는다. 여름은 숨은 역량의 경연장이다. 더위에 지친 사람들이 결코 주저앉지 않는 이유도 그렇다. 찬물 한 사발로 온열을 식히면 땡볕으로 나갈 엄두가 난다. 폭우가 하천을 범람하고 도심을 침수시켜도 1년 묵은 때와 얼룩을 씻어 주리라 믿는다. 장마가 뒤엉킨 머릿속을 헹궈 후련한 시간을 열 것이다. 그래서 여름은 시련과 만족의 교차로다.

그러나 2024년 같은 잔인한 여름은 없었다. 미래를 기약했던 리튬 전지가 애꿎은 생명을 앗아갈 줄 상상도 못 했다. 작업장에 갇힌 채 붉은 화염에 녹아내렸다. 며칠 뒤, 청운의 꿈을 가꾸던 모범 직장인들을 자동차가 덮쳤다. 애달파 눈물도 차마 흘리지 못했다. 저녁 무렵 직장인들에게 귀갓길은 사주경계의 피곤한 시간이 됐다. 아이스커피를 들이켜도 불안과 공포는 식지 않고 가족이 기대하는 바캉스는 불안한 어드벤처였다.

국회만 아니었다면 좀 나았을지 모른다. 국민이 뽑은 선량들은 이런 민심을 아랑곳하지 않고 밤새 싸웠다. 악몽의 현장엔 나타나지 않았다. 여의도 전사들에겐 오직 자기 두목이 관심사다. 충성심은 조폭을 능가한다. 개원도 하기 전 국회가 온통 탄핵 깃발로 뒤덮인 나라가 지구상에 있을까. 고대 플라톤 이후 금세기까지 모든 정치학의 도달점은 국가 존망이다. 군사력의 수장들, 검찰, 방송위원장을 가리지 않고 탄핵단두대에 세우는 민주당의 탄핵 집착증이 정권을 넘어 국가를 덮치는 급발진 차량이 아니라고 누가 장담하랴.

3분 만에 통과된 해병대 특검의 창끝이 대통령에게 겨냥됐음을 모르는 사람은 없다. 국회 법사위가 장군에게 발령한 얼차려는 대통령을 향한 구령이다. 민주당은 대통령 탄핵 청원에 서명한 사람이 백만 명을 넘어섰다고 으름장을 놨다. 법사위가 건조한 신형 로탱크Law-Tank는 바야흐로 대통령 집무실을 향해 돌진했다.

야당의 탄핵 작란作亂은 겨우 시작에 불과했다. 검찰과 언론을 묶어놓는 것은 본 게임을 위한 정지작업이다. 방송통신위원장 지명자는 취임도 하기 전에 탄핵 명단에 올랐다. 인터넷방송, 유튜브, 공영방송에 이르기까지 정론을 위장한 궤변의 놀이터로 만들고 싶은 거다. 탄핵소추 명단에 오른 모某 부장검사의 사유는 '분변 사건'이었다. 울산지검 근무 당시 간부 식당에서 술을 마시고 민원인 대기실 바닥에 대변을 봤다는 것. 그는 쌍방울 대북 사건 담당 검사였는데, 탄핵이 특정한 것은 대변이었다. 그러나 허위였음이 밝혀졌다. 이쯤 되면 국회에 똥 냄새가 진동한다.

아, 폭염을 이길 재간이 없었다. 국민은 식은땀을 흘리는데 그대 선량들은 진정 재미있는가? 2024년 여름 우리는 '죽음의 계곡'에 들어섰다. 70년간 국민이 피땀으로 구축한 한국을 그대들은 무슨 권리로 패대기치고 있는가.

망하는 것은 순식간이다. 선량들이 즐겨 써먹는 '민생'의 핵심은 건강, 소득, 고용, 그중 100세 시대에 국민의 최대 관심사는 건강이다. 지금 가장 시급한 것이 한국 의료의 붕괴를 막는 것. 괜찮을 거라고? 아니다.

국민건강체계는 붕괴가 상당히 진행됐다. 정부의 '묻지마 의대 증원'이 계기였는데 이 위기 속에도 국회는 손 하나 까딱하지 않았다. 국민의힘은 멍청한 상태고, 민주당은 손 놓고 반사이익을 노렸다. 민주당은 덜 시급하나 실패가 뻔한 짐을 하나 더 얹었다. 공공 의대를 설립하란다. 정당들이 진정 민생의 보루인 튼실한 보건의료를 구축하려 한다면 우선 할 일이 있다. 집 나간 전공의들, 의료체계의 초석인 전공의들을 어떻게든 불러들일 대안을 찾아 정부를 설득해야 한다. 환자단체가 뛰쳐나와 눈물로 호소하는데 그들의 비명소리가 애달프지 않은가?

다시 말하건대, 전공의가 빠진 병원은 운영 불가다. 필수 의료와 중증 진료는 절반도 해내지 못한다. 의대 교수들은 극한 피로에 몰렸다. 1만여 명 전공의가 돌아오지 않는다면, 현 체제를 회복하는 데에만 족히 5년 세월이 걸린다. 적어도 5년 동안 중환자든 응급 환자든 적정 진료를 받을 수 없다는 뜻이다. 대기자 명단에서 죽어가는 환자가 속출할 것이다. 그나마 5년이 걸리면 다행이다. 의대생 유급이 곧 현실화하면 2025년 의대 1학년 학생만 8천여 명을 헤아린다. 교수도 시설도 미비한데 의학교육이 이뤄질까? 2025년엔 의대 졸업생이 제로다. 이후 이어지는 모든 충원의 사다리가 걷어차였다.

적자에 허덕이는 대형병원들이 일부 병실을 폐쇄했다. 정부는 강제 명령 철회, 수가 수정, 처우개선을 약속하곤 있지만 이미 신뢰를 잃었다. 전공의들은 시간제 알바, 대리기사, 배달 등 생계 전선으로 흩어졌다. 시민들이 흔히 하는 인사말 '밥 한번 먹자'가 '아프지 말자'로 뒤바뀐 2024년 여름에 정부는 마냥 기다리고 정치권은 탄핵 칼날을 휘두르고 있었다. 아, 그 여름은 잔인했다.

대통령은 감옥에 있다

2025년 1월 15일, 마침내 윤석열 대통령 체포극이 종료됐다. 세계인들이 '다이내믹 코리아'라고 칭송하는 한국에서 정신 차리고 살려면 마음의 맷집을 키워야 한다. 43일을 버티던 대통령이 마침내 끌려갔다. 환호와 비탄이 동시에 쏟아진 그 장면이 생중계됐다. 직장과 가게, 안방과 찻집에서 대통령의 비장한 얼굴을

목도한 사람들은 일손을 멈추지 않았다. 탄핵 정국 1막이 끝났다. 대통령은 감옥에 있다.

이제 2막이 시작되었다. 1막은 체포극, 2막은 법정투쟁극이다. 체포극의 시나리오는 단순했지만, 법정투쟁극은 시나리오가 없다. 장마를 지나 폭염이 와야 끝날지 아무도 모른다. 모든 운명이 사법부의 판단에 달려 있는데 법체계가 엉망이다. 민주당이 헤집어놓은 '검수완박'이 내란죄 수사체계를 너덜너덜하게 만들었다. 사법부는 없는 길을 더듬어 가야 한다. 헌법재판소와 사법부에 역사상 초유의 과부하가 걸렸다. 게다가 호기를 놓칠세라 과속페달을 마구 밟아대는 민주당의 눈치를 봐야 한다. 봄꽃이 피어도 수사와 재판이 법치에 맞는지를 따지는 시간이 될 것이다. 민주주의는 이미 와해된 채 사법투쟁이 다이내믹 코리아를 집어삼켰다.

대통령은 감옥에 있다. 이 장면을 연출한 주역은 원래 내란죄에 대한 수사권이 없는 공수처였다. 공수처가 관저 내부로 진격할 때 수방사 55경비단장의 직인을 찍도록 했다는 논란이 일었다. 검수완박에 의해 검찰도 수사권이 없다. 그러니 공수처 수사와 검찰의 기소로 진행될 법원의 1, 2, 3심 재판 역시 허구의 탑이다. 판사쇼핑은 이미 세간에 알려졌다. 법전문가 대통령이 이를 모를 리 없다. 변호인단은 이 모든 절차가 허구임을 주장하는 위헌소송을 낼 것이기에 법원 재판과 헌재 심판이 동시에 진행되는 이중 드라마가 펼쳐질 예정이다. 올봄엔 법적 근거가 희박한 착란의 꽃들이 만개할 것이다. 진절머리 칠 일들이 쌓였다.

과속페달을 밟았음을 인지한 민주당이 '내란죄'를 분리해서 특검법으로 갖다 붙였다. 헌재가 내란죄를 합쳐서 심리하면 곤란한 점이 한둘이 아님을 뒤늦게 알아차렸다. 내란죄를 입증할 증인을 백여 명 넘게 불러야 하는데 내란죄 판결에만 최소한 6개월 이상이 걸린다. 국회 진상규명 특위, 수십 명 고위급 장성이 이미 수사를 받았다고 손을 들었다. 슬픈 장면이었다.

그러면 우리의 호프 이재명 대표는? 봄 즈음 이재명 대표 2심 판결을 앞둔 민주당이 다급해졌다. 분리를 서두르는 이유다. 내란죄로 국회에서 이미 탄핵소추를 했는데, 분리한다고? 국민의힘이 맞받았다. 그러면 탄핵소추 자체는 무효, 웃기는 일! 탄핵소추가 위헌소송감이라면 헌재가 풀어야 할 숙제가 하나 더 는다. 장마가 지나야 끝날까? 헌재 판사의 과로사를 걱정해야 할 판이다.

범여 친윤親尹 단체는 이재명의 선거법 위반 2심 판결에 촉각을 곤두세우고 있다. 만약 늦추거나 무죄판결을 내린다면 사법부로 쳐들어갈 태세다. 반면 탄핵소추 통과 3개월 이내에 결론을 내리지 않는다면 범야 친명親明 단체가 헌재로 돌격할 것이다. 헌재는 여야가 다투어 제출하는 법적 청구서에 짓눌릴 지경인데 4월 중순엔 두 명의 재판관이 임기만료다. 그때 신임 재판관 임명을 두고 최상목 권한대행의 명줄이 왔다 갔다 할 거다. 그때까지 살아 있다면 말이다.

2017년 누가 봐도 간단명료한 '최순실 국정농단' 사건은 탄핵 인용에 90일이 걸렸다. 가을꽃이 피어야 끝날까? 그러면 대선 일정은 어떻게 되나? 선장 없는 항해, 다이내믹 코리아호가 어디로 갈지 주술 거사에게 물을 지경이었다. 2025년 항법도 해도海圖도 없는 무쌍한 항해에 탑승한 국민만 서럽고 불안하다.

탄핵은 복수혈전이 아니다. 박근혜 탄핵 사태를 통해 이미 통감했다. 당시 문재인 민주당 대표는 박근혜 탄핵이 인용되자마자 촛불 민심을 표방한 12대 과제를 내놓았다. 명칭도 '국가 대청소 과제', '시민혁명 입법·정책 과제'로 무시무시했다. 게다가 그 모든 과제를 2017년 4월까지 반드시 관철시키겠다고 성급하게 포효했다. 대통령 선거는 5월이었다. 논란이 일 수밖에. 권력 진공상태에서 할 일은 '촛불 과제' 실천이 아니라 탄핵을 빚어내는 정치제도의 혁신이어야 했다.

2017년 봄, 당정협의체, 정당과 선거구제 개편, 개헌에 관해 많은 제안이 쏟아졌다. 모두 국정농단 재발을 방지하려는 보정 시도였는데, 민주당은 정권을 잡자마자 일소一笑에 부쳤다. 탄핵 성공과 정권탈환, 적폐청산에 도취해 무엇이 중한지 정신이 없었다. 적폐청산으로 감옥에 간 사람이 백여 명을 넘었다.

과거의 교훈이 짓밟히고 구태가 재현되면 코리아호는 북극 항로에 갇혀 결빙結氷될 것이다. 탄핵은 재발 방지를 위한 제도개혁의 기회임을 제발 인지해 달라. 이미 국민에게 행동수칙을 발하는 이재명 대표와 잔칫상 받은 민주당의 파안대소에 21세기 한국의 미래가 달려 있다. 대통령은 감옥에 있다.

현대 정치의 기원과 증후

좌파의 양심

진보 정권이 그렇게 시끄럽고 소란할 줄은 꿈에도 생각하지 못했다. 노무현 정권 5년 내내 조용할 날이 없었다. 노 대통령은 상당히 솔직한 사람이었다. 체면 차리지 않고 권위를 내세우지 않는 행동양식은 처음에 매우 신선했다. 그는 개혁을 말로 했다. 그게 그의 중요한 통치양식이었다.

개혁의 내용을 우선 발설해놓고, 시끄럽게 만들고, 반대파를 말로 폭격하는 방식을 썼다. 그 덕에 국회와 정당은 청와대의 엄호부대로 격하되었다. '말의 정치'는 참여정부의 주된 전략이었다. 그런 만큼 설화舌禍가 많았고, 설화는 그나마 쌓은 작은 공적까지도 거둬갔다. 참여정권이 손댄 일 중에 평가받을 업적이 없는 게 아니다. 그러나 민심은 그것을 인정하고 싶지 않을 정도로 인색해졌다. 설화의 나날들, 시끄럽고 소란한 시간들로 더 이상 정신이 산란해지고 싶지 않기 때문이었다.

문재인 정권은 탄생 과정이 감동적이었다. 주권이 광장에 내려앉는 광경이 지금도 눈에 선하다. 청와대 관저를 버리고 광화문 시대, '시민주권의 시대'를 열겠다고 공언했다. 운동권 출신이 배수진을 친 정권의 향방을 가늠하기 어렵지 않았지만 그래도 '소통 정권'을 구축한다는 데, 믿지 않을 수 없었다. 희망사고가 현실감각을 마비시켰다.

정권에 동참할 초청권을 선별적으로 배분하는 권력은 소통을 거부하는 폭력이 된다. 거대 여당 민주당은 면허증을 받은 듯 독주하고, '광화문 시대'의 문을 닫아버렸다. 문 정권은 통치 독점권을 마음껏 발휘해 포퓰리즘으로 가는 길을 열었다.

설화舌禍의 정치

노무현의 나 홀로 행군

이데올로기 투쟁의 개막

정치적 이념투쟁은 정치 양극화로 가는 길을 연다. 그것은 노무현 정권에서 본격화되었다. 정치 담론과 현실 권력을 장악한 이른바 '진보 정치'가 국민을 치열한 갈등의 공간으로 몰아갔는데, 그 갈등의 사회적·경제적 비용을 상쇄할 만큼 성과가 크지 않았다는 점이 문제다. 이데올로기적 정치는 정치집단 간 소모적 정쟁을 유발하고, 사회집단 간 이익투쟁을 촉발할 뿐 대한민국의 현실적 쟁점 해결과 미래 발전을 위한 합의의 발판을 구축하는 데에 '유해'하다.

정권의 성공/실패 여부를 판단하려면 기준이 필요하다. 그것도 정치학·경제학·사회학적 시각에 따라 매우 달라진다. 정치학적 기준도 여럿이다. 참여와 정당성이라는 민주주의의 가장 기초적인 기준을 적용하면 노무현 정권은 절차적 민주주의를 보존하는 데에 그런대로 성공한 정권이다. 한 걸음 더 나아가, 지배력의 정도로 측정하면 평가는 실패 쪽으로 기운다. 청와대의 통제력이 바닥을 헤맸고, 집권당의 정책실행력이 정권 중반부터 급격히 와해했기 때문이다. 청와대와 집권당 간의 공조도 잘 이뤄지지 않았다.

정부와 의회의 이중적 정당성이 제대로 작동되지 않았던 것이 열리우리당의 와해 및 분열의 가장 중대한 원인이다. 정권의 성패를 가름하는 것은 시민참여 여부, 정책결정 과정에 대한 시민적 통제, 그리고 차별 해소 등의 문제들이다. '참여정부'라는 호칭에 어울리게 시민참여의 문호는 한층 넓어졌다는 데에 이의를 제시할 학자들은 없지만, '누가 참여했는가'를 물어보면 사정은 달라진다. 참여정부와 이념적 동질성을 표방한 시민단체와 사회운동가들이 대거 참여했던 반면, 이념을 달리한 집단과 개인들에게는 기회가 주어지지 않았다. 이를 '선별적 참여'라고 한다면, 평등 참여라는 민주주의의 기본 원칙에 위배된다.

그렇다면, 차별은? 노무현 정권은 각종 사회적 차별에 매우 민감한 정권이어서 '빈곤 및 차별시정위원회'를 대통령 직속 기구로 둘 정도였다. 그 결과, 성평등, 비정규직 보호, 빈곤 해소 등의 차별 해소 정책에 남다른 관심을 보였고 정책역량을 동원했다. 이 정책 영역에 관한 한 후한 점수를 주장해도 괜찮을 만큼 '사회적 업적'은 비교적 돋보이는 것이 사실이다.

그러나 노무현 정권은 갈등 해소보다 갈등 유발과 활용에 탁월하였으므로 발전된 정치라고 보기 어렵다. 갈등은 통치력을 약화한다. 갈등 자체가 그렇다기보다 유발된 갈등이 해소되지 않은 채 방치될 경우, 특정한 집단을 동원해 다른 집단의 주장을 억제할 경우, 통치력의 기반은 협소해진다. 갈등 자체는 정치 발전을 이끌어가는 필수적 동력이다. 왜냐하면, 사회의 각종 불만과 소망이 공론장을 통해 표출되는 것을 허용하는 체제가 민주주의이며, 표출된 갈등이야말로 민주주의를 움직이는 동력이다. 이런 의미에서 갈등이란 '이해 대변'의 산물인데, 갈등 해소의 기제를 통과시켜 합의의 영역에 이르게 하는 것이 바로 정치력 내지 통치력이다.

그런데 국민갈등에 주목하는 이 부정적 평가는, 갈등 유발은 남달랐으나 갈등 해소에는 매우 미숙했던 - 의도적이었든 아니든 - 노무현 정권의 전반적 특성과 그 배경에 놓인 특정 이데올로기에의 강한 집착성향을 문제시하고 있는 것이다. 이 점에서 노무현 정권의 모습은 부정적이다. 갈등 해소를 위한 정치적 합의 기제가 존재하지 않았으며, 존재했다고 우격다짐으로 주장하더라도, 그것은 선별적 참여를 강화하거나, 특정 이념집단의 이익을 과도하게 대변하는 기제였다.

'과잉대변', 혹은 대변 기제의 왜곡을 말할 수 있는 근거가 바로 이것이다. 기존 정권에 비해 노무현 정권은 민주주의를 명분으로 이른바 진보이념에 과도한 집착을 보였기 때문에 갈등을 자주 유발했고 다른 이념집단의 대변 통로를 차단했던 것이다. 민주주의의 제도적 관점에서 보자면, 주권의 일부를 억제한 반민주적 통치행위라고 비판해도 항의할 학문적 근거는 미약하다. 그렇다고 '이데올로기를 버려라'고까지 권고할 이유는 없다. 모든 정치는 어떤 유형의 이념에 근거해야 하고, 그렇게 할 수밖에 없다. 정치가 이데올로기를 떠나면 유토피아 사상이 된다.

진보 정치의 여백은 좁았다

2004년 5월 말, 17대 총선에서 열린우리당 국회의원으로 선출된 백여 명의 열혈정치인들이 청와대 만찬에 초대되어 노무현 대통령과 감회어린 출정식을 가졌다. 대부분 386세대 운동권 출신 초선의원들이었다.[1] 분위기가 한껏 고조되었다. 그때 누군가의 제안으로 참석자들이 합창을 했는데, 그것이 바로 〈임을 위한 행진곡〉이었다. 더러는 눈물을 흘렸다고도 한다. 이튿날이 17대 국회 개회일이었으므로 청년 시절부터 가꿔온 혁명열정이 가슴속에서 용솟음쳤을 것이다.

그런데 필자에게는 그 장면이 의미심장하게 다가왔다. 이른바

'민중' 가운데 그 노래를 부를 줄 아는 사람은 극소수에 불과한 현실에서 민중을 구제하고자 정치권에 들어온 국회의원들은 그 노래를 감격스럽게 불렀다는 사실 말이다. 이 격차는 결코 사소하지 않았다. 다수의 민중이 모르는 노래를 그들만이 감격스럽게 불렀던 모습은 곧 진보 정권이 보여줄 '결별의 정치'를 예고하는 듯했다. 과도하게 말하자면, 그 노래를 부르며 그들은 민중과 결별했다. 그것은 만남의 노래가 아니라 이별의 노래였던 것이다.

민중과 이별은 그해 9월에 개최된 정기국회부터 곧바로 시작되었다. 이른바, 4대 개혁 입법안 통과시도가 그것이다. 국보법 폐지, 신문방송법 개정, 사학법안과 과거사청산법안에는 모두 구시대의 악습을 혁파하려는 역사적 비전과 열정이 담겨져 있음에 틀림없다. 그래서인지, 그로부터 4개월 동안 우리당 소속 운동권 출신 초선의원들은 기다렸다는 듯이 달려들었다. 마치, 30년을 기다려 이제야 때가 왔다는 듯이 말이다. 초선의원들의 기세에 밀려 중진의원들은 뒷선에 물러나 있었다. 총공세에 맡을 임무가 주어지지 않았다.

152명 중 102명에 달하는 초선의원들은 우리당의 다수 집단이었던 만큼 뭔가 진보 정치의 정수를 보여줘야 한다는 사명감에 불탔다. 불행의 징후는 그들이 너무 열정적이었고 저돌적이었다는 점에서 피어올랐다. 총력으로 밀면 결국 바리케이드는 쓰러진다는 것을 운동권 출신의 초선의원들은 믿어 의심치 않았다. 그렇게 해왔기 때문에, 그렇게 하는 것이 정치라고 생각했을 것이다.

그러나 복병은 도처에 있었다. 121석을 차지한 한나라당은 노련한 저격수를 징발해서 용의주도하게 대응했다. 보수단체들도 눈을 뜨기 시작했다. 보수언론이 맞대응했다. 입을 다물고 있던 보수 지식인들도 서서히 입을 떼기 시작했다. 상황은 그렇게 용이하지 않았다.

초선의원들이 방송과 여론 매체에 나가 열을 올리면 올릴수록 미움을 샀고, 역풍이 솔솔 일기 시작했다. 그러자 사태는 위태로워졌다. 결과는 엄청난 상처만 남긴 총퇴각이었다. 사실, 우리당의 전력은 17대 국회 개원과 동시에 철저히 무력화되었다고 해도 과언이 아니다. 말하자면, 진보 정권의 주력부대는 개원과 동시에 퇴각했다. 그 이후 각개 약진은 시도되었으나, 진보 정치의 정체성을 확립하는 데에는 미흡했다. 민중과의 이별 과정은 이후 3년 동안 매우 지루하게 전개되었는데, 결국 그들은 2007년 우리당의 분당 사태를 초조하게 기다려야 하는 상황까지 내몰리게 되었다.

집권당이 좌파라서 그렇게 된 것이 아니다. 우리당은 좌파부터 우파까지 다양한 이념 성향의 정치인들이 특별한 계기를 통해 우연히 결성한 느슨한 집합체였다. 그런 까닭에 국회의원들 간 이념적 거리는 매우 멀었다. 예를 들어, 당 중진인 유재건 의원과 신인인 유시민 의원 간에는 이념적 공통점이 있었는가? 강봉균 의원과 임종석 의원은 어떠했나? 초선의원 중 다수가 좌파로 불릴 수 있는 지점에 위치하고 있기는 하지만, 대북정책을 제외하고 좌파적 영향력은 생각보다 크지 않았다.

그러나 시대가 좌파 이념을 요청한다고 다수의 의원들이 판단했다는 점, 그리하여 초기에 좌파적 성향을 강하게 표방해서 당의 정체성을 구축하려 했다는 점을 지적할 수 있다. 바로 이 지점에서 집권당의 초기적 오류가 생성되었다. 좌파로 잘못 자리매김 했더라도 연성적 통치양식을 활용하여 대중 설득력을 높여갈 수 있었을 것이다. 그러나 집권당은 초기부터 강공을 펼쳤으며 적대 정치를 밀고 나갔다. 적대 정치는 적敵을 양산한다.

적대 정치는 두 가지 여건이 갖춰지면 성공할 수 있다. 계급의식이 극도로 성장해서 계급 적대감이 무르익을 것과, 세대 간 적의가 팽창해서 기성세대에 대한 젊은 세대의 반란이 세력화되는 것이 그것이다. 전자는 1930~40년대 스칸디나비아 국가들의 경우, 후자는 히틀러를 등극시킨 1930년대 독일의 경우에 해당한다. 21세기 초반의 한국은 이도 저도 아니다. 더욱이 한국은 이미 '진보 정치 탄생의 경제지대'를 훨씬 경과한 상황에서 '비교적 진보적' 정권이 탄생했다는 점이 부가된다.

다시 말해, 유럽에서 진보 정권은 국민소득 1만 달러 이전의 경제수준에서 탄생했다면, 한국은 1만 5천 달러를 훨씬 상회한 수준에서 일어났으며, 그것도 노동계급의 정치화가 충분히 진전되지 않은 '불리한' 상황이었다. 노동계급의 정치화가 성숙되어야 한다는 이 고전적 조건을 결여했다는 것은 '경제적으로 조직화된' 진보 세력이 협소함을 뜻하며, 1만 5천 달러라는 경제지대는 중간계급이 이미 충분히 보수화되었고, 진보 정권과 연대할 수 있는 중간층이 이미 얇아졌음을 뜻한다. 따라서 한국의 진보 정권은 계급 적대감에 호소할 수도 없고, 중간계급이 표방하는 평등이념에 호소하기에도 한계가 있었다.

그래서 진보 정권은 민주와 반민주라는 넓은 대립구도를 만들고, 독재정권과 연루된 모든 것을 적으로 설정하여 '적대감'을 살려 나갔으며, 계급의식보다는 모든 계층에게 공통적 정서인 '상대적 박탈감'을 설득력의 자원으로 삼았다. 참여정부에서 표방한 '균형정책'은 적대감과 상대적 박탈감을 정당화하는 긍정적 수식어나 다름없었다.

계급의식의 결여라는 점에서 한국의 진보 정권은 유럽의 진보 정당과 다르다. 한국의 진보 정권은 결코 좌파가 아니다. 그것은 다만 개발독재의 대척점으로서의 민주정권이고, 개발독재 정권이 심화, 왜곡시킨 가치관을 정상화하려 했다는 점에서 '균형회복을 지향한 정권'이다. 비주류 인사의 대거 등용, 3불제, 재벌기업의 지배구조 개선 압박, 종부세 도입, 분배정치 등은 모두 그런 노선의 산물이다.

한마디로 말하자면, 개발독재의 대척점에 서는 것, 개발독재의 파행을 수정하는 것, 또는 개발독재 정치의 안티테제를 통치이념으로 설정한 것이며, 개발독재와 연루된 모든 세력과 그것을 연상시키는 모든 정책에 적대적 철퇴를 가하는 것을 통치방식으로 삼은 것이다. 이런 통치이념과 통치방식이 박정희 시대가 막을 내린 직후인 1980년대였다면 박수갈채를 받았을는지 모른다.

그러나 박정희 사후 25년이 경과한 한국사회는 그런 이념과 통치양식을 그대로 받아들이기에는 너무 변해 있었다. 적대감과 상대적 박탈감에 호소하는 정치적 설득력은 약했으며, 더욱이 적의로 가득 찬 대통령을 5년 동안 줄곧 봐야 하는 것조차 국민들에게는 짜증스런 일이었다. 국민들은 국민소득 2만 달러 시대에 걸맞은 다른 무엇을 원하고 있었다. 국민의 경제생활은 세계화의 압력에 그대로 노출되어 있는 데에 반하여, 노무현 정권과 집권당은 개발독재의 폐단을 제거하고 수술하는 데에 모든 역량을 집중했다. 이 기대치의 어긋남은 진보 정권의 태생적 한계에 해당한다. 개발독재의 안티테제로서의 정치이념으로 25년 동안 변모된 현실을 통치한다는 이 시간적 부정합이야말로 진보 정권의 실패를 집약한다.

시간적 부정합은 곧 진보 정치를 허용하는 국민들의 이념적 공간이 '생각보다' 좁다는 뜻이다. 더 객관적으로 말한다면, 한국의 정치지형에서 진보 정치를 허용하는 여백은 좁다. 집권세력은 국민들에 의해 선출되었다는 사실 하나만으로 자신들의 정체성을 백분 발휘해야 한다고 생각했을 것이다. 그러나 그것은 집권 세력이 첫 번째로 저지른 잘못된 '시대의 독해讀解'였다.

누구라도 지적하는 이 단순한 사실, 즉 2002년 대선에서 야당 후보와의 격차가 근소했다는 것은 보수 세력도 그만큼 넓게 분포하고 있음을 뜻하고, 2004년 총선에서 급조된 집권당의 승리는 대통령 탄핵이라는 사상 초유의 사태에서 기인한다. 이런 정황을 충분히 숙고했다면 집권세력이 청년 시절부터 배양해온 진보이념을 조금은 자제했을지 모른다.

그러나 그렇지 않았다. 운동권 시절보다 그들은 더 '진보적'이었고, 민중들에게 더 많은 인내를 요구했다. 그리하여, 민중과 진보 정권 간 기대치는 점차 격차를 넓혀갔고, 그럴수록 민중의 관용 수준은 낮아지고 정치권의 기대수준은 높아졌다는 점에 주목할 필요가 있다.

정치권은 더 많은 것을 요구했고, 민중은 장기간 지속한 경기 침체와 심화하는 양극화 때문에 그 요구를 받아들일 여력도 인내심도 작아졌다. 진보 정권이 운동권 시절부터 그렇게 애지중지해온 '민중'으로부터 이탈이, 민중적 염원과의 작별이 시작된 것이다. 집권세력은 1980년대식 민중적 열망을 밀고 나갔던 데에 반하여, 21세기의 민중은 이미 다른 가치 영역으로 이동했다.

탄핵이 역풍을 불렀다

2004년 3월 9일, 노무현 대통령이 탄핵 당했다. 한나라당의 일방적 행보였다. 사유는 특정 정당을 위한 불법선거 운동. 17대 총선을 앞두고 대통령은 달변을 십분 활용했다. 가는 곳마다 열린우리당을 치켜세웠고 한나라당을 공격했다. 개혁저지선을 우려한 정치적 계산 때문이었다. 그로 인해 중앙선거관리위원회로부터 경고를 받았는데 노무현의 기질대로 아랑곳하지 않았다. 한나라당은 그것을 호기로 삼았다. 헌정사상 초유의 돌발사태가 발생한 것이다.

너무도 충격적인 그 사태에 분노와 환호가 교차하면서 공론장을 달궜다. 시민들은 서로 격렬하게 부딪는 두 개의 논리 중 하나에 생각의 닻을 내렸다. 여야의 희비가 엇갈리고 시민들의 마음이 쪼개지는 모습을 보면서 정치인들, 그리고 누구보다 대통령은 착잡한 심정이었다. 탄핵은 위기에 빠진 보수 기득권세력의 총반격이거나, 충돌의 정치가 빚어낸 비극이었다. 또는 미완의 민주화 프로젝트에 내재된 모순의 폭발일 수도 있다.

유권자들은 탄핵을 서슴지 않은 한나라당에 분노의 화살을 돌리기 시작했다. 이유는 이렇다. 대통령의 '경미한 위법'에 대하여 탄핵은 아무래도 과도한 중벌이라는 판단이 하나고, 도덕성이 파탄난 대도大盜가 실정失政의 재판관이 돼서는 안 된다는 게 다른 하나다. 심판에는 자격이 필요하다. 대통령을 심판해서 자격을 회복하려던 한나라당의 의도는 국민의 그런 심성 앞에서 여지없이 무너졌다. 국민들은 서툰 정치보다는 부패정치와 보수 엘리트 집단의 폐쇄성에 더 염증을 내왔다. 정치는 반전의 묘미를 연출하기에 충분히 매혹적이다.

보수는 정치적 지지 성향이 급속히 바뀌었음을 애써 외면했다. 2002년 대선에서 황금분할로 나뉘었던 40대가 반보수 세력으로 기울고 있었다. 노 대통령에 대한 실망보다, 민주화 시계를 거꾸로 돌리는 야당의 시대착오적 역행을 더 관용할 수 없던 탓이었다. 그들은 미래의 민주주의를 위해 자발적으로 등불을 켰다. 시민들은 국가의 낡은 기제가 빚은 어이없는 정치 참사가 발생하는 장소마다 희망의 등불을 켜고 싶었다. 그런 행동에는 시민 의지가 미치지 못하는 위기생산적 정치게임의 조야함을 축제 의례로 숙성시켜 보려는 시대적, 세대적 대응양식이 숨어 있었다. 한나라당은 그것을 불순분자의 소행, 친노의 홍위병, 진보의 독전대라고 비난했다. 시대착오였다.

낡은 보수 정치에 분노한 사람들은 바리케이드를 넘었다. 그곳에는 피가 얼룩졌다. 분노한 시민들은 촛불을 들고 짓눌린 가슴에 폭죽을 터뜨렸다. 그것은 폭력도 아니고, 전경과 하릴없이 대치하는 대리전도 아니었다. 국가의 낡은 기제가 빚어낸 어이없는 충돌사고에 대한 시민사회의 냉정한 질책, 그것이었다. 한나라당 대변인인 전여옥이 '거리의 촛불을 거두고 생각의 촛불을 켜라'고 완곡하게 표현했지만, 야당에 향하는 역풍은 매서웠다. 거리의 정치에 참여한 이들은 노 대통령의 실정을 부인하지 않았다. 그러나 이들의 시선은 야당의 요구처럼 그것에 머물지 않았다. 구식 정치가 민주주의적 열망을 질식시킬 때, 그에 대한 시니시즘을 저절로 피워 올리고 그것을 축제 형태로 승화시켰다. 그들은 행복을 얻기 위해 거리로 나갔다. 그것이 유일하게 열린 창구이기 때문에, 거리로 나가 공동체의 확인을 받고자 했다. 주관성에서 움튼 불완전한 주체가 공동체 혹은 집단의 승인을 받고 싶어 하는 자발적 확인행위가 촛불시위였다. 그것을 불법시위라고 규정한 한나라당의 의식 수준으로는 미래의 문을 열지 못함을 그들은 역으로 확신했다.

노 대통령의 모든 역량이 민주발전의 최대의 장애물인 부패정치의 청산에 맞춰졌기에, 그리고 그것이 민주화 15년의 경륜이 요구하는 시대적 소명이기에, 여야 간 양보적 협력이 필요했다. 정치는 도덕성을 무기로 법을 지휘한다. 탄핵을 '의회 쿠데타', '적법한 공세' 혹은 이와는 다른 어떤 중립적 용어로 개념화해도 도덕성이 결딴난 한나라당의 공세는 화를 부를 수밖에 없다. 평소 노 대통령을 지지하지 않던 사람들이 대거 반탄핵 세력으로 돌아선 이유이다. 진정성을 위반한 보수 정치에 대한 준엄한 경고이자 시대정신을 바꾸려는 마음의 백신이었다. 역풍은 거셌다.

당시 필자는 진보의 행군이 어느 정도는 성과를 낼 것으로 기대했다. 마치 독을 품은 변종으로 여겨진 진보이념은 보수의 거듭된 실패에서 비롯되었다. 군부독재가 없었던들 386세대가 생겼겠는가. 노무현 정권은 한국현대사에서 진보 정치가 첫발을 뗀 것에 불과했다. 그렇다고 노 대통령의 '승부 정치'가 간단히 면책되지는 않을 것이다. 승부 정치는 진보의 주특기인 합의 정치나 성과 정치와 정면 배치된다. 시민들의 인내심이 커졌다 해도 '업적 없이 소란한 진보'를 용인하는 데에는 한계가 있기 때문이다. 이념 대립은 업적이 판가름한다. 기대치만으로 한창 주가를 올리면서 민주 – 반민주 전선을 강조한 열린우리당이 어떤 업적으로 이념 대립의 덫을 넘을 것인가가 궁금했다.

설화의 정치

노 대통령은 한번 발설한 것은 무슨 일이 있어도 지켰다. '목에 칼이 들어와도'라는 비유가 적당할 정도다. 타협을 몰랐다는 얘기고, 독선과 독기가 그의 브랜드였다. 그래서 시끄러웠다. 필자는 진보 정권이 그렇게 시끄럽고 소란할 줄은 꿈에도 생각하지 못했다. 5년 내내 조용할 날이 없었다. '권력의 세속화'라고 할까, 그는 대통령이 되자마자 권력의 세속화를 몸소 실천했다. 어떤 쟁점이 불거져도 토론을 제안했다. '캬, 토론하고 싶은데 그놈의 헌법에 못 하게 돼 있으니…'만큼 인구에 회자된 말도 없을 것이다. '캬, 토론하고 싶은데'까지는 좋았으나, '그놈의 헌법'이 파문을 일으켰다. 헌법학자들이 벌떼처럼 달려들었다. 토론은 위계서열이 있으면 잘 안 되는 법이다. 눈치를 봐야 하고, 발설한 말이 어떻게 받아들여질지가 조심스럽다.

각자 자기영토를 갖고 있는 교수들의 토론에서도 원로들의 눈치를 살펴야 하는 판국인데, 괘씸죄라는 말이 괜히 나온 게 아니다. 그래서 '계급장 떼고'라는 말이 유행했다. '계급장 떼고 맞장 뜨면' 좋은 대안이 도출될 수 있다는 것이다. 그런데 토론이 끝난 후 계급장을 다시 붙일 것이 뻔한데, 대통령과 맞장 뜰 수 있는 간 큰 사람이 어디 있을까?

노무현 대통령은 모든 토론마다 이겼다. 토론이 성에 차지 않으면 인터넷에 토를 달았다. 글도 말과 비슷했다. 구어체와 문어체를 구분하지 않는 사람이었다. 말솜씨는 9단이거니와 말 펀치도 헤비급이었다. 그의 거침없는 언어가 세속적 표현을 타고 쏟아져 나온 5년은 그야말로 현기증 그 자체였다. 권력의 세속화와 함께 '언어의 세속화'가 일어났다.

취임 직후 검사들과의 대화에서 '이쯤 되면 막 가자는 것이지요?'라는 발언이 세속화의 시작이었다. '쪽 팔린다'는 말이 그의 입에서 튀어나왔을 때, 국민들은 경악했다. '군대에 가서 몇 년씩

썩히지 말고 … 장가를 일찍 보내야 아이를 일찍 낳을 것 아니냐'
라고 했을 때, 애국자들이 분노했다. '작전통제도 제대로 할 수
없는 군대를 만들어 놓고, 그렇게 별들 달고 거들먹거리고…'라
고 했을 때 군 장성들은 속으로 분을 삭였을 것이다. 그도 시끄러
운 것을 알았는지 이런 말도 했다.

"국내에서 시끄러운 소리가 많이 나는 것은 대통령이 열심히
일한 때문이다. 앞으로도 계속 시끄러운 소리를 들려 드리겠다."

노 대통령은 개혁을 말로 했다. 그 덕에 국회와 정당은 청와대
의 엄호부대로 격하되었다. 집권당 대표에게 미리 귀띔이라도 해
주었다면 얼마나 좋으련만, '발언'으로 통보를 대신했다. 2006년
말 분당分黨 논의가 나왔을 때 주요 당직자들은 하나같이 청와대
와의 단절을 불평했다. 정치를 대통령 혼자 한다는 것이다. 한나
라당과의 연합정권 제안도 느닷없는 것이었고, 주택정책과 종부
세 신설도 사전협의가 없었다. 열린우리당은 그저 뒤치다꺼리 하
는 일로 바빴는데, 정당과 청와대의 공조, 국회와 정부의 공조가
전혀 없었던 것이다.

'말의 정치'는 참여정부의 주된 전략이었다. 그런 만큼 설화가
많았고, 설화는 그나마 쌓은 작은 공적까지도 거둬갔다. 노무현
정부의 업적은 설화로 증발했다. 첫 번째 설화는 2004년 3월 그
를 탄핵에 빠뜨렸고, 두 번째 설화는 '광화문에 딱 버티고 서 있
는 언론기관…'일 것이다. 언론이 아예 그의 입에 재갈을 물리려

고 으르렁댔다. 취임과 함께 선포한 언론과의 전쟁이 본격화되었다. 모든 분야에서 그랬다.

남북관계를 그다지 잘 운영한 것은 아니지만, '남북대화 하나만 성공시키면 다 깽판 쳐도 괜찮다'거나, '북한 미사일 발사는 무력위협이 아니다. 핵실험 징후나 단서도 없다'(2006년 9월 13일)고 잘라 말해서 참여정부가 기울인 그나마의 노력이 수포로 돌아갔다. 한 달 후 김정일은 핵을 터뜨렸다. 반북세력이 난리를 쳤다. 그랬더니, '호들갑 떨지 마라'고 일갈했다. 핵이 터진 후 대통령은 방북에 올랐다. 그런대로 괜찮은 성과를 거두고 돌아오면서 국민에게 보고회를 열었는데, 그때만큼 점잖아 보인 적은 없었다.

대미 관계는 알쏭달쏭했다. 친미와 반미 사이를 왔다 갔다 해서, 워싱턴의 전문가들도 헷갈릴 정도였다. '미국 안 갔다고 반미주의자냐, 반미면 또 어떠냐?'라고 했을 때 워싱턴은 어떻게 받아들였을까? 노 대통령이 미국을 방문했을 때는 미국을 아주 고마운 친구라고 외교적으로 칭송했다. 귀국 후, '미국한테 매달려서, 바짓가랑이에 매달려서, 미국 엉덩이 뒤에 숨어서, 형님 형님, 형님 빽만 믿겠다, 이게 자주국가와 국민들의 안보의식일 수가 있겠습니까?'라고 했는데, 워싱턴은 더욱 헷갈렸다. 친미단체들은 궐기대회로 응답했다.

사회특권층, 기득권층에 대한 증오심은 노 대통령의 키워드였다. 강남 부자들, 삼성, 서울대, 〈조선일보〉가 자주 대통령의 말 편치에 두들겨 맞았는데, 그때마다 노사모의 환호성이 터졌다. 특히 건건이 반대해온 언론은 노무현의 샌드백이었다. '언론은 불량상품이다. 가차 없이 고발해야 한다'고 했고, '몇몇 기자들이 기자실에 딱 죽치고 앉아 기사를 담합한다'고도 했다. 서민들도 처음에는 그런 발언에 속이 시원해했지만, 반복될수록 염증을 내기 시작하더니 급기야는 그 말로부터 떨어져 나갔다. 서민정책이 결국 서민을 더 어렵게 만든다는 것을 깨달은 후의 일이었다.

그럴수록 노 대통령의 오기는 살아나는 것이 특징이다. 그래서 이렇게 말했다. "모든 것이 노무현이 하는 것만 반대하면 다 정의라는 것 아니겠습니까? 흔들어라 이거지 … 저 난데없이 굴러들어온 놈, 그렇게 됐습니다"라고. 정권이 말기로 접어들자 대통령의 말은 거칠 것이 없었다. 신정아 사건이 터졌을 때 '요즘 깜도 안 되는 의혹이 춤을 추고 있다'고 일갈했는데, 곧 깜이 되는 사건으로 세간을 흔들었다.

이런 오기와 독기는 보수 세력의 완강한 거부권으로 꽉 막힌 상황을 돌파하는 데에 필수적 요소였을지 모른다. 혹시 오기와 독기를 자제하고, 타협·유연성·포용과 같은 리더십의 충분조건에 신경 썼으면 어땠을까. 그러나 참여정부는 한 번도 그런 유연성을 발휘하지 않았다. 수도 이전이 헌법재판소에서 부결되었을 때 프로젝트 명칭을 아예 행복도시(행정복합도시)로 바꿔 추진한 일이 대표적이다.

　노무현 대통령은 '대못질'을 좋아했다. 차기 정권이 손을 못 대게 쾅쾅 박아버린다는 뜻인데, 상당히 독기 서린 말이다. 마음 약한 사람은 가슴이 쾅쾅 뛸 정도로 충격파가 센 말이다. 이 독기는 청와대 386 참모들의 공통 기질이기도 했고, 이해찬처럼 국무총리를 지낸 정치가들의 표정에도 예외 없이 묻어났다.

　노 대통령은 이런 비장함으로 정치를 했다. 적으로 둘러싸여 비장했고, 되는 일이 없어 비장했다. 그런데 그 적은 자신이 만든 것이었는지 모른다. 지도자라면 적을 포섭하는 지혜가 필요하고, 타협과 회유도 필요하다. 그러나 모두 적으로 간주했고, 적의가 등등했다. 참모들도 그랬고, 386 의원들도 대부분 그랬다.

오장伍長 자손의 친일파 청산

2004년 여름, 열린우리당 의원들이 들고 나왔던 친일파 청산 개혁안이 그랬다. 친일파 청산은 반드시 해야 할 의로운 작업임에 틀림없다. 그렇지 않아도 이완용과 송병준 자손들이 대역죄를 반성하지 않고 선대로부터 물려받은 몰수된 토지를 반환해 달라고 법석을 떨고 있던 터에 친일파 청산은 개혁의 필수과제였다. 그런데 방법과 태도가 문제였다.

해방 이후 60년이 경과한 데다가, 그래도 이름을 남겼던 사람들 중 35년간 계속된 식민통치에서 일제와 이런저런 방식으로 손을 잡지 않았던 사람을 찾기란 매우 어렵기 때문이다. 기준을 아주 높여 고관대작을 지낸 사람, 총독부의 중의원과 참의원을 지낸 사람, 대표적 문인, 지식인과 예속자본가 등등을 지목했다면 문제는 달라졌을 것이다. 일자무식의 농투산이는 부역하고 싶어도 기회를 주지 않았을 터인데, 기준을 거의 바닥수준으로 낮춰 잡으면 자유로울 사람이 어디 있겠는가 말이다. 그런데 격렬한 토론 끝에 기준을 낮췄다. 아마 논란이 분분했던 박정희 전 대통령을 친일파로 규정하려는 의도였을 것이다. 군대에서는 오장伍長(부사관), 관직에서는 면장面長 이상이 친일 대상으로 분류되었다. 그러자 여론이 들끓었다.

일제는 통치의 효율성을 높이려 귀족들을 회유하고 똑똑한 젊은이들을 등용해서 요직에 앉혔으며, 지방의 유지들에겐 관직을 내리는 방식을 채택했는데, 힘깨나 있는 집안이라면 그런 기준에 걸리지 않을 수 없었다. 평소에 친하게 지내는 동료 교수는 일제 치하에서 면장을 지낸 적 있는 할아버지를 걱정했다. 고향마을에서는 할아버지를 매우 인격적인 사람으로 기억한다고 했고, 다른 사람들이 화를 입을까 조부가 직접 나섰다는 말을 선친에게 들었다고도 했다. 그렇다면 그분은 친일파일까, 아닐까? 동료 교수의 얼굴에는 그늘이 졌다.

나도 냉소적으로 거들었다. 오래전 작고한 필자의 백부는 일제 강점기에 대구 소재 경찰학교 생도였다. 마침 해방이 되어 고등 경찰로서 활약할 기회를 박탈당했다. 친일일까, 아닐까. 나의 선친은 일제강점기에 안동사범학교 학생이었는데, 아침마다 '황국 신민서사'를 암송했고 천황 쪽을 향해 참배를 올렸다. 마침 해방이 되어 친일교육의 말단 서생이 될 기회를 박탈당했는데, 이것은 친일일까, 아닐까. 매우 복잡하고 미묘한 문제다. 특히 가족사와 관련되면 인본주의적 정서가 먼저 발동한다.

아무튼 우리당 저격수로 김희선 의원이 전진 배치되었다. 아버지가 독립군이었다고 주장했던 김희선 의원은 자격이 있었다. 그는 일본군 중위였던 박정희를 들먹였고, 독재자의 딸이자 한나라당 대표를 맡았던 박근혜를 겨냥했다. 어떤 아버지가 옳은가를 두고 독립군의 딸과 친일장교의 딸이 맞붙는 모습은 그다지 아름답지 못했다.

그런데 사태가 묘하게 돌아갔다. 자신의 선조이자 항일독립투사인 김학규 장군은 안동 김씨였는데, 정작 김희선 의원은 의성 김씨로 밝혀졌던 것이다. 〈조선일보〉는 사태의 전말을 재빨리 취재해서 김희선 의원의 조부가 일제 고등경찰, 말하자면 오장이었다고 주장했다. 여론이 비등했다. 마침 청와대 시민사회수석을 맡았던 조기숙 교수, 참여정부의 정의로운 기상을 정의로운 말로 드높였던 조 교수의 조부는 동학을 촉발했던 가렴주구의 고부 군수 조병갑으로 밝혀졌다. 조기숙 교수는 관직을 떠났다. 김희선 의원의 경우는 아직 명확히 밝혀지지 않았지만, 가족사에는 말할 수 없는, 또는 밝혀지지 않는 수많은 비화가 숨어 있는 법이다.

역풍은 계속 불었다. 친일파 청산에 앞장섰던 신기남 우리당 대표도 혹독한 역풍을 맞았다. 전북 어느 고을에 세워져 있는 공덕비와는 달리, 신기남 대표의 선친도 친일경찰, 오장으로 밝혀졌다. 운이 없었던 거다. 혹은 선친이 오장의 권력을 활용해 남몰래 조선인을 도왔을지도 모른다. '오장'을 아버지로 둔 우리당 '의장'은 눈물을 흘렸고 결국 의장직을 사퇴했다. 김희선 의원은 그 사태 이후 목소리를 죽였다.

진보 세력은 역사문제를 다룰 때 특히 주의를 기울여야 했다. 역사란 인간사이고, 인간사에는 숱한 속사정이 들어 있다. 여기에 어떤 불변의 기준을 들이대면 인간 행위에 내재된 진정한 의미를 곡해하거나 '이념의 역사'를 가공할 위험이 따른다. 조선의 문호 춘원 이광수의 친일행적은 비교적 소상히 밝혀져 있다. 그는 친일파였지만, 1919년 3·1운동 당시 동경과 상해유학생들을 규합해 독립선언을 도운 열렬 민족주의자였다.

《임꺽정》의 작가 홍명희는 일제통치 35년간 한 번도 변절하지 않았고, 공산주의운동에 가담하지도 않았다. 다만 좌우합작으로 일컬어지는 신간회 대표를 맡아 활동한 것을 제외하고는 민족주의자로서 명성을 날렸다. 옥고도 세 차례나 치렀다. 그런 그가 1946년 남북공동선언을 성사시키려 북한을 방문했는데 수상직을 맡아 달라는 김일성의 제안을 수락했다. 그는 공산주의자였을까?

우리당 386 의원들은 결국 이 착잡한 문제로부터 손을 뗐다. 착잡한 심정이었을 것이다. 필자는 착잡한 심정을 이렇게 표현할 수밖에 없었다.

'오장' 아버지를 둔 집권여당의 '의장'이 사퇴를 표명했다. 사퇴했다기보다 정치 생명을 스스로 끊었다고 해야 옳을 것이다. 이른바 '장렬한 전사'다. 나는 여기에 이의를 제기한다. 그것은 스스로 결심한 자살일까, 아니면 집단적 강요에 따른 타살일까. 그러나 양자 모두 잘못된 선택이다. 오장 아버지와 의장 아들 간에는 혈연이라는 지극히 사적인 것 외에는 공적 관계라고는 아무것도 없다. 친일로 축재한 재산을 물려받았으면 모를까. 그런데 공적 책임을 스스로 졌고, 집권당에서는 스스로 짊어지라고 강한 시그널을 보냈다. 혁명은 개인적인 것을 죽여야 이루어진다는 20세기의 논리가 지금도 유효하다는 것인가.

그런데 한국 국민은, 아니 이 시대의 지도자들은 '아버지 문제여서 주저했다'는 의장의 고백을 이렇게 내칠 정도로 비정하고 다급한가? 의장의 눈물겨운 고백 속에는 20세기 혁명이 끝내 이루지 못한 휴머니즘적 항변이 진하게 배어 있고, 누구도 그것에 저항하지 못한다. 개인을 구제하지 못하는 혁명은 이미 혁명이 아니다. 우리는 지난 세기 집단의 이름으로 개인의 삶을 짓밟았던, 그리하여 끝내 무너져 내렸던 신념의 오만, 이데올로기의 허위를 적나라하게 목격했다. 그러고도, 오장과 의장을 연결시켜야 하는가. 그렇게 한국의 21세기가 시작되고 있는가?

뭔 말인지 알지?

언론에 대한 참여정부의 인내심이 드디어 바닥을 드러냈다. 사사건건 시비를 걸고 의도적 오보에 비방을 멈추지 않는 언론, '광화문에 떡하니 버티고 서 있는' 언론을 손보지 않고는 잠이 오지 않는 시간이 도래한 것이다. 이번에는 386 의원들이 아니라 청와대 홍보수석실과 국정홍보처가 나섰다. 홍보수석실 직원들도 노무현 대통령처럼 말 펀치가 강하고 혁명세대의 화려한 수사와 논리로 무장한 장수급 변사들이었다. 국정홍보처는 노무현 정권의 나팔수였다. 그건 정권으로서는 당연한 일이다. 국정홍보처는 조·중·동의 헤드라인을 뒤집어 방송하는 것을 주요 업무로 설정했다. 일하기는 쉬웠을 것이다. 메이저 언론이 하는 말을 뒤집고 반대로 해석하면 되니까 말이다. 그런데 누가 이 흥겨운 게임

왕국, 즐거운 드라마왕국에서 논리, 교양, 이념 홍보에 열을 올리는 국정홍보 채널을 보는가 말이다. 국회 의정활동을 방영하면 시청률은 제로로 떨어지고, 정책홍보 프로그램을 내보내면 채널을 아예 다른 곳으로 돌리는 판국인데. 청와대는 대통령의 영이 안 서는 이유를 언론 탓으로 돌렸다. 아무리 말을 해도 기사를 거꾸로 싣는 언론을 두고 정치를 한다는 것은 불가능했다.

김대중 정권은 언론을 길들이기 위해 초장부터 강수를 써서 조·중·동에 강력한 세무조사 조치를 내렸다. 수백억 원 탈세 혐의를 적발해 언론 사주를 감옥에 보냈다. 수백억 원 세금납부도 억울한 판에 조선과 중앙의 사주는 6개월 정도 감옥에서 수양해야 했다. 넉살 좋은 이들은 안양교도소를 '대학원'으로 표현하기를 좋아했는데, 6개월 집중코스를 이수한 덕분에 석사학위를 받았다고 자신의 쓰라린 경험을 희화화했다. 〈동아일보〉 사주 부인은 세무조사의 충격으로 자살했으며, 사주는 이후 충격으로 사망했다. 김대중과 진보 세력에 대한 〈동아일보〉의 원한은 그렇게 생겼다.

노무현 정권은 2005년 1월에 이미 신문법을 개정해서 메이저 언론의 독주를 막고자 했다. 전국에서 발행되는 신문의 발행부수를 기준으로 1개사 50%, 3개사 합께 75%를 초과하면 독점지위로 규정해서 여러 가지 규제를 받도록 하였으며, 신문유통원을 설립해서 메이저 3사가 유통구조를 장악하는 것을 방지했다. 지방의 군소 신문에는 정부지원금을 제공해 언론시장의 '다양한'견해가 표출될 수 있도록 했다. 신문과 인터넷방송 겸영 금지 조치도 내려졌다. 말하자면, 정보화시대에 메이저 3사가 인터넷 방송, 위성방송으로 진출하지 못하도록 족쇄를 채운 것이다.

노무현 대통령은 주요 인터뷰 대상도 메이저 3사를 피하고 진보 세력의 인터넷 창구인 〈오마이뉴스〉를 지정했다. 매우 특이한 행보였다. 〈오마이뉴스〉의 인터뷰 기사를 조·중·동 메이저가 받았다. KBS와 MBC의 청와대 기사를 조·중·동이 받았다. 〈한겨레〉 출신 정현주가 수장을 맡은 KBS와 정부가 대주주인 MBC는 이미 진보 정권과 친화력을 갖고 있었기에 방송과 언론 간 적대감이 감돌았던 것은 당연한 귀결이었다. 인기 프로그램인 〈PD수첩〉(MBC)과 〈추적60분〉(KBS)을 통해 조·중·동에 대한 공격이 수도 없이 방영되었고, 그때마다 조·중·동은 화력을 총동원해서 응사했다.

언론은 처음부터 적이었고, 권력을 좌지우지하는 괴물로 보였다. 참여정부는 '의도적으로' 오보를 내는 언론사의 청와대 출입을 막았다. 〈조선일보〉가 우선 대상이었고, 〈동아일보〉, 〈중앙일보〉, 〈문화일보〉도 자주 출입이 제한되었다. 그래도 아무런 효과가 없자 노무현 정권은 강공을 폈다. 뒤늦은 조치였지만 아예 대못을 박아 버르장머리를 고쳐주겠다고 으름장을 놨다. 작전계획엔 '취재지원 선진화 방안'이라는 근사한 명칭을 달았다.

취재를 지원하되 시스템을 현대화하겠다는 뜻이었는데, 실제 내용은 달랐다. 임의 취재, 막무가내 취재, 동행 취재를 금지하고, 모든 기자들에게 골고루 평등하게 기사 거리를 준다는 뜻에서 브리핑을 내세웠다. 다시 말해, 취재를 브리핑으로 대체한다는 것이고, 기자실 폐쇄와 브리핑룸 신설이 후속 조치였다. 기자실이 뜯겨져 나갔고, 브리핑룸 시설공사가 한창 진행되던 6월, 노무현 대통령은 취재지원 선진화 방안의 논리적 배경을 장황하게 설파했다. 한마디로 요약하면, '언론은 민주주의의 적이자 위협'이라는 것이다.

권력에 맞선 시민사회의 무기인 언론은 어느덧 '민중을 억압하는 기제로, 민중을 억압하는 편에 서서 민중을 속이는 데에 앞장서 있다'는 것이 노무현 대통령의 언론관이었다. 그러니 대못을 박을 수밖에. 대못질은 여름 내내 계속되었고, 결국 기자들은 청와대를 비롯한 공공기관에서 쫓겨났다. 국제언론협회에서 항의도 했고 한국의 언론자유 등급을 낮추기도 했지만 행보를 바꿀 리 없었다. 막무가내였다.

역사를 가만히 따지고 보면, 조·중·동도 그리 잘했다고 항변하기도 어렵다. 그리고 공공기관을 출입하는 기자들의 취재 관행과 기사 작성의 양식에는 많은 문제가 내재되어 있다. 명백한 오보도 사실로 보도되기 일쑤이고, 심지어는 몇 가지 팩트를 엮어 픽션에 가까운 얘기를 짓기도 했다.

그러나 언론에 재갈을 물리는 것도 그리 잘한 짓은 아니다. 정부

내부에서 무슨 일이 일어나고 있는지를 알아내기 어렵기 때문이다. 정권의 딜레마는 여기에 있었다. 노 대통령의 난관도 여기에 있었다. 그러나 족쇄를 결행했다. 선진화 방안이라는 그럴듯한 이름으로 청와대 홍보실과 국정홍보처를 앞세워 기자실을 폐쇄해 버렸다.

정치학을 몰랐던 운동정치

2006년 5월 31일 지방선거는 열린우리당의 완패로 끝났다. 완패도 그런 완패가 없었다. 서울과 수도권 대부분의 지방자치 단체들을 한나라당이 장악했다. 총선과 대선이 아니라고 해서 지방선거를 얕잡아봐서는 안 된다. 지방선거는 지방자치단체의 지도자를 선출하고 행정의 기본방향을 결정하는 중대한 계기이자 중앙정부로서는 지배구조를 강화할 수 있는 절호의 기회다. 그런데 집권당이 완패한 것이다.

2006년 초기부터 선거가 실시된 5월 말에 이르기까지 중앙정부가 유권자의 지지를 이끌어낼 어떤 정책도 펴지 않았다는 것은 놀라운 일이다. 아니, 정책을 펴지 않았다기보다 지지율을 한층 떨어뜨리는 정책메뉴만 골라서 집행했고, 그것도 '미움을 사는 방식'이었다. 노무현 대통령의 오른팔이라고 할 수 있는 김병준 정책실장이 장본인이었는데, 그는 집값을 기어이 잡겠다는 노 대통령의 단호한 의지를 실천에 옮기는 검투사였다. '헌법보다 더 고치기 어려운 정책'을 내놓겠다는 말이 그때 처음 세간에 회자되었고, 세금 폭탄이라는 무시무시한 말이 동시에 선을 보였다. 일차적 상대는 물론 집값 상승으로 상대적 이득을 보고 있던 서울의 강남 지역민들이었지만, 세금 폭탄은 강남·북 가릴 것 없이 마구잡이로 투하되었다. 마침 계절이 계절인지라 집값은 폭등일로에 있었는데, 세금 폭탄 발언만으로 잡힐 집값이었다면 다른 것으로도 이미 잡혔을 것이다.

그런데 그 검투사는 계속 거친 말을 쏟아냈다. 강남과의 싸움에 한창 몰입할 때에는 자신이 한 말에 도취되어 모든 국민을 상대로 폭탄이 투하되고 있다는 사실조차도 모를 지경이었다. 그가 헌법처럼 고치기 어려울 거라고 겁을 줬던 부동산정책의 골자는 종부세와 재산세를 두어 배 올리고, 기준시가의 상향 조정, 은행대출 억제를 법제화한다는 것이었는데, 그 조치에 아랑곳하지 않고 강남 아파트 가격은 또다시 오를 기세가 등등했다.

정체성 확립이 지지율 상승으로 이어질 것인가는 정치학적 분석의 대상이다. 정체성을 확립시켜 주는 정책 자체로는 필요조건일 뿐이고, 그것이 충분조건이 되자면 일정한 성과를 내야 한다. 그러나 분명한 것은 정체성 확립을 겨냥한 정책들이 엄청난 소란과 갈등과 부정적 성과만을 양산했고 집권 초기 2년의 그런 경험이 아직 유권자들의 뇌리에서 지워지지 않았다는 점을 환기해야 한다. 17대 국회가 개원한 2004년 6월부터 지방선거가 있었던 2006년 5월까지 2년 동안 어떤 일들이 벌어졌던가를 국민들이 너무도 생생하게 기억하고 있던 터였다. 이런 사실을 모두 감안하고도 세금 폭탄이 답이었을까, 그 중차대한 지방선거 국면에서? 그렇다면 노 정권은 아주 초보적인 정치학적 상식마저 홀대하는 정권, 또는 "정치학을 모르는 운동권 정권"이라는 진단이 가능하다.

운동권 정치인들이 정치학을 차분히 배울 겨를이 없이 거리정치와 저항정치를 먼저 습득한 탓이고, 현실정치에서의 판단을 그것에 의존해서 내린 결과다. 현실정치에서의 준거가 거리정치이자 저항정치였다는 뜻이다. 여기에서 문제가 발생했다. 현실정치는 거리정치와 냉혹하리만치 다르다. 현실정치에는 규칙이 존재하고 관습이 있다. 행동양식을 관할하는 별도의 정치적 기제와 힘이 작용한다는 말이다. 그곳에 가면 정당이 있다.

정당은 운동권의 소속집단과 다르다. 운동권은 이념적 친밀성으로 뭉친 비공식적, 자발적 결사체이므로 행동이 일사불란하고 정서적이다. 이해갈등이 상호이해, 정서, 경험의 공감대를 통해 해소된다. 그러나 정당은 다르다. 모든 것이 공식적 차원에서 결정되고 집행된다. 결정 하나하나는 이해갈등을 수반하고, 그것은 공식적 채널과 루트를 통해 해소된다. 물론, 여기에도 물밑 작업이 중요해질 수 있지만, 공중公衆이 눈을 부릅뜨고 주시하고 있다는 점을 인식해야 한다.

공중이 있을 경우와 없을 경우는 조직의 모든 행동양식이 달라진다. 그러나 그들은 갑작스런 환경변화에 적응할 겨를도 없이 공중과 대면했고 운동권식 밀어붙이기를 감행했다. 공중이 있을 경우 가장 중요한 것, '저항이 있다면 어떻게 대처할 것인가'의 문제를 생각할 겨를도 없었다. 정치학적으로 말하자면, 거부권을 어떻게 할 것인가의 문제는 현실정치에 있어 가장 민감한 쟁점이다.

거부권은 산재했다. 보수시민단체, 퇴역군인 단체를 위시하여 국가보안법 폐지에 뭔가 불안감을 느끼지 않을 수 없는 잠재적 세력들이 행동을 개시했다. 더욱이 종교집단을 건드린 것은 치명적 실수였다. 개정 사학법에 적용될 사학재단은 줄잡아 400여 개였는데, 여기에는 민주화의 동지였던 개신교와 천주교 단체가 포함되어 있었다. 애초에 운동권 정치인들은 400여 개에 불과한 종교 사학을 별것 아니라고 생각했을 것이다. 그것은 역사적 무지에서 나온 섣부른 판단이었다. 유럽의 국가들이 근대국가를 수립하는 과정에서 가장 어려웠던 과제가 종교와의 타협이었다. 천주교로부터 교육 권한을 양보받는 것, 중앙정부가 국가주도로 대중교육을 실행하는 것 모두 근대국가의 필수적 과제였는데, 역사적 성장과정이 오랠수록 국가 대 종교와의 주도권 다툼은 치열했고 시간도 오래 소요되었다. 대부분 근대국가의 승리로 막을 내렸지만, 종교집단에 대한 정치적 양보를 전제로 한 것이었다. 그런데 공교육의 정상화라는 근대적 명분을 위해 종교집단을 비리와 부정의 온상으로 낙인찍는 일만큼 위험하고 무모한 일이 어디 있겠는가?

같은 논리에서 야당을 정당한 정치 파트너로 간주하지 않았다는 것도 치명적 실수였다. 아마 이런 지적에 대해 당시 집권여당으로서는 할 말이 많았을 것이다. 언제 야당이 협력하려는 자세를 보였는가, 야당 스스로 협력 정치의 틀을 깼다, 사사건건 물고 늘어지는데 어떻게 타협과 절충을 할 수 있는가 등의 불만 말이다. 이런 고충을 이해하기는 한다.

그러나 한국의 야당이 할 수 있는 일은 무엇인가를 생각해보라. 멋진 정책을 내놓아 실행에까지 옮길 수 있는가, 아니면 권력을 분점해서 방향을 틀 수 있는가? 한국의 야당이 할 수 있는 것은 '거부하고' '부정하고' '막는 일'뿐이다. 정치구조가 그것만을 허용하고 있을 뿐이다. 거부권이야말로 야당의 생명줄이자 정치적 존재 이유이다. 여당이 그런 야당과 어떻게 타협할 것인가를 물어보는 것 자체가 정치력 부재를 드러내는 꼴이 된다. 정치력은 그런 그들을 국가운영의 영역에 끌어들이는 능력이다.

필자가 판단하건대, 열린우리당 의원들은 한나라당 의원들을 유신독재의 잔재물로 간주했으며, 급기야는 대화 자체를 피해야 할 불가촉 천민 취급하듯 했다. 민주당과는 견원지간이 되었기에 말할 필요조차 없다. 한나라당도 별반 다를 게 없었다. 우리당 의원들을 '어디서 굴러먹다 들어온' '본때 없는' '위험하기 짝이 없는 불온한' 혁명분자들로 낙인찍었던 것이다.

사실 2004년 탄핵정국 총선에서 유권자들은 후보자들이 이런 사람들일 거라고 누가 짐작이라도 할 수 있었겠는가? 총선 직전 탄핵 역풍이 불 때, 그리하여 노무현, 김근태, 정동영 사람들이라면 검열할 필요도 없이 국회로 보낼 때, 이런 일이 벌어지리라고 누가 상상이라도 할 수 있었겠는가? 그런데 기실은 그런 사람들이었다. 사실, 또 고만고만한 지방 유지들을 뽑아서 국회로 보냈다고 해서 사정이 확연히 달라졌을 거라는 보장도 없기는 하지만 말이다.

총선 이전에 노무현 사람들은 각 지역에서 매우 작은 비주류 소수세력을 구성하고 있었다. 세력이라고 할 것도 없이 대선 전부터 노무현 후보와 잦은 접촉을 가진 사람들로서 저항운동과 민주화운동 경력을 갖고는 있지만 정치적 영향력은 거의 없던 소수의 사람들이 그들이다. 이들은 노무현 정권이 탄생하자마자 소외되어 있던 그러나 젊고 열정적인 사람들을 규합하여 세를 넓히기 시작했으며, 급기야는 탄핵정국이 정치적 기회의 창을 활짝 열어젖히자 대거 중앙정치의 무대로 몰려 나왔던 것이다. 이때 아무런 검증장치도 없었다. 그냥 노무현 사람이라는 것만으로 통과되었다. 그리고 백년 정당을 만들자고 국민들 앞에서 굳게 약속했던 것이다.

그러나 3년이 채 못 되어 분당의 불가피성에 직면하게 되었다. 여당의 3분의 2를 차지하는 우리당 초선의원들이 국회로 진출하는 과정상의 특징에 이른바 현실정치의 무시, 거부권의 거부, 운동권적 행동양식에서 기인하는 '진보 정치의 실패'가 예고되어 있었다고 하면 지나친 말은 아닐 것이다.

그들은 눈물의 계곡으로 몰려갔다

2007년을 맞는 민심은 편안하지 않았다. 언제 치솟을지 모르는 집값이 그렇고, 금리와 물가가 그렇고, 장기침체에 빠진 듯한 경제, 힘든 취업과 직장불안, 점차 어려워질 노후 준비, 여기에 대선까지 겹쳐 불안감을 가늠할 수 없을 정도였다. 대선뿐만이 아니라 사회 전반을 요동치게 할 굵직굵직한 쟁점들이 해결되지 않은 채 또 한 차례의 대격돌을 예고하고 있었다.

한미 FTA 협상 재개는 노동자와 농민을 포함하여 각 부문 간 격렬한 이해충돌을 다시 촉발할 예정이었고, 춘투에서는 비정규직 보호법안 철폐가 다시 거론될 것이고, 노 대통령이 신년사에서 다시 언급했던 것처럼 집값과의 일전이 동시에 치러졌다. 혹시, 6자회담이 결렬되면 평양에서 핵실험이 또 한 차례 강행될 수도 있었다. 그런 가운데, 한나라당은 일정대로 경선 시작을 알릴 것이고, 우리당은 분당과 합당의 소용돌이 속으로 진입할 것이다. 노 대통령은 당분간 분당파와 힘겨루기를 계속할 것이고, 우리당 내 친노파와 반노파 간 균열이 커지면서 잔존과 이탈의 드라마가 봇물을 이룰 예정이었다.

경제는 어떻게 될까를 예상하기는 쉽지 않았다. 일반 사람들은 한국이 2006년에 3,260억 달러라는 미증유의 수출업적을 달성하고도 서민경제가 왜 이렇게 어려운가를 쉽게 납득할 수 없었다. 그런 업적을 달성하고도 그저 덤덤해할 뿐인 한국인들을 두고 '결코 만족을 모르는 국민'이라고 외신들이 비꼬았던 것은 사정을 잘 모르고 하는 말이었다. 수출로 벌어들인 외화가 국내 투자와 소비로 풀려준다면 서민들이 실감할 수 있을 터인데, 그 돈은 대부분 재벌 대기업 수중에 묶여 급증하는 미래의 시장 불확실성에 대비하고 있었다. 재벌 대기업들이 우수한 경쟁력을 갖추고 자금의 여유가 있어서 그런 것도 아니다. 재벌 대기업들은 선진국의 유수 기업들의 끊임없는 혁신과 인도, 중국의 맹추격에 끼여 나름대로 생존전략을 고심 중이었다. 여유 없기는 치솟는 땅값과 임금, 물류비용 인상 등으로 허덕이는 여느 중소기업과 다를 바 없었다.

재벌 대기업의 구조조정, 예를 들어 지배구조 개선, 출자총액

제한 등이 기업경쟁력을 배양하는 최고의 지름길이라는 주장은 노무현 정권이 정권 초기부터 밀어붙인 유일한 경제정책이다. 이론적으로는 설득력과 명분을 갖춘 이 주장이 왜 서민경제를 점점 더 어렵게 만들었는지를 따져보지 않은 채 정책 선회의 필요성을 제언하는 업계와 학계의 권고를 보수 세력의 정치적 음모로 몰아붙이는 정치적 경직성에 서민들이 더 피곤해하고 있던 게 당시의 정서였다.

말하자면, 서민의 눈에는 '실패와 실정'으로 보이는 것들을 정권은 '성공을 향해 가고 있는 어떤 것'으로 확신하는 차이가 있었다. 이 차이는 점점 더 뚫을 수 없는 장벽처럼 느껴져 급기야는 토론을 그토록 강조했던 정권에서 '소통의 단절'을, 참여를 강조했던 정권에서 '배제와 소외'를 거론하게끔 상황이 악화되었다. 이 '상황 악화'라는 표현도 정권 내부의 인식과는 너무 달라 오히려 정권 실세들의 오기를 자극하는 결과를 낳았다. 그것은 보수 신문의 왜곡이거나 음모적 레토릭이지 민심의 실체는 아니라는 확신, 혹시 서민들이 그렇게 느낄지라도 그것은 잘못 계도된 결과이고 궁극적으로는 우리가 옳고 그들이 따라야 한다는 확고부동한 인식, 마치 그 옛날 운동권 시절 〈흔들리지 않게〉를 부르며 독재 타도의 행진에 나섰을 때의 비장한 정의감으로부터 한 발짝도 움직이지 않는 모습, 이것이 민심에 대한 노무현 정권의 태도이자 통치양식이었다.

1970년대와 80년대, 운동권은 민중의 말과 마음을 배우려 민중 속으로 뛰어들었다. 민중의 소리야말로 역사를 움직이는 원동력이라는 그 눈물겨운 신념을 갖고 말이다. 현장 속으로 들어가는 하방下方운동이 그것 아니었던가? 그런데 20년 후 하방에서 돌아온 그들은 현장의 목소리를 듣기보다는 현장에서 가다듬은 '그들의 이론'에, 하방에 청춘을 바친 '그들의 생애'에 더 충실한 것처럼 보였다. 그렇지 않고서야 어떻게 '단절과 배제'의 한숨소리가 들리게 되었는가. 그래서 민심은 이탈했던 것이다. 10%를 겨우 넘기는 지지율이 문제가 아니라, 정권 초기의 지지자들이 더 이상 돌아볼 미련도 남기지 않은 채 이탈한 그 배경이 더 문제였다. 노 정권 실세들은 이탈자들이 필경 다시 돌아올 것이라는 막연한 기대감을 갖고 있었을지 모른다. 보수진영에서 뚜렷한 대안 세력과 인물이 부상하지 않는다면 일시적 방황 끝에 결국 귀환할 것이라는 느긋함, 그래서 초지일관이 더욱 중요하다는 판단인 듯도 했다.

그러나 민심은 매우 심하게 흔들렸다. 극도로 불안했다. 그 불안감은 2007년에 닥쳐올 사건과 쟁점들이 하나같이 치열한 공방전을 예고하고 있었기에 그러했고, 해결능력이 바닥난 듯 보이는 노무현 정권이 오히려 이해충돌을 가열시켜 한국사회를 결딴낼지도 모른다는 막연한 억측 때문에 더욱 그러했다. 그동안 쏟아낸 막말 수준으로 미뤄 결딴내지 않는다는 확신도 없었다.

순조로운 정권 재창출이 불가능하다면 오히려 정치적 모험을 해서라도 결판내는 게 더 유리할 수도 있었다. 이 대목에서, 불안감은 더욱 증폭되었다. 2007년, 진보 정권 마지막 해에 집권여당인 열린우리당이 당면한 현실이 그것이었다.

생존을 향한 분당分黨

당의 정체성은 정책의 성공 여부에서 나온다. 무엇을 하겠다고 외치는 것으로 정체성을 구축할 단계는 이미 지났다. 정권 초기에는 열정과 의지, 정책 천명으로 정체성을 구축할 수 있지만, 중반기를 지나면 유권자들은 무엇을 했는가를 따지는 것이다. 유권자들의 손에 잡히는 것이 딱히 없고 불안감뿐이라면, 게다가 불안감을 조성하는 '말'뿐이라면, 당의 정체성은 '없다'. 없다기보다 '허망한 말' '저속한 말' '거친 말'로 남아 있다. 심하게 말한다면, '저속한 말과 성난 얼굴'이 열린우리당의 정체성이었다. 이렇게 말하면 서글프기 짝이 없다.

왜냐하면 2002년의 '정치적 전환'에서 유권자들은 진보 정치의 화려한 개막을 기원했기 때문이다. 민주화세력에 의한 민주 정치, 이 얼마나 멋진 퍼레이드이자 기회였는가? 그런데 운동권 정치 4년에 진보 정치에의 기대는 허망하게 망가졌다.

필자는 그 책임을 우리당과 노무현 정권이 져야 한다고 생각한다. 진보 정치는 한국 정치와 사회, 그리고 경제 영역에까지도 오랫동안 고착된 파행과 불균형을 시정하는 데에 반드시 필요한 시도라고 판단했다. 그것이 그렇게 극단적 형태로 추진되지만 않았더라도 진보 정치의 실험은 그런대로 성과를 거뒀을 거라고 판단한다.

당시까지의 업적으로 미뤄 진보 정치의 실험은 오히려 극단적 혐오감을 심어주었다는 데에 이견이 없었다. 진보 정치에 대한 국민들의 혐오감은 장기적 안목에서 한국사회의 발전에 그다지 긍정적 효과를 낳지 않을 것이다. 한국사회의 이념적 스펙트럼을 넓히고, 정책의 선택지를 풍부하게 만들고, 다른 이념집단과 노선에 대한 국민적 관용심을 넓히는 것이 진보 정치의 몫이었다면, 노무현 정권은 적어도 이도 저도 아닌 부정적 결과를 양산하고 말았다. 한국사회에서 진보 정치가 긍정적 이미지를 회복하려면 얼마만한 시간과 노력이 다시 소요될 것인가?

우리당의 입지는 그 정도로 초라해져 있었다. 그러므로 그런 정체성을 갖고는 대선에 임하지 못하는 것은 물론, 2008년 총선에서도 생명이 위태로웠다. 그런 현실 판단에 입각하여 최선의 돌파구로 설정된 것이 바로 분당이다. 혹자는 이렇게 반문했다. '왜 분당인가? 정책실패의 책임을 지고 권력을 물려주는 것이 도리이지 분당은 책임을 회피하는 술책 아닌가?'라고.

맞는 말이다. 정책실패의 책임을 희석시키는 최대의 방법이 분당이자 합당 혹은 신당 창당이다. 옷을 갈아입는 것, 또는 얼굴을 바꾸는 것이 분당의 목적이다. 우리당에게는 그런 변신이 불가피해 보였다. 우리당 아니라 그 어떤 집권여당이라도 한국 정치 구조에서는 분당은 최종 선택이다.

분당이나 합당, 신당 창당은 야당보다 여당이 변신의 방법으로 더 즐겨 활용하는 경향이 있다. 그것은 실정의 책임이 곧바로 여당에 전가되기 때문인데, 만약 정책실패가 아니고 성공이미지를 구축했다면 구태여 분당의 필요성이 있었겠는가. 야당은 여당을 맹공하는 것만으로 반사이익을 챙길 수 있으므로 분당 필요성이 작아진다. 따라서 대선을 앞두고 정책실패에 시달리는 여당은 반드시 분당하는 것이 한국 정치의 일종의 법칙이다.

이런 예는 수없이 많다. 김영삼 정권 때 환란 책임을 벗어나기 위해 이회창 후보는 한나라당을 창당했다. 매우 단호한 결별을 선언한 것이다. 김영삼 자신도 3당 합당 이후 신한국당을 창당했고, 김대중은 위기가 있을 때마다 신당을 창당했다. 노무현 대통령은 안 그랬는가? 자신의 정당을 만들려고 2003년 후반기에 자신을 대통령으로 만들어준 민주당을 깼고 급기야는 다수당을 일궈냈다. 그러므로 정권 재창출에 관심이 없다면 구태여 분당은 하지 않아도 좋지만, 그렇지 않다면 분당이 답이다.

우리당에게는 분당을 유일한 돌파구로 설정하지 않을 수 없는 말 못 할 사정이 하나 더 있었다. 그것은 당과 청와대 간 관계이다. 국회와 대통령은 국민선출에 의한 정당한 두 개의 권력이라는 관점에서 '이중적 정당성'으로 불린다. 국회와 대통령의 관계는 민주주의 발전에 매우 중대한 지렛대이다. 그런데 여당과 야당 간의 협력은 거의 불가능했고 심지어는 견원지간이었음은 앞에서 지적했다. 노 정권에서 이중적 정당성이 그다지 정당하게 작동하지 않았다.

그렇다면 여당과 대통령의 관계는? 이 역시 매우 '불편한 관계' 내지 '일방적 관계'로 지속되었다. 정권 초기부터 당청 관계는 단절되었다. 단절이 문제가 아니라, 우리당은 거의 일방적으로 통고받는 관계였다. 우리당은 청와대의 정책을 인준하는 거수기였거나, 국민들의 지지를 끌어내야 할 밴드왜건 정도였다. 대부분의 정책은 청와대에서 입안되어 여당으로 통고되었으며, 중대한 정치적 결단도 청와대 작(作), 우리당 사후 인준 형식이었다. 당은 통치를 받쳐줘야 할 정치적 동원부대였다. 이렇게 된 이유는 주로 노 대통령의 독단적 통치양식에서 찾아진다.

노 정권의 정책입안자들은 대부분 학계와 정·관계에서 주류나 실력자들이 아니었다. 그런데 왜 그 미숙함의 책임을 우리당이 짊어져야 하는가? 청와대에 대한 우리당의 불만은 여기에서 그치지 않았다.

누증된 정책실패와 지지율의 급락이라는 악조건에서 정권재

창출을 위해서는 한국 정치의 전통적 방식인 탈^脫정당화를 허용해야 한다. 탈정당화란 집권여당이 정권재창출을 위해 통치자의 실정을 맹비난하는 것, 정당성을 훼손시키는 것으로 자신의 정당성을 쌓는 탈출방식을 지칭한다.

이것은 전두환 정권 이후 정권의 정당성 증진을 위해 대대로 활용된 한국 정치의 특징이다. 노태우는 전두환을, 김영삼은 노태우를, 이회창은 김영삼을 희생양으로 삼았으며, 김대중은 김영삼과 이전의 모든 통치자를 희생양으로 삼았다(물론, 김대중 대통령은 명시적으로 그런 말을 하지는 않았지만 기존 정치와 선을 그음으로서 탈정당화를 시도했다). 탈정당화를 하지 않은 유일한 사람이 노무현 대통령이다. 왜냐하면, 그렇게 할 필요성을 느끼지 않았으니까 말이다. 김대중 정권에서 정치적 입지를 넓혔다는 점도 작용했지만, 김대중 정권이 기초한 지역 정치를 맹비난함으로써 정치적 기반을 쌓는 방식을 허용했다는 그 포용력에 노무현 후보가 감탄했던 것도 중요한 이유일 것이다.

노무현은 김영삼 대통령이 천거한 사람이지만, 진정한 정신적 지주는 김대중이었다. 따라서 그의 정치적 정당성을 비난할 수는 없었다. 서민 정치와 친북 노선을 이어받은 노무현 정권이 김대중 정권의 정당성을 짓밟는 것 자체가 배신이자 이탈이다. 이런 마당에 '탈정당성'이라는 개념은 노무현의 머릿속에는 아예 존재하지 않았다. 그러므로 그의 후계자들이 자신을 비난하는 것과 우리당을 분당하는 정치적 선택 자체를 허용할 수 없는 것이다. 무슨 일이 있어도 같이 죽고 같이 살아야 한다는 것이 노무현 대통령의 논리였다. 분당을 기획하는 우리당을 좌시할 수 없고 그대로 놔 줄 수 없는 절실한 이유였다.

그러나 노무현 대통령이 그럴수록 우리당의 속은 시꺼멓게 타들어갔다. 제발 놓아 달라, 제발 당신의 실정으로부터 탈출하게 해 달라는 것이 우리당의 애원이었지만 (물론, 당내의 계파 중 친노파는 아니다) 청와대는 아랑곳하지 않았다. 그 정당은 내가 만든 것이고, 따라서 처분권도 나에게 있다는 식이었다. 탄생 이유가 나에게 있듯이, 해체 이유도 나에게서 나와야 한다는 것이다. 노무현 대통령과 우리당의 싸움이 어떻게 전개될 것인가가 그 봄 최대의 정치이벤트였다. 대선고지를 점령하는 것보다 우리당 의원들의 생존을 위해 분당이 필수적인 것으로 보였던 상황에서, 정치인 노무현은 그들의 생존 조건을 좌지우지하고 있었다. 같이 죽거나 같이 살자고.

집권 기간 동안 많은 국민들이 눈물의 계곡을 헤맸듯이, 정권 말기에는 우리당과 청와대가 눈물의 계곡으로 몰려갔다. 그리고 2007년 말 대선에서 적의敵意의 표적 인물 이명박에게 정권을 내쳤다.

적대 정치의 증폭

문재인의 '촛불 독주'

촛불혁명

문재인 정권의 탄생 과정은 감동적이었다. 주권이 광장에 내려 앉는 광경은 지금도 눈에 선하다. 구중궁궐에 틀어박혀 주권을 그냥 뭉개던 박근혜에 대한 대중의 분노는 하늘을 찔렀고, 그런 양식을 보좌한 주변 정치인들과 청와대 실세를 성토하는 울분은 강을 이뤘다. 광화문 시대란 '시민 주권의 시대'를 의미했다. 헌재의 역사적 판결과 함께 굉음을 울리며 광화문 광장에 내려 앉은 시민주권호號.

그 조종사에 임명된 신임 대통령은 이렇게 화답했다. '주요 사 안은 직접 브리핑하고 퇴근길에 마주치는 시민과 소주 한잔 나 누겠다'고. 운동권 수장들이 배수진을 친 문文 정권의 향방을 가 늠하기가 그리 어렵지 않았지만 그래도 불통 정권을 부수고 '소통 정권'을 구축한다는 데야 믿지 않을 도리가 없었다. 국민과 함께 '나라다운 나라', '정의와 공정이 가득한 세상'을 만든다고 거듭 말했고, 청와대 관저를 버리고 '광화문 시대'를 열겠다고 공언했다. 저항운동에 청춘을 바친 탓에 지성은 조금 부족해도 풍부한 현장 경험과 각성이 민주가치를 배반하지는 않을 듯했다. 기대를 걸었다. 그런데 마치 보수가 그러했듯이, 역방향의 동종교배가 일어났다. 불통이었다.

정권은 2017년 5월 10일 출범했다. 정국수습이 급선무였기에 인수위도 생략됐다. 준비는 됐을까, 의구심이 일었는데 1980년대부터 지금껏 배양한 혁명세대의 정치적 역량이라면 까짓 인수위가 대수랴 싶었다. 지금 생각하면 의구심이 맞았다.

아무튼 정의와 민주를 독점한 운동 정권이 출현했다. 운동 권력은 그들의 정의와 그들의 민주를 독점함으로써 애초부터 도전세력과 비판적 목소리에 대한 폭력적 배제를 내장하고 있었다. 그런 의미에서 태극기 부대는 저항적 생체지식의 악몽을 들쑤시는 악마였고, 민주주의를 방해하고 냉소하는 혁명의 적敵이었다. 정의와 민주를 독점한 권력이 뜻밖의 저항세력과 조우할 때 대화의 창구를 만드는 것이 소통이다. 이의제기, 경쟁자의 자유의지를 존중하는 통치양식이다. 그들을 냉소하고 배제할 때 권력은 곧 폭력으로 변질한다.

소통 없는 통치와 폭력은 동종동문同種同門이다. 광화문 광장에 진입할 입장권, 정권에 동참할 초청권을 선별적으로 배분하는 권력은 소통을 거부하는 폭력이 된다. 문 정권에서 권력, 권리, 폭력, 소통, 시민, 계약, 법 등의 주요 개념들이 일관성 없게 헝클어진 것도 이 때문이다. 자신들의 의로운 양심에 비춰 타인의 양심은 위험한 것이 되었다.

통치양식에 맞지 않으면 법치도 등지는 비민주적 행태가 속출했다. 이명박, 박근혜 전직 대통령 재판에서 문 정권은 실정법이 허용하는 상한선까지 파고들어 그 죄를 물었다. 박근혜 대통령에게는 18가지 혐의를 적용했다. 법치에 대한 극한적 존중의 결과였다. 그리고 윤석열 검찰총장 징계건이 사법부의 무효판결로 끝나자 '사법 쿠데타'라는 레토릭을 구사했다. 검찰·사법 엘리트 카르텔의 조직적 저항이라고도 했다. 민주국가를 지키는 가장 본질적 정신인 법치가 통치의 수족일 뿐이라는 운동권 정치의 관념을 잘 드러내주는 대목이다. 악법도 법이다. 그게 걸린다면 합의정치를 통해 혁파하면 된다.

문 정권이 국가의 주요 기구를 거의 장악한 것은 통치효율성을 높이는 명분과 더불어 정의와 민주의 독점, 시민 불복종의 불허를 겨냥하고 있음을 의미했다. 공영방송, 선거관리위원회, 국정원, 경찰과 검찰, 국세청, 국민권익위원회, 대법원과 헌법재판소, 공정거래위원회 등, 정치·경제를 감독하는 기관의 수장을 모두 바꿨다. 국공 기관의 주요 보직은 낙하산 인사가 차지했다. 감사원과 검찰총장이 시민저항에 귀를 기울이는 최후의 보루로 남았을 뿐이다. 그러는 동안 조국, 윤미향 사태와 박원순 시장 사건으로 도덕적 자원을 다 까먹었다.

총선에서 짝퉁 정당을 만들어 민의를 분산시키고, 거대 여당이 면허증을 받은 듯 독주를 행하고, '광화문 시대'의 문을 닫아버림으로써 민주 자원을 탕진했다. 문 정권은 통치 독점권을 마음껏 발휘해 포퓰리즘으로 가는 길을 열었다.

'묻지마 고!'

문재인 정권 출범에 필자도 동참했다. 촛불광장에 나갔다. 시민들의 함성과 주권 회복의 열망에 동참했다. 기대가 컸다. 익명의 시민들이 옹기종기 모여 촛불을 점화하는 광경을 북악산이 굽어보고 있었다. 수십만 개의 촛불이 저녁 어둠을 밀어 올렸다. 해나아렌트H. Arendt의 말처럼 시민 불복종의 지류支流가 모여 대하大河를 이뤘다. 시민주권의 명령에 의해 권력은 교체됐다. 문재인 정권은 그 정권교체를 '촛불혁명'으로 명명했다. 민주주의와 주권 회복을 향한 시민적 열망을 역사적 차원으로 승격하는 자부심이 들어 있다. 정권교체의 원류가 된 그 사건을 혁명으로 치장하는 것은 정권의 자율적 선택이다. 정치적 레토릭은 어떤 정권이든 발명하는 것이니까.

그런데 촛불정신이란 무엇인가? 시민주권에의 한없는 존중, '사람이 먼저'라는 인간중심주의, 그리고 피아彼我를 끌어안는 광장의 열린 정신이다.

문재인 대통령과 정권 실세는 촛불정신을 시시때때로 내세웠지만 그 장대한 이미지는 정권의 출범과 동시에 촛농처럼 녹아내렸고, 마음의 울림도 잔불처럼 사그라들었다. 기대보다 우려가, 희망보다 좌절이, 환성보다 비난이 커진 것이다. 사회사상과 정치이론의 관점에서 문재인 정권에 대한 종합적 평가를 내리면 이렇다.

- 진보는 제도보다 사람을 더 믿는다. 그런데 문재인 정권은 사람에게 거듭날 기회를 주기보다 내치기를 선호했다. 감옥에 간 사람, 평생 죄의식을 안고 살아갈 사람이 급증했다.
- 진보는 과거보다 미래를 논한다. 과거를 덮는 방식이 아니라 미래 구상 속에 과거의 오류를 녹아 들인다. 그런데 과거를 이렇게 샅샅이 파헤쳐 단죄한 정권은 없었다. 용서와 관용이 아니라 치죄治罪와 내쫓기로 시간을 다 보냈다. 미래담론을 들어본 적이 있었나?
- 진보는 이질성의 연대, 다종족의 유대를 본질로 하는데 우리의

진보는 동종교배와 동종단합을 일삼았다. 과거 박근혜 정권도 그랬지만 동종교배와 그들끼리의 담합은 문 정권에서 더욱 두드러졌다. 청와대는 그들끼리의 단합으로 난공불락의 성^城이 됐다.

- 진보는 서민층, 힘없는 사람들, 하층과 패자, 취약계층에 생존력을 불어 넣는다. 우리의 진보는 정책 구상에서 그런 행보를 예외 없이 취했지만, 결과는 예외 없이 그들의 생존기반을 망가뜨렸다. 의도치 않은, 예상하지 못한 폭격이었다.

말하자면 좌파의 무능력이 여지없이 드러났다. 정책 노선을 수정할 생각도 없었다. 이 점에 대해서는 더 논할 가치가 없다. 실상이 그랬고, 실제 경험이 증명하고 있기에.

운동권 세력의 고집은 유별나다. '의도가 정의로우면 결과도 정의롭다'는 지극히 초보적 신념이 좌파 세력의 집단무의식에 박혀 있다고밖에 달리 설명할 길이 없다.

문재인 정권이 좌파 정권인지도 헷갈린다. 사람 내치고, 동종교배하고, 하층을 더욱 어렵게 만들고, 과거에 집착한 정권이 좌파인가? 게다가 친북^{親北}, 반일^{反日}노선을 고수해야 좌파인가? 좌파가 아니라 1980년대 반독재 투쟁의 가치관을 그대로 연장한 '저항운동 정권' 혹은 '운동권 정치'라 해야 맞다.

유럽에서 보듯, 진정한 좌파는 아직 태어나지도 않았다. 좌파라면 '고용'을 모든 정책의 중심에 놓아야 한다. 고용안정과 고용증대! 유럽처럼 '완전고용'은 아니더라도 고용과 소득안정에 정치적 생명을 건다. '재정, 분배, 고용'의 황금삼각형이 그렇게 해서 나왔고, 3자의 선순환을 위해 유연안정성을 정책의 제1원칙으로 설정했다. 유연성(시장)과 안전성(보장)의 적정 혼합이 좌파 정책의 관건인 것이다.

소득증대(최저임금 인상)을 위해 고용주를 쥐어짜는 것은 좌파로서는 자살행위다. '주 52시간 노동제'를 전격 시행하면 잔여노동이 실직자에게 돌아가 고용증대가 일어날 것이라 믿는 좌파는 없다. 고용주의 반격을 고려하기 때문이다. 복지(분배)를 그냥 공짜로 주지 않는다. 피고용인의 기본 책무를 다해야 한다. 유럽에서 노동조합은 좌파의 정치적 파트너다. 그들은 임금격차 해소를 위해 임금인상을 자제하는 대가로 저임금 노동자에게 더 많은 혜택이 돌아가도록 고용주를 압박한다. 한국처럼 임금생활자 중 상위소득 5%에 속하는 노조가 자신들의 임금인상을 목적으로 파업에 돌입하는 것을 좌파 정당은 그냥 방관하지 않는다. 그런 노조가 있다면 사회적 신뢰를 잃는다.

이런 조건을 다지는 것을 전제로 좌파 정당은 고용주와 사업주에게 고율의 세금을 요구한다. 소득세, 법인세, 사회보장세가 재정의 근간인데, 적재적소의 재정지출은 곧 분배(복지)와 고용증대로 이어진다. 고용주에겐 고용유지(확대)와 세금부담의 책무를 지우고 다른 모든 요건은 좌파 정당이 채워준다. 황금삼각형의 원리다.

한국에는 '기울어진 운동장' 논리가 있다. 기울어진 지형을 바로잡으면 고용증대와 소득안정이 부지불식간에 성취되리라 믿었다. 그래서 고용주와 사업주를 쥐어짰다. 54조 원을 쏟아붓는다는 조건으로 말이다. 재정 악화를 방지하려 각종 세금을 인상했고, 기업규제 3법에 중대재해법을 통과시켰다. 결과는 고용 악화, 실직자 급증, 경기침체였다. 문재인 대통령이 취임 초기 집무실에 설치했던 고용상황판은 슬그머니 치워졌다. 강성노조의 목소리는 더욱 커졌다. 탈脫원전정책에 의해 세계 최고의 원전산업은 주저앉았고, 각종 규제가 남발하는 바람에 신사업은 엄두도 못 냈다. 신규투자가 이뤄질 리 만무했다.

집값을 잡으려 24번의 주택정책을 내놨지만, 결과는 임대인, 저소득층, 청년에겐 폭탄이었다. 전국 집값이 골고루 평등하게 올라 자산 불평등이 하층민의 운명을 결정하게끔 됐다. 청년들은 변두리로 밀려 났다. 그래도 복지를 늘려야 했다. 종부세, 재산세, 증여세, 상속세, 소득세를 올려 돈 있는 사람의 투자의욕을 결빙시켰다. 코로나가 덮치는 바람에 이 모든 실정失政은 가려졌다.

이 을씨년스러운 풍경이 좌파 정권의 행보인가? 아니다. 좌파로 치장한 '운동권 정치'의 무능의 결과다. 무능함을 인지하지도 못하는 운동권 정치가 촛불광장의 주권을 독점한 탓이다. 운동권 정치의 통치양식은 정확히 군부독재의 대척점이다. 군부독재를 강성 권위주의라고 한다면, 운동권 정치는 민주적 가치에 부합할까? 적어도 민주주의에 속하는 것은 틀림없는데 운동권 정치의 가치관 속에 내재된 자유, 민주 개념은 의심스럽다.

이 의구심은 헌법 조문에 명시된 '자유민주주의'에서 '자유'를 삭제해도 된다는 주장을 떠올린다. 민주주의는 자유를 포함하므로 민주주의만으로 족하다는 논리는 '발생 토양이자 전제조건으로서의 자유'에 대한 역사인식 결핍증의 소산이다. 자유에서 민주주의가 발아發芽했다는 역사적 사실을 외면한 사시斜視적 역사관의 결과다.

왜 그럴까? 자유보다 민주에 비중을 두는 가치관은 1980년대 각인된 저항적 생체지식에서 비롯되었다. 운동권은 군부정권이 가한 극한적인 물리적 폭력 ─ 감금, 고문, 투옥, 인권 침해 등 ─ 을 견디면서 그 반대편에 민주주의라는 기둥을 세웠다. 그 기둥은 마치 청년 시절의 분투가 부정될 수 없듯 어떤 세력에 의해서도 부정돼서는 안 되는 성스러운 이념의 표식이었다. 자유와 자유주의는 부정과 긍정, 지지와 저항의 충돌을 허용한다는 것을 학습할 여유가 없었다. 저항운동의 성공, 체제변혁을 위해서 개별 자유는 집단의 성스런 사명에 복무해야 한다는 논리는 청년 시절부터 내면화됐다. 개별 자유보다 집단의사가 중요했다.

그것은 공화주의의 극단적 유형과 흡사한데, 자유주의가 취약한 공화주의는 국가 독단으로 흐른다는 역사적 교훈을 알고 싶지도 않았다. 촛불광장의 시민적 저항을 동력으로 태어났으면서도 시민저항, 이의제기, 반발과 도전을 변혁의 적, 공공의 적으로 여기는 태도가 여기서 발원했다.

광화문 시대?

문 정권에는 문빠, 대깨문('대가리'가 깨져도 문재인)으로 불리는 팬덤이 극성이었다. 자발적 댓글기획단이자 핵심 지지층이다. 트럼프 팬덤이 있듯이, 정치 팬덤이 형성되는 것은 좋은 현상이다. 연예인처럼 인기를 몰고 다닌다. 엄청난 정치적 지지기반이기도 하다. 그러나 연예인은 스캔들이 아닌 다음에야 사회에 해악을 미치지 않지만, 정치 팬덤은 시비를 가려야 할 사안을 흐릿하게 만들고 진실을 자주 은폐한다. 문 정권이 후반기에도 지지율 급락이 나타나지 않은 이유는 팬덤이 넓고 단단하기 때문이었다. 어떤 일이 있어도 지지를 철회하지 않는 층들은 주로 젊은 세대에 분포해 있었다.

조국 사태가 급진전된 2019년 가을, 서초동 법원거리에는 광화문 태극기집회에 대적하는 격려 집회가 여러 번 열렸다. 멋지게 그려진 조국 초상을 들고 열렬히 응원하는 사람들은 대부분 30~40

대 젊은 층이었고, 5060은 눈에 띄지 않았다. 예술의전당 거리에는 이들이 타고 온 관광버스가 사당동까지 늘어설 정도였다.

문 정권은 '동원의 자원'이 풍부했다. 자발적 동원에 더해 호출을 기다리는 시민운동 단체가 널려 있었다. 보수 정권 10년 동안 주변부로 밀려났던 시민단체들이 이제 광장의 한가운데로 진입했으니 호출 없이도 팬덤에 합류한다. 보수에 신물이 난 세대가 진보에 자신들의 미래를 걸었다. 문 정권이 이명박을 부패 정권, 박근혜를 불통 정권으로 낙인찍고 그 자리에 '공정과 소통'을 새겨 넣었으니 일반 서민들이 열광할 정서적 기반은 단단했다.

이분법적 구획과 선별적 동원은 다섯 차례 민주정권이 반복적으로 빠져든 덫이다. 이념 대립과 양극화 정치의 극복이 진보 정치의 뇌관이라면 정작 경계의 대상은 내부에 있었다. 강성 노조와 진보단체, 급진적 사회단체가 광화문 광장의 입장권을 독점하면 동원의 정치는 불통으로 직행한다.

우려한 대로 문 정권은 좌파 과잉대변, 이분법적 구획, 선별적 동원으로 초심을 배반했다. 불통의 장벽이 높아지자 다시 광장은 전장戰場으로 변해갔다.

배반의 뿌리는 운동권 세력의 세계관에 깊이 박혀 있었다. 군부가 가한 폭력, 육체가 견디지 못할 정도의 모진 경험, 이른바 저항적 생체지식은 세상을 우리와 그들, 민주와 반민주, 엘리트와 민중의 이분법 구도로 갈라놨다. 그것도 민주주의를 명분으로 말이다. 말은 협치였지만, 보수의 경로를 더욱 강도 높게 답습했다. 반민주세력을 뿌리 뽑는다는 높은 기상 속에는 반민주 세포가 꾸물거렸고, 엘리트 카르텔을 사회개혁 방해 세력으로 지목해 척결하려 했던 것은 노무현 정권의 호명 정치와 꼭 닮았다. 한국처럼 초밀도 네트워크 사회에서는 사회지도층, 엘리트 간 친밀도는 매우 짙고 단단하다.

이인영 민주당 원내대표가 사회적 패권교체를 당차게 명했다. 2020년 4월 총선용 발언이긴 했지만 득의만만했다. 이제 '사회적 패권을 교체하겠다'고 타깃을 적시했다. 사회적 패권? 그의 말에 따르면, '재벌, 특정언론, 편향적 종교, 왜곡된 지식인, 누구를 일방적으로 매도하는 세력'이다. 그런데 거기엔 연령상 이미 586세대가 주류다.

아무튼, 비판언론은 몇 안 남았고, 지식인은 반역이 업業이다. 종교는 보편을 향해 편향을 걷는다. 재벌 해체? 국민연금 지분을 늘리는 순간, 공기업, 즉 정권의 수족이 된다. 패권교체라?

지배층의 독점과 패악을 다스리겠다면 환영이다. 가난의 대물림을 막고, 지배층 갑질이 없는 사회를 만든다면 환영이다. 그런데 그들을 갈아치우고, 거기에 진보 세력을 밀어 넣겠다면 큰일이다. 명패만 남은 한심한 보수를 옹호함이 아니다. 세대교체, 권력교체는 시간이 흐르면 그런대로 일어난다. 개혁은 그 시간을 조금 당길 뿐이다. 혁명은 완전히 뒤집는 것이다.

패권은 그람시A. Gramsci의 '헤게모니론'에서 나왔다. '패권교체'
는 혁명이다. 민주주의를 '패권'으로 인지하는 운동권 정치의 위
험이 여기에 선명하게 드러난다. 민주주의는 합의정치다. 그런
데 패권교체란 말에는 '참회하라'는 명령이 어른거린다. 그리하
여 정권이 지목하는 자는 공공의 적, 척결의 대상이 되었다.

패권교체는 '민주의 공적'을 척결해 순백사회를 만든다는 혁명
적 발상이다. 그런데 그것이 민주정치의 생명인 합의정치 내지
협치의 가능성을 일소一掃한다는 점에서 우려를 자아냈다. 초기
의 약속인 소통정치와 광화문 시대는 그것으로 문이 닫혔다. 순
백사회는 동지로 규합된 순도 100%, 적敵은 얼씬도 못하는 그들
만의 사회다. 순백사회! 대통령은 청와대에 깊이 몸을 감췄고,
내각조차 청와대와 소통단절 상태임이 시시각각 드러났다. 박근
혜처럼, 폐쇄회로가 또 형성된 것이다.

뒤끝 정치와 적폐청산

순백사회로의 행군은 이미 촛불시위에 내장돼 있었다. 문재인
정권은 그것을 '촛불혁명'으로 격상시켰다. 대통령을 쫓아냈으
니 혁명에 가깝다. 그러나 엄밀히 말하면 그것은 '정권교체'이지
체제변혁은 아니다. 민주주의 체제 내에서 발생한 정권교체이

자, 민주정치의 발전과 질적 향상을 위한 정치변동에 해당한다.

체제변혁은 군부독재에서 민주주의로 전환한 1987년에 발생했다. 체제 유형이 바뀐 것이다. 이후 38년간 등장한 여덟 차례의 정권은 대체로 민주정에 속한다. 좌·우파가 선거라는 합법적 절차로 지지율 경쟁과 권력 경쟁을 해나가는 체제다. 정치학자 쉐보르스키A. Przevorski의 개념대로 '합법적 과정에 의해 패배한 정당이 다시 집권당으로 등극할 수 있는 유일한 마을the only town'이 민주주의다.

그런데 한국에서는 정권교체를 '체제변혁'으로 격상한다는 것이 특이점이자 문제다. 급격한 발전을 이루겠다는 과욕의 발로이기도 하고, 기존 정권과의 차별성을 높여 정치적 정당성을 최대화해온 한국 정치의 내적 법칙이기도 하다. 그 덕에 민주주의의 제도적 질적 개선은 빠르게 일어났다. 민주주의의 발전 정도를 측정하는 프리덤하우스의 공식 발표에 의하면, 세계 200여 개 국가 중 한국은 30~35위를 기록했다. 아시아에서 민주주의가 가장 발전된 국가로 꼽힌다. 심지어 일본보다 한 수 위다. 그 대가는 만만치 않다. 체제 변혁적 에너지를 자가 발전해 한국 정치지형을 혁명적으로 바꾸려 한다.

실권을 장악한 집권당의 총공세는 주로 인물과 제도를 겨냥하는데, 우선 전직 대통령과 실세 집단을 단죄하는 것으로 시작한다. 그와 함께 이전 정권이 일궜던 주요 제도를 철폐하고 새로운 것으로 갈아 끼운다. 대통령은 감방 담장을 걷는 사람이라는 서글픈 얘기가 나오는 이유다. 오늘의 권력 실세들도 안심할 수 없다. 정권교체가 일으킨 태풍에 의해 언제 삼수갑산으로 유배당할지 모른다.

전직 대통령과 권력 실세를 겨냥한 치죄治罪 정치에는 일종의 한풀이가 개입한다. 좌파가 우파에, 우파가 좌파에 가한 해코지 리스트는 너무나 길어서 집권 5년 동안 줄곧 되갚아도 다 못할 정도다. 한풀이 정치, 뒤끝 정치다. 한국 정치에서 좌·우파를 막론하고 뒤끝은 작렬한다. 노무현 대통령을 자살에 이르게 한 우파의 죄는 문재인 정권에 천추의 한恨이었다. 이걸 어찌 잊으랴. 체제변혁이 아니라 혁명적 수단을 동원해서라도 한풀이를 해야했다. 뒤끝 정치는 박근혜 대통령 탄핵에 이미 내장되어 있었다.

적폐청산

그날은 기어이 비가 내렸다. 박근혜가 수갑을 찬 채 출두한 날. 일몰의 늦은 비였다. 두 전前 대통령의 영욕榮辱이 교차된 날, 죽어 상승하고 살아 추락하는 한국 정치의 비극적 법칙이 동시 상영된 날, 종잡을 수 없는 국민의 심사를 그렇게라도 달래려는 느닷없는 비였다.

2,800원짜리 핀을 꽂은 올림머리는 여전했지만 초췌했다. 수갑이 채워진 손, 수인번호 '나대블츠 503번', 그대의 찬 손. 청와대로 1번지 관저의 세입자가 바뀌자 전임자는 18가지 혐의로 결박된 손을 모으고 모습을 나타냈다. '배신의 정치'를 성토하던 결기는 사라졌고, 죄목을 묻는 젊은 판사의 심문에 체념의 눈길은 천장을 응시했다. 민주공화국 대한민국의 '법의 정신'에 의해 전직 청와대 주인은 무직 잡범雜犯이 되었다.

그 시각, 남쪽 봉하 마을엔 상처를 치유받고 싶은 사람들이 모였다. 사람 사는 세상을 외치다 결국 뇌물죄로 몰려 마지막 남은 출구로 몸을 던진 전직 대통령을 추모하는 자리는 눈물이었다. 8년을 쏟아내고도 다시 고이는 통한의 눈물이었다. '누구도 원망하지 마라', 검찰청 포토라인에서 잡범 취급을 받은 그 수모를 원망하지 말라고 일렀다. 그의 말대로 '운명'이었다. 정권이 바뀔 때마다 닥치는 역풍, 이념 불화가 초래한 사화士禍적 스토리의 상징인 부엉이 바위에 대통령이 된 문재인이 다짐했다. '우리는 다시 실패하지 않겠다'고, '그리운 당신의 꿈을 실현하겠다'고.

청산淸算과 정산精算은 다른 개념이다. 청산은 부정을 낳지만 정산은 진화를 잉태한다. 정밀하게 진단해 좋은 점을 잇고 새로운 길을 뚫는 것이 정산이다. 한국 정치는 정산보다 청산 유전자가 너무 강해 문제다. 광장의 촛불 민심도 청산을 더 원하고, 실정失政의 책임자를 지목해 발본색원하기를 외친다. 대선정국이 원색적·

이고 거친 비난과 냉소의 언어로 뒤덮였다.

민주화 38년의 정치는 '탈脫정당화를 통한 정당화', 전임자를 청산해 정당성을 구축하는 비난의 굴레였다. 보수는 진보를 청산했고, 진보는 보수를 일소했다. 정통성 탈환의 참극이 5년마다 반복되는 이 상황을 바꿔보려 협치·연대·통합을 때마다 꺼내들지만 그것을 축조하는 관용의 통치는 아직 요원하다.

노무현 대통령이 포토라인에 섰을 때도 같은 심정이었다. 필자는 이렇게 썼다. "국민의 명예와 정치의 품격이 달려 있는 소환 문제를 검찰의 성곽에 무작정 던져두는 것은 올바른 처사가 아닙니다 … 정치란 우리 모두를 법의 수인囚人이 되지 않게 하는 유일한 출구입니다. 국민의 자존심과 통치자의 명예를 동시에 구제하는 방식에 대한 모색이 필요합니다"라고.[2] 정권은 외면했고, 결국 자신에게 내린 사망 선고가 스스로 자존自尊을 수호하게 했다. 노무현 스스로 결행한 생명공양供養이 적의로 부글부글 끓는 인당수 물갈퀴를 거뒀다.

박근혜는 국민의 자존도 자신의 명예도 지키지 못했다. 지킬 능력이 없음이 판명된 전前 통치자에게 법法 실증주의는 무엇을 구제하려 하는가. 품격 있는 회오悔悟? 아니다. 오직 남은 것은 연민, 언론 카메라에 수십 번 비칠 초췌한 모습과 나약한 항변, 그리고 아버지 시대로 나 홀로 망명했던 수인번호 '나대블츠, 503번', 그대의 찬 손.

'적폐'라는 구시대의 용어를 정치판에 소환한 사람이 그녀였다. 그런데 그녀가 적폐청산에 걸려 적폐의 대명사가 됐다. '원칙과 신뢰'를 현판에 내걸고 4대 부문 개혁에 시동을 걸었을 때 바로 그 적폐청산이 박근혜 정치의 슬로건으로 모습을 나타냈다. 적폐청산 대상은 무차별로 확장돼 '비정상의 정상화'라는 주술적 축문을 낳았고, 급기야 영혼의 영역에도 뻗쳤다. '비정상적 혼'의 적폐청산이 국정교과서의 출생 비밀이었다. 유리창 성에를 제거하듯, 혼魂에 낀 적폐를 청산한다, 마치 일제 말기 심전心田 개발이나 국민 정신 총동원처럼 무서운 얘기다.

박근혜는 맹골 수로水路에 침몰한 세월호에 그 언어를 적용했다. 해운사, 항만청, 재난구조본부 간에 얽히고설킨 비리의 덩어리를 적시하고 '국가개조'를 눈물로 다짐했다.

국가개조 또한 1920년대 일제가 내선융화를 다지려 유포한 제국의 용어였다. 정작 필요한 것은 지도자인 나의 참회였지만, 개조의 대상은 너, 국민이었다. 수장된 어린 생명에 넋을 잃고 가슴에 바람골이 뚫린 국민이 참다못해 적폐의 방향을 거꾸로 청와대로 돌렸다. 소소한 사건들이 퇴적되자 청와대에 누적된 폐단은 천근만근 무거워졌다. 박근혜는 적폐를 안고 광화문 수로水路 깊이 가라앉았다.

그런데 그녀가 남긴 언어가 정치권의 혼을 지배한 것은 이상한 일이다. 너도나도 적폐청산을 외쳤다. 가장 즐겨 사용한 사람이 문재인 대통령이었다. 그는 '적폐'를 입에 달고 다녔다. 권력 적폐, 안보 적폐, 재벌 적폐, 이런 식이다. 후보 시절, 청와대·검찰·국정원 등 권력 적폐청산 3대 방안을 내놓더니 재벌 적폐청산 3대 원칙을 선언했다. 안보 적폐는 병역기피, 방산 비리, 안보 무능, 종북몰이 등 네 가지다. 1천여 명의 교수로 가득 찬 그의 캠프는 적폐 리스트 생산기지였다. 거기에는 적폐로 규정된 부위를 칼로 내리칠 무사武士들이 득실거렸다.

적폐청산은 21세기 척사斥邪다. 그게 진정 악마인지 모르겠으나 박근혜는 통치에 거추장스러운 장애물을 적폐 블랙홀로 빨아들였다. 대북관계 단절, 종북세력 척결, 항의 인사 축출은 물론 배신자와 충복을 차별한 적대 정치, 일소의 정치였다. 무의식적으로 썼을지 모를 적폐청산이란 언어에 이미 박근혜의 의식구조가 고스란히 스며 있었다.

그런데 문재인 대통령은 천지사방에 이 언어를 남발했다. 문재인의 무의식 속에 박근혜 동형이 똬리를 틀고 있다는 의구심을 밀어내기 어렵다. 그의 배경에 진을 친 혁혁한 장수들의 면면이 '좌파 박근혜'라는 우려를 자아냈다. 진보 정권의 적폐청산이 닿을 도착지의 풍경은 안 봐도 비디오다. 형장의 이슬로 사라지거나 블랙홀에 휩쓸려 우주 쓰레기로 떠돌 인물과 제도가 차고 넘친다.

박근혜의 적폐청산이 국민 대통합을 가져왔는가? 아니다. 이른바 진보의 적폐청산이 대통합을 가져올까? 아니다. '보수 대^對 그 나머지'라는 통치양식이 진보를 잉여와 잔재로 몰아갔듯이, 진보의 '적폐청산'은 그 관계의 대역전을 노린다. 피아 식별과 편 가르기, 1980년대식 운동권적 마인드가 그대로 돌출해 또 하나 의 비극을 잉태한 것이다. 조선을 망국으로 이끈 척사론^{斥邪論}이 21세기 한국에서 좌우를 진자^{振子}운동 했다.

문재인은 후보 시절부터 "적폐의 당사자와 어떻게 손을 잡는 가"라고 정의롭게 말했다. 쓰러진 보수를 일으켜 세워야 진보도 국회의 거부권을 뚫는다. 협치는 용서와 관용을 통해 일어난다. 한풀이 복수전이 적폐청산이라면, 청산해야 할 것은 '적폐청산' 이라는 그 언어다. 그 속에 고착된 '적의^{敵意}의 정치'와 홀로 정의 롭다는 '척사론적 의식'이 곧 적폐다.

사회는 생각과 경험이 다른 사람들의 군집, 정치는 그런 사람 들을 모이게 만드는 포용적 기술이다. 적폐청산에 박근혜가 침 몰했듯 진보도 자신이 만든 블랙홀에 빨려 들어가면 나라의 비 극이다.

정의正義의 강江

적폐청산은 사람들의 마음을 얼어붙게 만들었다. 적폐청산이 한
창 외쳐지던 2018년 겨울, 마음의 온도는 시베리아 한랭전선보다
낮았다. 세모歲暮엔 잊었던 온정溫情이 절로 찾아와 한파를 녹이는
법, 마음속 불씨 하나 지피지 못했다. 성탄절 캐럴이 울리던 거리
와 헤픈 웃음을 날리던 정겨운 인파는 옛 기억이 된 지 오래. 오늘
의 웃음과 행동이 곧 닥쳐올 미래에 적폐가 될지 모른다는 공포가
몇 차례 정권교체를 통해 마음 저변에 침전했다.

공포가 무의식에 깔리면 대중은 자기검열과 사주경계의 등불
을 켜고 밀실에 들어앉는다. 과거의 권력자와 지도층 인사가 검
찰 조사 끝에 급기야 극단적 방식을 택하는 풍경이 반복되고, 이
념적 처단을 강요하는 과격한 외침이 비등할수록 대중심리는 얼
어붙는다. 가담과 개입에 따르는 위험부담을 극소화하려는 것이
다. '적폐'와 '통치행위' 사이 간격이 좁아지면 대중은 판단 중지
영역으로 망명한다. 그게 최선의 안전지대인 현실에서 정의 개념
은 흐려질 수밖에 없다.

이명박, 박근혜 정권 인사 중 국정농단 혐의로 구금되거나 재
판에 계류된 사람은 줄잡아 100여 명, 자살로 항변한 사람도 여
럿이다. 이재수 전前 기무사령관이 목숨을 끊었다. 세월호 유가
족 사찰혐의 관련 검찰의 전 방위 압박수사를 견디지 못했다. 국

정원 댓글사건이나 우병우 전前 민정수석의 권력 남용은 단죄를 받아 마땅한데, 적폐와 통치의 구분이 모호한 경계에서 경찰, 검찰, 청와대의 3중 감찰을 받는 사례도 부지기수다.

양승태 대법원 시절, 일부 판사들이 박근혜 정권과 보조를 맞춘 것은 잘 알려진 사실이다. 그럼에도, 대법관의 자율 권한과 정치 거래의 경계는 여전히 모호하다. 박근혜 정권과 교감이 있었다 해도 그것은 적폐인가 통치를 받든 행위인가? 2014년 헌재의 정당 위헌판결 때 통합진보당 변론을 맡았던 김선수 변호사가 대법관에 오르는 판국이니 통치와 적폐가 헷갈리는 건 당연하다.

과학계에도 원자력연구원장과 대구경북과학기술원 총장이 옷을 벗었다. 문 정권에서 중도사퇴한 과학계 기관장은 10여 명, 물갈이 선풍이 급기야 카이스트를 덮쳤는데, 이것은 적폐청산인가, 자리다툼인가? 보수 정권도 이보다 덜 하지 않았으니 문 정권만을 탓할 수는 없다. 오죽했으면 노무현 대통령이 부엉이바위에서 뛰어내렸으랴. 노무현 정권에서 찬밥신세였던 칼잡이들이 하이에나처럼 달려들어 물어뜯었으니 말이다.

방송권력과 논조가 하루아침에 뒤바뀌고 눈 밖에 난 재벌총수의 운명이 자주 갈렸다. 시위대와 해고 노동자도 여럿 세상을 등졌다. 정의가 불의不義로, 불의가 역모逆謀로, 역모가 역적逆賊으로 찍혀 패가망신하는 환국換局의 광풍을 한두 번 겪은 게 아니다.

환국은 개혁을, 개혁은 칼바람을 불러왔다. 초기의 대중 환호는 곧 염증으로 바뀐다. 문화 전선이 활발해지는 것은 대중이 적폐청산극에 염증을 느낄 때다. 정권과 코드를 맞춘 영화 〈국가부도의 날〉에 수백만 관중이 매료됐다. 경제 주권을 넘기고 안도하는 권력집단과 파산에 허덕이는 서민을 극화해 분노의 근거를 확인시켰다. 'IMF는 지배층과 대기업이 저지른 범죄이자 소득과 고용불평등의 기원'이라는 메시지는 적폐청산에 악전고투하는 문재인 정권 격려가로 들렸다. IMF가 모든 병폐의 근원일 수 있겠다. 끝 장면 자막 '금 모으기로 모은 돈 22억 달러는 대기업으로 흘러 들어갔다.' 과연 그럴까? 근거가 흐릿하다.

정보와 경험이 천차만별인 세상에서 동의를 구축하기란 쉽지 않다. 농업사회에서 정보화사회로 수직상승한 한국에서 정의 개념은 지그재그였다. 정의론의 대가 마이클 샌델M.Sandel에게 자문한다면, 여전히 '논의해 보라'일 것이다. 미국연방 대법관인 스티븐 브라이어S. Breyer가 넌지시 말한다. "충분한 통찰, 각자의 주장과 결과, 역사와 논점을 제대로 이해하기 전까지는 판결하지 않는 것이 중요하다"고[3], 정의의 강은 천천히 흐른다는 뜻이다. 민주화 이후 정권이 휘몰아친 정의의 강은 급류였다. 휩쓸린 사람이 부지기수, 익사한 선의善意가 산을 이룬다.

독선인가 독창인가

속이 후련한 역사적 결단이 왜 없었겠는가. 국정농단, 사법농단 세력을 발본해 감옥에 보낸 것, 은폐와 왜곡에 절은 국가시스템을 바로잡은 것, 세월호 유족을 해원解冤하고, 과잉진압 경찰에 철퇴를 내리고, 청와대와 내통하던 감찰기관 수장들을 줄줄이 문초한 것. 특혜와 비리에 연루됐다고 지목된 재벌 총수들에 엄벌을 내렸고, 그것도 모자라 전 방위 수사도 진행했다.

군軍은 갑질의 대명사로 전락했다. 고위 관료는 사욕을 채우거나 인사비리 집단이 됐고, 언론과 방송 지휘부는 교체됐다. 박근혜 정부에서 외곽에 유배됐던 인사들, 노조의 검열에 통과된 인사들이 공영방송을 장악했다. 모두 '나라다운 나라', '정의로운 나라'를 향한 행진곡이었다.

그런데 왜 자꾸 의구심이 들었는가? 정권 초기 한목소리로 부른 합창이 왜 잦아들었는가? 애창곡이라도 몇 년을 들으면 주파수를 바꾸고 싶은 게 세간의 심리다. 민의民意를 어루만지지 못하면 합창은 중창重唱으로, 중창은 독창獨唱이 되어 주변을 맴돌 뿐이다. 독재군부에 저항했던 80년대 혁명세대의 행진곡이 향기를 잃고 있다는 신호였다. 그대들의 말과 행동에 아집이 서렸다는 뜻이었다.

혁명세력이든 수구세력이든 성과를 내지 못하면 인내심은 고갈된다. 예나 지금이나, 혁명과 수구의 성패를 가름하는 뇌관은 경제다. 시민들이 전두환 폭정을 감내했던 이유는 경제 호황이었다. 정의가 경제에 맥을 못 춘다는 사실은 선후진국을 막론하고 널리 판명된 정치적 명제다. 소득주도성장? 모든 경제지표가 급격하게 꺾인 마당에 시민들의 인내심이 이미 고갈됐음을 왜 눈치채지 못했는가? 인내심과 일관성은 혁명세대 그대들의 것, 시민 정서는 역사적 정의보다 배고픔과 고달픔에 더 민감하게 반응한다.

많은 경제학자, 사회학자가 '오류!'로 판정한 소득주도성장론에 그토록 목매었던 이유는 무엇인가? 성장은 소득에서 나온다? 그러면 소득은 어디서 나오는가? 말할 것도 없이 '고용'이다. 경제정책을 고용으로 급선회하지 않으면 그대들의 업적은 소멸될 것임을 혁명세대, 그대들만 몰랐다. 고집불통이거나, 실력이 없다는 증거다. 소주성은 독창이었다.

'3고 정치'로 세월은 갔다

이렇게 기세등등하게 출범했던 정권은 없었다. 정의와 공정을 이렇게 늠름하게 외친 정권은 이제껏 없었다. 촛불을 민주주의의 혼불처럼 치켜들고 이미 무너진 지난 정권 인사들을 그토록 냉혹하게 단죄한 정권도 없었다. 반독재 투쟁의 공적을 야무지게 독점하고 자신을 최고의 민주투사로 치부했던 정권도, 기울어진 운동장을 바로 세우면 1백 년 정당도 가능하다고 호언장담한 정권도 없었다. 정치 불안정에 시달려온 국민들은 처음엔 의아했으나 점점 그렇게 믿고 싶었다. 그런데 그게 허언, 허세, 착각, 적의敵意, 역량 부족의 소산임을 알게 되었다.

그나마 믿었던 게 억울해서, 다른 대안이 없어 믿을 수밖에 없던 현실이 안타까웠다. 국회는 그 어느 때보다 아수라장, 법안 통과율은 역대 최악을 기록했다. 법안이 많이 통과돼야 반드시 좋은 것은 아니지만 입법 시기를 놓치면 악법이 된다. 20대 국회는 아예 주소지를 거리로 옮겼다. 걸핏하면 여야가 박차고 나서니 시민들도 거리투쟁이 일상이 됐다. 청와대 사저정치를 단죄한다는 그 결의가 대척점으로 이렇게 단순하게 이동할 줄 몰랐다. 청와대 참모중 군·관·율사 70%였던 박근혜 정권과, 시민단체와 운동권이 장악한 문 정권은 무엇이 다른가? 참모진이 이렇게 빈약한 정권도 없었다. 아마추어 집합소, 1980년대 세계관으로 21세기를 바라보는 사시斜視들의 합창에 한국호號는 아예 표류 일보 직전, 공정과정의는 냉소를 자아내는 어휘가 됐다.

너무 비정한 평가일까? 정권의 모든 역량을 쏟아부은 적폐청산으로 새로운 살이 돋았다면 틀린 평가다. 쫓겨난 자리에 내 사람을 채웠고, 관료들은 법조항 내부로 몸을 숨겼다. 그나마 권한을 가진 장관들은 청와대 수석의 수족이 됐다. 복지부, 노동부 장관은 복지예산을 결재하는 집행관, 교육부 장관은 대통령의 한마디에 경기를 일으킬 듯 복창하는 앵무새, 외교부 수장은 누군가 꼬집었듯 장식 인형? 실물경제 위기설이 파다한 험난한 계절에 경제수장은 없었다. 홍남기 경제부총리는 정책 분장사, 김상조 정책실장은 현실의 쓴맛을 조금 본 규제론자, 주택시장과 샅바 싸움하는 김현미 장관이 약간 돌출할 뿐인데, 이리저리 터지는 풍선효과 때문에 약발도 없었다.

진보 정권이라 좀 나을 줄 알았다. 진보는커녕, 정치의 기본요건도 충족하기 버거웠다. 문 정권의 기질인 '3고 정치' 때문이다. 고집周執, 고소告訴, 고립孤立 정치가 그것이다. 대선 공약이 국민적 약속이라 해도 역효과가 크면 변경할 줄도 알아야 한다. 수정노선은 초기 설계도에 없었다. 민심에 이상이 발생하고 비명소리가 진동해도 문 정권은 꿈쩍하지 않았다. 정의를 위한 작은 희생쯤으로 여긴 저 '고집 정치'는 민주정치의 대원칙인 '책임 대응' 의무를 몰각했다. 현실감각은 제로였다.

둘째, 집권세력은 고소로 세월을 보냈다. 속이 다 후련했던 초기의 적폐청산이 실종된 미래와 시민적 긍지를 되살려 줄 것으로 기대했다. '고소 정치'가 서울구치소를 가득 채우고 구세력 군기 잡기에는 성공했으나 끝내 미래담론을 불러들이지 못했다. 이웃 일본과 중국이 국력의 로드맵을 끊임없이 내놓은 반면, 대한민국은 적폐리스트 체크에 정신이 없었다. 고소 정치와 미래 비전은 서로 상극임을 진즉 눈치채기는 했다.

촛불 밑천을 다 까먹은 세월은 가고, 곧 추락하는 세월이 왔다. 고圖, 고告, 고孤로 계속 고go 할 수 있을까. 혹시 촛불광장이 다시 열리는 것은 아닐까. 고용과 소득 모두 결딴내고, 소상공인 사업 접게 만든 건 정책의 어설픈 설계와 실행방식 때문이었다. 예상된 부작용을 따지지 않고 급하게 서둘렀던 탓이다. 그 정책은 고엽제 같았다. 이론적으론 성장촉진제였겠지만, 실은 탈색제, 탈취제였다. 봄에는 새싹이 돋을까 기대했는데 기다려 달라는 말뿐이었다.

자영업자와 하청업체 직원, 중산층 소시민들이 십시일반十匙一飯 어렵게 낸 세금으로 출범 후 2년간 일자리에 쓴 돈은 54조 원. 그 돈은 아무 효과를 못 내고 결국 증발했다. 이 돈이라면 5천만 원 자본금, 시장가치 5조 원 기업을 100개를 만든다. 기업당 좋은 일 자리 2천 개, 총 20만 개 일자리를 만들 돈이다.

1960년대생이 대거 퇴장하기 시작했다. 줄잡아 매년 100만 명. 공무원과 기업인은 물러난 지 오래전이다. 직장에 아직 남아 있는 사람들은 행운아다. 그들은 대리기사, 알바, 자영업, 자원봉 사에 나선다. 술 한잔 하고 대리기사 부르면 동생뻘 노신사가 온 다. 차마 탈 수가 없다. 세금 착실히 내고, 자식 공부, 출가시키고 남은 재산은 퇴직금에 아파트 합쳐 평균 3억 5천만 원, 그걸로 30년을 지내야 한다. 지금껏 눈물겹게 달려온 동세대원들이, 미

래가 암울한 자식 세대가 눈에 밟혀 잠을 설친다. 애국자라서가
아니다.

복지확대는 좋은데, 시장은 얼어붙고, 공장은 안 돌고, 누가 세
금을 낼 것인가? 자식들? 동생들? 갓 태어난 아기들? 세금이 얼
마나 올랐는지 세상 사람들은 다 안다. 세금 절대 안 올린다고 공
언한 박근혜 정부는 공제비율을 줄이는 편법을 썼다. 그건 그대
로 둔 채, 소득세 여러 세목은 물론, 종소세, 종부세, 법인세, 여
기에 4대보험까지 올랐으니 월급의 1/3을 세금으로 납부한다.
거의 독일 수준이다. 그 세금을 거둬 54조 원을 축냈다면 중실화
重失火다. 누가 책임졌는가?

반일이 능사가 아니다

문 정권은 '토착왜구'란 말을 유행시켰다. 토착왜구, 친일적 성향
을 가진 인사들을 냉소하는 말이다. 여기에는 일본에 약간의 호
감을 가진 사람도 포함되므로 이 말을 듣는 순간 무의식적으로
자신을 검열 대상에 놓는다. 움찔한다. 일본 유학파는 모두 토착
왜구다! 조정래 작가가 이런 말을 했다가 온통 난리가 났다. 문
맥을 빼고 들으면 몰지각한 이분법이다. 노무현 정권은 친일청
산법을 만들어 추진하다가 엉망이 됐다. 어느 선까지가 친일인

가? 일률적 잣대로 잴 수 없는 것이 심적心的 공간이다. 영혼을 잴 수 있는가? 이광수는 친일, 최남선도 친일이지만, 할 말은 많다. 〈동아일보〉 설립자 인촌仁村 김성수 선생은? 청춘은 민족, 노년은 친일? 민족자본과 민족지를 지켜내려면 순일順日이 불가피한 선택이었을 것이다. 저항은 감옥행이다. 전체주의로 돌아선 일제 말기, 생존과 생계를 위해선 순종할 수밖에 다른 도리가 없었다. 살아 있는 것이 친일이었다. 일본 제국주의는 일본인도 견디기 힘겨운 극악스러운 체제였다.

필자는 심성은 반일, 행동은 실용이다. 일본을 활용해야 한다, 때로는 배울 필요도 있다. 무작정 배척한다고 식민지 상처가 치유되는 것은 아니다. 졸저《국민의 탄생》에서 일본 제국주의의 역사적 기원을 살폈는데, 일본인의 고립과 공포가 제국주의의 기저 심성이었다.[4] 문명 중심에서 떨어져 있다는 고립감, 외국의 침략에 완전히 노출되었다는 공포감이 그것이다. 제국주의로의 진군은 고립과 공포를 떨치기 위한 역사적 반작용이었다. 점령국에서 무자비하고 잔악한 행동을 일삼은 것도 신정적 천황제에 대한 충직한 복무였다. 천황제는 현대판 신정神政, 일본 군대는 무사고無思考의 상태에서 황조의 신칙神勅을 그냥 따랐다. 모든 선악 행위는 천황제 복무로 정당화됐다. 정작 잔혹한 일본인들도 신정적 천황제의 희생자라는 생각에 미치자 가엾다는 생각까지 들었다. 전후 동경대 정치학자 마루야마 마사오丸山眞男는 이런 심성을 '무책임의 전통'으로 불렀다.

일본은 아무리 속죄해도 지나치지 않다. 그런데 일본 정치인과 일본인들은 한일 국교정상화 체결로 모든 것이 청산됐다고 믿는다. 돈도 줬다. 더 이상 제국주의의 잔혹한 죄를 거론하지 않는다고 믿는다. 그러나 피해국은 어디 그럴까? 피해의 상처는 국면마다 재발을 거듭했다. 한국에는 정권교체가 일어날 때마다 대일 정서가 바뀐다. 그런 되풀이 상태를 일본인들은 이해하지 못한다. 역사는 청산의 대상이 아니다. 그래서 친북·반일 정서는 잘 어울리는 짝이다.

반일 정서와 민족주의는 궁합이 잘 맞겠는데 그런 민족주의가 세계주의와 접합할 수 있는가? 유연성과 연대감을 동시에 살리는 논리는 어디에 있는가? 문재인 정권에서 이런 질문들이 꼬리를 물고 이어졌다. 국민들은 헷갈린다. 반일과 친일, 그 중간 어디가 적정인가? 언제가 돼야 식민지 피해 심성을 치유할 수 있을까? 일본도 한국도 변해야 하거늘, 양국 모두 민족주의 울타리 안에서 상대를 질책하는 소리만 지른다.

방역 防疫 정권

문재인 정권 5년 차 2021년은 뒤죽박죽이었다. 정권의 전방위적 싸움이 코로나와 가세해 일상을 들쑤셨다. 힘든 세월이었다. 사람들은 좁은 공간에 갇혔다. 이중의 벽이다. 코로나가 명령한 동선動線 금압의 벽과 집권세력이 강박한 절대이념의 벽. 두 벽의 공통점은 바이러스 박멸, 곧 방역防疫이다.

문 정권은 '방역 정권'이었다. 적을 호명해 척결하는 것으로 정당성을 쌓는 정권. 모든 적수를 바이러스, 박멸 대상으로 간주했다. 언술과 행동, 민생정책의 본질이 그랬다. 국민들은 정권의 확증편향 울타리에 갇혔다.

정책엔 항상 부작용, '의도치 않은 결과'가 발생한다. 문 정권은 그 보편적 법칙을 줄곧 부정했다. 변명도 자책 인정이 아니라 만회의 술수였다. 백신 확보를 위한 대통령의 느닷없는 퍼포먼스가 그랬다. 백신 공급이 고갈되자 '전화 한 통으로 물량 확보 끝!'이라 했다. 그럼 왜 그전에는 손 놓고 있었을까. 문 정권에서 청와대발發 사과를 딱 한 번 들었다. '추미애·윤석열 대립으로 마음을 불편하게 해드렸다'까지는 흐뭇했는데, 검찰개혁은 계속한다, 운운에서 그만 악몽이 되살아났다. 그것 때문에 전 국민이 겪은 스트레스 총량을 보상하고도 남는가?

사법부를 백번 불신한다 해도 윤석열 검찰총장 직권정지 고발이 무효로 판정났다면 정권은 한 달쯤은 자성 기간을 가져야 양심정치다. 거대 여당의 집단 포화는 새벽이 밝자 개시됐다. '촛불 혁명을 훼손한 사법부의 쿠데타', '검찰과 법원의 선명한 선민의식,' '대통령을 지키는 것이 민주주의'라는 반법치적 울분에도 모자라 총장 탄핵카드를 꺼내 들었고, 결국 탄핵을 통과시켰다. 179 대 1, 어딘가 치졸하지 않은가? 필자는 타협 없는 여당의 총공세를 거꾸로 읽게끔 됐다. '촛불혁명을 왜곡한 독선 행보', '정권 실세의 유별난 선민의식', '삼권분립 존중이 민주주의'라고.

　방역 정권은 자신의 실정失政에 대해서도 방역했다. 소주성을 주도한 일단의 부역꾼들은 이미 면책 마을로 은퇴했고, 하층과 무주택자를 난도질한 김현미 국토부 장관은 집값이 급상승한 아파트 시장으로 어리둥절 귀환했다. 종부세는 두 배로 올랐다. 팬데믹으로 일자리는 고갈되는데, 기업규제 3법과 중대재해기업처벌법이 통과됐다. 해고노동자가 노조로 귀환해 자해라도 한다면 고용주는 처벌 대상이다. 문명과 자본의 구조 법칙이 완전히 뒤바뀐 AI시대에 방역 정권이 휘두르는 의기양양한 1980년대식 생체지식은 한국을 어디로 끌고 가는가.

망가진 대선정국

코로나 팬데믹이 약간 수그러졌던 2021년 여름 대선정국이 시작됐다. 대선판은 엉망이었다. 유력 후보들의 면면이 극도로 미흡한 것 모두 한국 정치가 망가졌다는 뚜렷한 징표였다. 한국 정치는 이미 부도를 내고 있었다. 유능한 정치인을 저격했고, 경제·사회·문화의 무한잠재력을 갉아먹었다. 서킷브레이커가 울리지 않았을 뿐이다. 의회정치는 일찍 파산을 선고해야 옳았다. '다당제─협의제'는 3김 시대 이후로 자취를 감췄다. 586세대가 약진한 2004년 총선 이래 정치 전선은 정적을 섬멸하는 백병전이 됐고, 정당은 권력 쟁취와 현실 호도의 사령부였다. 정책실패는 사전에 없다. 수틀리면 사법부로 몰려갔다. 2019년 공수처법 제정 폭력사태로 국회의원 109명이 고발됐다. 정치의 사법화, 이런 나라가 또 있을까? 대통령을 새로 뽑아도 망가진 정치판에 얹힌다. 지옥의 재현이었다.

민주당은 후보 자리를 놓고 당내 백병전이 치열했다. 이재명 후보를 옹립하려는 지원군들이 당을 장악했고 비명^{非明} 후보들을 쫓아냈다. 비명횡사, 친명횡재였다. 국민의힘은 민주당과 각을 세웠던 윤석열 후보를 옹립했다. 이들이 대통령 자격이 있는지는 차치하고라도 당내 정치인이 아니라 외부 인사를 영입했다는 것 자체가 민주화 35년의 품격에는 걸맞지 않은 것이었다. 등 떠

밀려 나선 대선후보가 나라와 민생을 제대로 살려낼까? 또다시 파당의 대리인을 뽑는 참담한 지옥문이 열렸다.

유세가 그림자놀이처럼 느껴졌다. 민주당 이재명 후보는 그 많은 흠집에도 불구하고 살아남아 국민대통합을 외쳤다. 쳐내기의 명수인 그가 '대타협 국민통합'을 외치는 장면은 낯 뜨거웠다. 직무정지와 탄핵을 뚫고 살아남은 윤석열 후보는 내일을 바꾸겠다고 뚝심 있게 밀고 나가다 치명적 실수를 범할 듯 아슬아슬했다. 다른 후보들은 주목받지 못했다.

여야 대선후보가 내놓은 기상천외 공약들은 모두 족쇄 풀린 리바이어던의 포효였다. 얼떨결에 대선에 뛰어든 윤석열 후보는 준비된 게 없었다. 이명박·박근혜 정권이 추진했던 몇 개의 인기 공약을 재탕하는 것으로 유세를 펼쳤다. 민주당의 전면 포화에 살아남았다는 그 뚝심 하나로 대선을 치러냈다.

반면 이재명 후보의 화려하고 섬세한 공약은 끝이 없었다. 장년 수당, 면접 수당, 입학 수당, 농민 수당 등 국가의 선심 리스트가 이렇게 길 줄 몰랐다. 탈모 치료를 국가지원으로 돌린다는 공약도 나왔다. 이재명 후보의 든든한 우군인 노조가 외치는 전 국민 철밥통 시대, 부자 곳간 털기는 섬뜩했다.

민주당은 득표를 저울질했다. 당장은 유혹이지만 개별 시민의 국가 귀의歸依와 종속을 재촉하는 독毒이다. 음독飮毒 투표, 판단 중지와 환멸의 계곡에서 마실까 말까를 작심해야 하는 현실은 슬프고 위험했다.

그러니 '망가진 한국 정치의 전면 리셋,' 이게 공약 1호였다면 좋았을 것이다. 의회와 사법부 원위치, 당정 분리, 대권 축소, 연정이든 내각제든 전면 도입, 그 지긋지긋한 싸움을 중단하고 협치로 변신하는 것. 대한민국이 요청하는 절박한 '공통 공약'이었는데, 그것은 득표에 별로 효과가 없었다.

2022년 이른 봄 대선은 윤석열 후보의 0.73% 신승辛勝으로 끝났다. 준비된 후보 이재명은 분을 삼켰다. 이재명에게 재앙이 닥쳐오고 있었다. 직무정지와 탄핵의 원한 갚기 정치가 가동됐다. 윤석열 정권이 이재명을 둘러싼 혐의를 끝내 밝혀내는 것, 이것은 2024년 12월 비상계엄을 낳았고 민주당의 탄핵정치를 낳은 원인이었다.

선거는 그렇게 끝났지만 연소되지 못한 분노가 마그마처럼 꿈틀댔다. 20·30대 남녀 간 엇갈린 표심의 공통정서는 분노였다. 대체 희망의 출구는 어디에 있는가. 초접전 신승을 연출한 서울 표심의 공통분모도 분노였다. 왜 생계를 이다지 흔들어 대는가? 청년세대는 절망을 손절하려 투표했고, 기성세대는 불안을 덜어내려 투표장에 줄을 섰다. 힐링은커녕 인생 설계를 망친 한국 정치를 응징한다는 주권자의 비장함은 일치했다. 그러나 엇갈렸다. 국민은 상처를 입은 채 두 쪽으로 갈라섰다.

표심에 증오가 서린 것은 한국 정치사의 비극이다. 지난 20년 동안 정치권이 재탕, 삼탕 끓여온 혼란의 탕약을 그냥 마신 병증이었다. 청산의 정치, 해원解寃의 정치에 감염되었다. 고작 5년 단임제에서 왜 정권마다 그리 미숙한 권력을 휘둘렀는가? 왜 정권마다 성난 얼굴로 과거를 돌아보는가?

지난 20년 정치는 살풀이 굿판이었다. 청와대 입성의 드높은 기세는 언제나 패잔병처럼 시들어 떨어졌다. 뒤엎고 짓밟으면 새살이 돋는다는 정권의 나팔소리는 이제 지긋지긋하다.

정치권 패싸움의 희생양은 국민이었다. 민주주의를 자해한 그 못난 짓에 자의, 타의로 국민이 동원됐다. 가짜뉴스와 음모론이 판을 쳤다. 비판의식은 마비됐다. 유권자는 정적 살상殺傷 메시지 세례를 받아 정치적 부족과 씨족으로 갈라졌다. 소통의 광장은 페이스북과 유튜브 궁사弓師들이 날리는 비방의 화살로 유혈이 낭자했음을 2022년 대선에서 절감한 바다. 소셜미디어의 '증폭 알고리즘'이 극단주의자를 양산한다.

정치권이 반기고 부추기는 이 현상을 디지털테크 전문가인 찰스 아서C. Arther는 '소셜 온난화'로 명명했다. 지구 온난화처럼 소셜 온난화는 재앙을 불러온다. 이득은 정치권이 챙기고 질환은 유권자들이 앓는다. 이 불공평한 재난이 빚어낸 분노의 트라우마가 한국의 잠재력을 갉아 먹었다.

0.73% 격차는 패자와 승자가 없다는 뜻, 타협하라는 뜻이었다.

보수든 진보든 속 좁은 살풀이 정치를 청산하라는 뜻이었다. 제발 성난 얼굴로 돌아보지 말라고. 대선에 졌다고 전면 공세를 감행하고, 대선에 이겼다고 이재명과 민주당을 성난 얼굴로 돌아보는 순간 양 진영의 울혈이 폭발한다. 보수와 진보가 교체되는 이념 단층선에 전운이 감돌았다.

　문 정권의 결말이 그러했다. 1987년 이후 민주화 여정이 도달한 지점, 문 정권은 국가의 마스크를 쓰고 리바이어던의 욕망을 한껏 표출했다. 시민운동은 치어리더, 기업은 죄수, 청년세대는 대체로 인질이었다. 정권은 권력기관을 휘하에 정렬했고, 국가기구를 내무 사열했으며, 현란한 명목의 세금을 주물렀다. 민주주의의 가드레일은 부서졌다. 국가라는 '리바이어던에 족쇄 채우기'가 민주주의다. 문 정권은 국가의 족쇄를 풀고 등에 올라타 정권욕을 한껏 채웠다. '공정과 정의'를 그토록 강조한 정권의 모습이었다.

진정한 좌파는 없다

그래서 나는 마음속에서 좌파를 해고했다. 필자는 우파를 진즉에 파면했다. 문제는 필자가 해고한 좌파가 진정한 좌파가 아니라는 점이다. 좌파 연하는 정당과 정권이 있을 뿐이다. 문재인 정권과 민주당이 그러하다.

제발 좌파 연하지 말라. 좌파는 그런 옹색한 정치를 하지 않는다. 한풀이 정치, 분노의 정치를 하지 않는다. '운동권 정치'라 표현했던 그런 정치, 청년 시절의 꿈을, 이념으로 그린 세상을 현실에 옮겨 보려는 정치를 했다. 이념의 힘을 너무 믿었다. 그것으로 혁명을 일궈냈다고 자부했으니까. 그런데 현실의 힘이 이념보다 셌다.

좌파라 해서 이 정권은 그러지 않을 줄 알았다. 좌파는 미래 구상에 과거를 녹여 넣는다. 제도보다 인간을 더 믿는다. 문재인 정권은 한국 정치의 '구조적 덫'이라 해야 할 몹쓸 함정에 아주 요란하게 걸어 들어갔다. 적폐청산! 이 슬로건이 한국 민주주의의 발전에 얼마나 못난 걸림돌이 되어 왔는지를 여러 정치학자들이 목소리 높여 외쳤건만 아예 듣지 않았다.

군부청산을 도맡았던 김영삼 정권은 의당 그래야 했다. 김대중 정권은 외환위기를 탈출하느라 적폐를 청산할 겨를이 없었지만 군부 전직 대통령을 사면해줄 정도로 포용력이 있었다. 외환위기를 자초한 원죄 때문에 한나라당은 아예 엎드려 있어야 했다. 노무현 정권이 적폐청산의 닻을 올렸다. 4대 악법 청산! 그중 사학법 개혁은 종교단체의 저항에 막혔고, 국가보안법 철폐는 안보세력의 장벽에 걸려 좌초됐다. 과거사 진상규명? 친일을 어떻게 정의하고 가를 것인지가 문제였는데, 누구보다 앞장섰던 두 국회의원의 조상이 친일임이 드러나자 바로 중단됐다.

이명박 정권은 노무현 정권을 쳤고, 박근혜 정권은 친이親李계를 쫓아냈다. 주요한 정책들도 모두 뒤집었다. 이런 통치양식에서 문재인 정권은 으뜸이었다.

우파보다 좌파가 우위를 차지하는 것은 도덕성이다. 우파는 '공동체의 연대'를 내걸고, 좌파는 도덕성을 강조한다. 이른바 양심정치다. 도덕성 결핍의 관점에서 한국의 좌파나 우파는 서로 견줄 바가 못 된다. 양자 모두 결핍증을 앓는다. 문재인 정권이 정의와 공정을 내세운 게 좀 밑지는 장사였을지 모른다.

광화문 시대를 늠름하게 공언했을 때 필자는 그런 시대가 열릴 것을 희망했다. 그런데 그 흔한 기자회견도 불통 정권으로 낙인찍힌 박근혜보다 횟수가 적다면 뭐라 변명할 수 있을까. 탁현민의 탁월한 연출에 주연으로 배역된 경우는 더러 있었다. 아무리 못난 야당이라도 가끔은 주고받는 정치를 보여야 소통이다. 죄인이라 내치고, 거대 여당이라 독식하고, 국가정책을 상의 없이 일방적으로 실행하면서 소통이 중요하다고 말하는 정권을 뭐라 불러야 할까? 청문회를 곱게 통과한 장관은 거의 없었다. 야당인 자유한국당 몽니도 그렇지만 약간이라도 주고받았다면 야당이 몽니로 일관했을까? 오물을 뒤집어쓴 사람을 청와대로 불러 임명장을 줬다. 부처에서 권위가 섰을까?

진정한 좌파는 융합 통치술을 발휘한다. 융합 문명의 시대에 정치가 할 일이 융합인데, 그것은 인정과 타협에서 시작된다. 상

176

대를 인정하는 심태心態다. 경제와 문화, 일반 시민들은 융합의 지혜를 기르고 있는데 유독 정치만 나 홀로 독창을 불렀다.

한국의 정치는 정통성이 우선이다. 적통 혹은 정통성. 누가 정통성을 확보하는지가 관건이다. 정통성 논쟁은 상대방의 부정을 전제로 한다. 경쟁자를 내치는 것이다. 조선의 유구한 정치적 전통에서 비롯되었는지 모른다. 학풍과 학리가 정치판을 갈랐다. 주리론과 주기론은 원수지간이었고, 이기理氣 우선순위를 두고 다퉜다. 승리한 자는 권력에 등극했고, 패한 자는 유배 갔다. 이른바 조선의 관념론 정치가 21세기 한국의 정치에도 영향을 미치고 있는지 잘 살펴볼 일이다. 민주화 38년, 이제 홀로 독주하는 정치는 단호하게 끊을 때가 됐다. 무엇보다 국민이 지치고 창의적 에너지가 낭비된다. 그러나 독주 정치, 적대 정치는 끝이 없다. 문재인을 잇는 윤석열이 그랬고, 이재명이 차기 대통령에 등극한다면 그럴 가능성이 짙다.

좌파의 정치양식

나 홀로 행군과 독주

두 차례의 좌파 정권은 왜 기대만큼 성과를 내지 못하고 무너졌을까? 집권세력의 '정체성 붕괴'가 원인이다. 정체성이란 집권세력의 개혁목표가 국민들에게 어느 정도 지지를 받고(목표의 대중적 지지) 그것을 실행하기 위한 일련의 정책들이 어떤 성과를 낳았는가(업적)로 가름할 수 있다. 이 두 가지 지표로 보건대, 집권세력이 보였던 초기의 정체성은 매우 선명했으나 시간이 경과할수록 희미해졌고, 후기로 갈수록 국민들이 눈을 돌리는 사태가 발생했다.

  지배력의 약화 현상이 발생했고, 그에 따라 정치권과 행정부의 영令이 안 서게 되었다. 되는 일이 없었던 것이다. 국민의 기대감이 아예 상대당 대선주자 쪽으로 옮겨가는 속도도 그와 비례했다. 지배력의 약화와 정체성의 붕괴를 초래한 요인은 네 가지다.

특정 이념의 과잉대변, 국가기구의 탈권력화, 도덕주의적 시장
경제관, 순진한 분배정치가 그것이다.

배제적 과잉대변

참여정부와 문재인 정부는 말 그대로 정치참여의 문을 활짝 연
정부다. 민주주의의 조건 중 시민의 정치참여가 가장 우선적인
것이고 참여 확대는 체제의 정당성을 향상시킨다. 참여와 정당
성은 민주주의의 초보적 단계인 '절차적 민주주의'의 전제조건
이다. 여기까지는 문제가 없었다. 그런데 다음 단계, 즉 체제의
책임성 차원으로 초점이 옮겨지면 문제가 발생한다. 누가 참여
하고, 누가 쟁점을 만들고, 누가 어떻게 책임지는가의 문제가 그
것이다.

　'시민단체의 홍수'가 일어난 것은 노무현 정부였고 그것을 문
재인 정부가 물려받았다. 1990년대에 꾸준히 성장한 시민단체
는 김대중 정권에서 참여의 기회를 넓혔고, 급기야 노무현 정권
에서 정치참여의 중앙무대를 장악했다. 그것은 노무현 정권의
탄생 배경과 직결된다. 민노총을 제외한 대부분의 시민단체들이
노무현 후보에게서 기회의 창구를 발견했고 이를 통해 정치적
참여와 영향력을 확대하고자 했는데, 노무현 정권은 이들을 기

꺼이 받아들였다.

노무현 정권은 시민단체를 동원하여 기득권세력을 포위하는 전략을 구사했는데 그것은 상당한 성공을 거두었다. 기존의 정책결정 과정에는 전문가그룹, 관료, 정치인들이 주도적 역할을 행사했다면, 쟁점 만들기로부터 사회적 동의 확대, 정책 설계와 입안에 이르는 일련의 과정에 시민단체를 포진시켰다. 행자부와 국가홍보처에 시민단체를 지원하는 프로그램들이 신설되고(이 것은 김대중 정권에서 시작되었다) 확대되었다. 그리하여, 국가 예산을 지원받아 시민 활동을 조직하는 시민단체들이 생겨나기 시작한 것이다.

행정부가 지원하는 시민단체를 시민단체라고 할 수 있는가 하는 회의성 짙은 질문도 일각에서 강하게 제기되었지만, 시민혁명이 시급하다는 전략적 명분에 가려 시민단체의 순수성에 관한 질문이 유보되기도 했다. 이런 성격은 문재인 정권 들어 더욱 짙어졌다.

'시민참여는 민주주의의 전제조건'이라는 흔들리지 않는 이 명제에 비추면 '시민단체의 홍수'를 탓할 아무런 이유가 없다. 오히려, 더 권장하고 더 지원하고 더 격려해야 할 사업이다. 이론적으로도 시민참여는 사회적 자본을 풍성하게 하는 요인이다. 퍼트넘R. Putnam은 이탈리아 소도시의 지역발전을 비교하면서 시민참여가 활발한 지역이 근대화와 경제성장에서 월등 나았으며, 그것은 시민참여가 생성시킨 사회적 신뢰의 양에 비례한다고 지적했다.[5] 사회적 자본은 개인들이 맺게 되는 네크워크의 질과 양에 비례한다. 개인과 개인, 개인과 집단, 그리고 집단 간 네트워크가 활발하게 맺어지는 사회는 상호신뢰가 쌓이기 때문에 거래비용을 낮추고 사회적 동의를 만들어 내기가 용이하다. 보이지 않는 이런 자본을 창출하는 데에는 시민단체의 활동이 가장 중요하다는 것이다. 그런 만큼, 시민단체의 활동과 정치참여를 탓할 필요가 없다. 그런데 사회적 자본의 이론가인 퍼트넘도, 콜먼J. Coleman도 '참여의 이분법'과 그 위험을 지적하지 않았다는 사실을 직시할 필요가 있다.

간단히 말해, 정책결정 과정을 장악했던 기존의 전문가그룹과 특정 직능단체들이 교체되고 그 자리에 시민단체들이 들어섰는데, 주로 집권여당 및 청와대와 이념적 친화성을 갖고 있는 단체들이 선별되었다. 문재인 정권 역시 각종 위원회에 시민단체의 대표가 영입되었으며, 이들은 단체의 집단의사를 정권 차원의 정책사업으로 전환하고 시민의 호응을 얻어내는 임무를 수행했다. 민주주의가 요원했던 시대에 그토록 원했던 시민단체의 참여가 비로소 성취되었고, 그것도 매우 적극적 방식으로 이뤄졌는데, 도대체 무엇이 문제인가? 시민단체의 대표자와 활동가들은 더 확실하고 적극적인 개입을 원할 것이다.

그러나 그것은 집권세력과의 이념적 친화성을 갖춘 단체를 선별적으로 개입시킨 '배제적 참여'였고, 정치권과 특정 시민단체 간 발생한 이념의 동종교배였으며, 어떤 정책 영역에서는 시민성의 우위를 내세워 직능단체의 대표성을 희석시키는 결과를 초래하기도 하였다.

좌파 정권은 모든 사안과 모든 공적 쟁점을 '시민성'의 공간으로 옮겨 해결하고자 하였는데, 그것이 노무현 정권이 민주주의의 촉진제로 유례없이 강조한 '토론'이다. 다시 말하건대, 토론정치는 가장 발전된 선진적 민주주의 형태이다. 그러나 이해·설득·양보 없는 토론, 다른 견해를 갖는 상대방의 동의 없이 특정 방향으로 결론을 맺는 토론은 민주주의의 옷을 걸치고자 하는 요식행위에 지나지 않는다. 토론 참여자들이 대체적 동의에 도달할 때까지는 어떤 결정도 내리지 않아야 하는 '토론정치'는 지루하고 비용이 많이 든다.

이런 힘든 과정을 거쳐 어떤 결론에 도달하게 되면 그것은 구성원들에게 도덕적 권위를 갖게 된다. 토론은 도덕적 권위를 획득하기 위한 민주주의적 장치이다. 그런데 토론에 참여한 상식을 갖춘 어떤 사람이 그것에 불복할 태세를 비춘다면 동의도 도덕적 권위도 사라진다. 이른바 '민주 독재'가 발생하는 지점이 바로 이곳이다. 좌파 정권에서 활성화된 시민단체의 정치참여는 "배타적 동의"를 만들었으며, 특정 이념의 과잉대변을 촉발했다. 이로부터 파생되는 문제는 자못 심각하다. 이를 질문 형식으로 제기해보자.

첫째, 시민단체를 대표해서 참가한 위원들이 정책결정 과정에 전달한 '집단의사'가 과연 시민단체 회원들의 동의에 바탕을 둔 것인가? 노 정권에서 맹위를 떨친 참여연대의 영향력은 절대적이어서 정치권에서도 무시 못 할 정도이다. 그런데 참여연대의 정책은 회원들의 동의를 거쳤는가? 거쳤다고 하더라도, 회원 규모가 1만 2천여 명에 불과한 시민단체가 중대한 국가정책에 그만한 영향력을 갖는 것은 과연 공정한 것인가? '여론의 독점'과 '영향력의 독점' 현상은 민주주의적 가치에 위배되는가, 아닌가? 이런 질문은 전국 규모의 영향력 있는 시민단체인 경실련, 환경연합, 여성연합 등의 경우에도 마찬가지로 적용된다. 문 정권에서는 정의연대 이사장인 윤미향 의원의 위안부 후원금 횡령 사건이 발생해 세간의 지탄을 받았다.

둘째, 집권여당의 정치인들과 시민단체 활동가들 간에 일어난 활발한 교호작용을 어떻게 설명해야 하고, 그 결과는 무엇인가? 이들 간에는 '기원의 유사성'과 '이념의 친화성'이 존재한다. 주지하다시피, 1987년 이후 저항운동에 몸담았던 많은 인사들이 택한 활동영역이 시민단체와 정당이었다. 이들의 공통적 목표가 민주화운동의 이념을 시민혁명으로 전환시키는 것이었던 만큼 '쟁점 정치'에 있어 양자의 관계는 매우 밀접했으며, 정책 노선과 방향도 유사했다. 역사 인식과 가치의 공유가 민주화 이행 기간을 거쳐 민주주의의 확립기에도 지속되었다.

그러다가, 노무현 정권에 들어와서 양자 간 상승작용이 발생했고 문재인 정권에서 증폭했다. 그러므로 시민단체가 좌파 정권 외곽과 내부에 광범위하게 포진하게 된 것은 당연한 결과이다. 정치권과 시민단체의 활발한 교호작용이 일어났던 것인데, 정치권력에 대한 건강한 비판을 위해 일정한 거리를 둬야 한다는 시민단체의 본령에 비추면 '시민단체의 정치화 내지 정치적 포섭'으로 규정해도 무리는 아닐 것이다.

쟁점 만들기와 정책결정 과정을 독점한 이들 간의 밀접한 교호작용의 결과가 곧 '지배력의 약화'이다. 다시 말해, 쟁점 정치와 정책결정 과정의 독점은 동의하지 않은 집단과 사회세력들의 강력한 반발과 저항을 불러일으켰다. 지배구조는 정책결정의 제도화뿐만 아니라 실행능력을 포괄하는 개념이다. 말하자면, '배제적 과잉대변'이 보수 세력의 저항에 직면하면서 실행능력에 심각한 손상이 일어났던 것이다.

좌파 정권기에 보수 세력을 중심으로 거리시위가 자주 발생했고, 심지어는 우호세력인 민노총과 여타 진보단체의 반발도 자주 감행되었다. 광화문과 여의도는 각종 시위의 전시장이 되었으며, 이해의 충돌이 거리시위와 대규모 집회로 표출되었다. "영이 서지 않는다"는 집권세력의 불만은 이로부터 유래한다.

이분법적 참여와 선별적 정치화는 오히려 정치체제의 정당성을 훼손시키는 기제로 작용하였다. 보수 세력의 조직화가 급작스럽게 진전된 것도 이런 배경을 갖는다. 진보 세력에 의한 쟁점 정치의 독점이 보수 세력의 경각심을 불러일으켰고, 급기야 보수 세력은 조직화를 가장 시급한 과제이자 대응전략으로 추진하기에 이르렀다.

국가기구의 탈권력화

국가는 통치의 수단으로 물리적 억압기구를 관할한다. 권위주의 국가는 그것을 독재 권력의 유지를 위해 악용하고, 민주국가는 공익 증진에 선용한다. 민주화로 이행하는 국가가 가장 먼저 하는 일은 독재 권력에 기여했던 물리적 억압기구들, 예를 들면 군대, 경찰, 검찰, 법원, 정보기관, 그 밖의 사찰 기관들의 정치 개입을 막고 본래의 역할로 복귀시키는 작업이다.

그중에서도 독재 권력의 주춧돌이었던 군대, 경찰, 정보기관의 권력 빼기(탈권력화)는 무엇보다 중요하다. 탈권력화의 요청에 빠른 속도로 응답했던 것이 군대와 경찰이었다. 국가정보원도 무소불위의 권력을 해제당하고 국가안보와 직결된 정보수집과 대응 마련에 역점을 두게끔 되었다. 고급의 국내정보를 활용해서 인권 탄압이나 특정인의 사찰을 일삼던 과거의 국정원이 아닌 것이다.

물리적 억압기구의 탈권력화는 이들의 기능과 역할을 시민들의 공익 증진에 기여하도록 만들고 민주사회의 명분에 걸맞은 개혁 조치임에는 틀림없다. 노무현 정권은 탈권력화에 남다른 노력을 기울였다는 점에서 기존의 정권과 구별된다. 인권을 강조하던 김대중 정권처럼 국정원 주도의 불법 도청 시도도 없었을 정도로 군대, 경찰, 검찰, 법원의 조직과 기능은 한층 더 민주적 성격을 갖추었다. 이 점은 노무현 정권의 업적으로서 높게 평가받을 만하다.

그러나 문제는 탈권력화가 너무 과도하게 진전되어 원래의 기능을 제대로 수행하지 못하는 사태가 자주 발생했다는 점이다. 특히 몇몇 과격한 시민단체의 거리시위와 맞닥뜨릴 때 이 문제가 현실화되었다. 미군기지 이전 대상지인 대추리 마을 철거작업 때에 일어났던 반미단체의 시위는 국가기구의 무력함을 보여주는 단적인 사례였다. 사정이 어찌되었든, 미군 부대 이전은 국가 대 국가의 약속이었고 대추리 철거는 국방부의 인준을 받은 사안이었다. 그러나 미군기지 철수를 주장하는 반미단체들은 군대를 상대로 과격시위를 벌였으며, 호신용 방패를 든 군인들이 행동대의 무력시위에 밀려 논밭에 내동댕이쳐지기도 했다. 이런 과격시위가 한창일 때 대추리 분교 지붕에는 이전과 철거를 반대하는 국회의원 몇 명이 올라앉아 있었다.

'시민에 매 맞는 군대'는 세계에 한국뿐일 것이다. 군대가 시민에 밀리고 맞는 장면에서 국가기구의 기능 저하 또는 '공적 권력의 실종'이 일어난 것은 아닌가 하는 의구심을 불러일으킨다. 이런 점은 국가정보원도 마찬가지이다. 간첩 검거는 국정원의 고유 업무이다. 그런데 국정원은 간첩사건을 발표하면서 정치적 해석을 지극히 경계했다. 본래의 기능인 간첩단 검거를 수행하면서 국정원장은 얼마나 부담을 느꼈는지 사표를 제출했고 곧 수리되었다.

탈권력화가 정당한 권위 상실과 합법적 기능 실종으로 나아가서는 안 된다. 그것은 자칫하면 '공익의 손상'으로 이어질 위험이 많기 때문이다. 독재 시대에는 민주적 가치의 훼손이 문제였지만, 민주시대에는 법치주의의 훼손이 문제다.

우리가 질문해야 하는 것은, 그 물리적 억압기구들이 본래의 기능에 충실하며, 그 기능을 착실히 수행하도록 할 만큼 정당한 권한이 부여되었는가의 문제이다. 국정원은 한국의 안보에 필요한 고급정보를 얼마나 착실하게 수집·분석하고 있으며, 국민의 안위에 필요한 정보를 제때에 공급하고 있는가? 군대는 전쟁 억제와 평화 유지에 주도권을 행사할 만큼 용의주도하게 군사력 증강과 전략 수립에 임하고 있는가? 경찰은 치안과 범죄 예방에 어떤 서비스를 개발하고 있으며, 과거와는 다른 행동양식을 도입하고 있는가? 등등의 질문으로 탈권력화의 초점이 옮겨가야 한다.

이런 질문들은 법을 집행하는 기구인 검찰과 법원에도 똑같이 적용된다. 법의 집행과 해석에서 검찰과 법원은 조직 이기주의를 탈피하고 있는가? 과연 법치주의를 지키는 최고기관들의 법 집행이 궁극적으로는 민복과 공익 증진을 최선의 기준으로 설정하고 있는가, 아니면 정치적 계산과 조직 간의 힘의 불균형에 영향을 받고 있는가? 좌파 정권에서 발생하는 검찰·법원 간 대립 양상은 공익 증진이라는 명분에 비추면 아무래도 석연치 않고 범죄행위의 해석과 집행에 있어 심각한 견해 차이를 드러내는 것 같아 우려스럽다.

견해 차이는 있을 수 있지만, 그것이 조직 간 우위권 다툼이나 경쟁으로 비화하는 것은 결코 바람직하지 않다. 이런 경우, 검찰과 법원의 자율성 존중이나 정치적 중립이라는 대의명분에 집착하지 말고 즉각 조율책을 모색해야 하는 것이 집권세력이나 통치권자의 임무라고 생각한다. 검찰·법원의 자율성은 조직과 직업의 자율성이 아니라 공익 증진이라는 더 중대한 원리에 의해 다스려져야 한다. 그것을 관할하는 사람이 곧 통치권자이다.

문 정권에서 추진한 검수완박은 원래의 취지와는 다르게 헝클어졌다. 형사법 체계가 누더기가 된 것은 이번 윤석열 비상계엄 내란죄 적용과 관련하여 명백하게 드러났다. 내란죄 수사와 기소권이 어디에 있는가? 국회가 헷갈렸다.

좌파는 국가기구의 탈권력화를 추진하고, 우파는 역으로 권력을 불균등하게 부여한다. 통치권자의 임무는 이들의 행동양식을 국민 복리와 공익 증진이라는 명분에 기여할 수 있도록 규제하고 감시하는 일이다. 자율성은 그런 가치를 실현하는 데에 필요한 전제조건이지, 기관들의 관습과 전통적 조직원리에 따라 작동하도록 내버려두는 것이 아니다.

국가기관들의 상호분절은 어쩌면 대통령이 스스로 자임한 '권위 버리기'의 산물일 터인데, 권위 버리기라는 민주적 명분이 국가기구의 '품격 저하'와 '공적 권력에 대한 시민사회의 업신여기기', 또는 책임소재 혼란 등으로 나타났다는 점은 향후 또 다른 과제를 예고한다.

빈곤한 업적과 도덕적 시장경제

좌파 정권의 경제업적이 지극히 빈곤했다는 사실은 재론의 여지가 없다. 그러나 집권 실세들은 이 점을 부정한다. 경제성장률, 국민소득증가율, 투자율, 소비증가율 등을 들어 그런대로 괜찮은 성적인데 괜히 보수언론들이 사실을 왜곡 과장해서 그렇게 인식되었다고 억울해한다. 통계치로 보면 그럴 수도 있다. 그러나 대부분의 민간연구소와 국책연구소가 공통적으로 지적하듯

이, 한국경제의 성장엔진에 이상이 생겼다는 점은 부정할 수 없고, 좌파 정권이 성장동력을 키우기 위해 해놓은 일이 별로 없었다는 점 역시 그러하다. 적극적으로 한 것은 재벌기업에 대한 특단의 규제였고, 중소기업의 경영환경을 어렵게 만드는 임금 및 고용차별 금지에 관한 조치들이었다.

정말 이해할 수 없는 것은, 실업이 늘고 청년실업이 사회적 문제로 대두되는 와중에도 기업의 고용능력 증진을 위한 정부의 정책들이 거의 전무했거나, 임금 차별을 해소한다는 취지에서 고용주의 임금부담을 늘렸다는 사실이다. 성장과 고용, 두 마리 토끼를 동시에 잡은 좌파 정권은 없었다. 경기부양책도 없고, 환율방어도 없으며, 전략산업과 기업에 대한 특혜조치도 없다. 그 대신 기업 구조조정은 매우 적극적으로 추진했다. 정권 초기, 공정거래위원회에 힘을 실어 재벌기업들의 상호출자 구조를 개선하겠다는 의지가 전형적 경제정책으로 읽혀질 정도였다. 문 정권은 한 걸음 더 나아가 재벌 규제에 힘을 실었다. 삼성 사태는 거의 10년을 끈 나머지 삼성 지휘부가 무너졌다. 삼성은 진보 세력의 집중 타깃이었다. 글로벌 경쟁력은 추락 중이다.

여기서 더 나아가, 집권세력은 도덕주의에 강하게 매료되어 "시장에서의 모든 행위자는 도덕적이어야 한다"는 규범적 명제를 내면화했다. 도덕적일 것을 명하는 집권세력의 눈에 주택가격의 이상 급등과 투기성향이 곱게 보일 리 없었다. 따라서 건설 경기의 위축으로 일자리가 줄어들 위험을 각오하고 집값과의 전쟁에 뛰어들었던 것이다.

그러나 경제 관리능력이 탁월한 선진국의 어떤 정권도 시장과의 전면전은 가능한 한 피해 왔으며, 제한적 범위 내에서 소규모 전투를 벌여 왔다는 사실을 직시할 필요가 있다. 다시 말해, 시장과의 전면전은 항상 승산이 작으며 따라서 정치적으로 불리하다는 말이다. 이렇게 보면, 좌파 정권은 도덕주의로 무장하고 규범적으로 각오를 다져 시장과의 전쟁에서 더욱 과격한 개입 행동을 보이는 정권이었다. 집값과의 싸움이 정권에 상처를 안겨준 이유, 그러고도 고용과 경기가 바닥을 헤맨 이유는 모두 도덕주의적 시장경제론에 숨어 있다.

그것이 단순히 '자유주의적 시장경제'라면 영·미 자본주의처럼 기업과 자본에 자유를 허용해야 한다. 그러나 도덕주의적 성향 때문에 재벌대기업의 시장독점, 경영권 승계, 작은 지분으로 행사하는 경영권 독점 등을 막아야 한다고 생각했다. 대기업에 대한 규제의 끈을 놓지 않았던 이유가 이것이다.

한편, 도덕주의적 성향과 운동권적 성향은 '노동자 보호'를 중대 과제로 설정한다. 그래서 노동자 보호를 위한 법적·제도적 장치를 강화했다. 그렇다면 그것은 어떤 자본주의인가? 영·미 자본주의도 아니고, 독일식 라인자본주의도 아닌, 매우 어정쩡한 절충형이었다. 그리고 여기에 노동정책은 사민주의를 지향했다.

네덜란드, 아일랜드, 덴마크 모델이 심도 있게 검토된 것은 이런 성향 때문인데, 그 결과 생산시장, 상품시장, 노동(고용)시장이 각각 다른 모델을 추구하는 엇갈림이 발생했다. 이런 엇갈림 또는 일관성 없는 정책 조합으로 세계화의 압력에 대응할 수 있다고 생각하면 오산이다. 이런 정책으로 일자리 창출을 할 수 있다고 공언하면 거짓말이다. 이런 정책으로 경제는 점차 나아질 거라고 단언하거나 곧 선진국형 경제를 만들 수 있다고 한다면, 환상이다.

결국, 가시적 성과가 없고 국민들이 민생고를 호소하자, 정부는 정부 주도로 일자리 창출과 비정규직 보호 조치를 행하게끔 되었다. 물론, 엄청난 국가재정이 소요되고 국민들의 세금 부담이 늘어날 수밖에 없게 된 이유이다. 어쩌면, 분배정치는 이런 모순을 봉합하는 정치적 수사일 수도 있다.

성과 없는 분배정치

분배정치만큼 논란을 일으킨 개념도 없을 것이다. 분배와 평등! 이 얼마나 듣고 싶었던 얘기인가? 누가 이 정의로운 개념에 시비를 걸 수 있을 것인가? 개발독재 시대를 생각하면 노무현 정권이 분배와 평등을, 균형개발을 국책으로 내건 것은 눈물겹고 감격스런 얘기다. 문재인 정권은 정의와 공정을 앞세웠다. 그러나 왜 잘 안되었는가? 왜 그토록 원했던 정책이 국민의 실망을 낳고 중상층의 원한을 낳았는가?

노무현 정권은 국정원리에 관한 한 패러다임적 전환을 일궜다고 평가해야 옳다. '분배와 평등'은 노무현 정권이 추진한 가장 강력한 정치적 슬로건이고, 따라서 복지제도는 그것을 실현하는 수단이었다. 그런데 국정 이념에서 성취한 패러다임적 전환은 실질적 효과를 거두지 못했다. 이념과 정책업적 간의 엄청난 격차는 결국 정치적 정당성을 훼손한다. 노무현 정권 후반기에 지지도가 급락한 것도 이런 사실과 무관하지 않다. 왜 이 감격스런 슬로건에 대한 사회적 반향이 작았는가?

답은 경기침체다. 그런대로 괜찮아 보이는 경제지표들은 사실상 대기업의 호조와 중소기업의 침체, 정규직의 소득증가와 비정규직의 소득불안정, 상층과 하층 간 점증하는 소득격차의 평균치이다. 장기간 지속되는 경기침체는 중상층의 심리적 관용의 수준을 낮췄고, 또 '분배와 평등'에 요구되는 부담 증가가 경기를 더욱 악화시킬 수 있다는 두려움도 이론적 근거를 확보한다.

청와대 정책입안자가 강조하듯, '분배와 성장이 같이 가야 한다는 것, 분배를 통한 성장이 얼마든지 가능하다는 세계 보편적 인식'은 경기가 좋은 때라면 어느 정도 설득력을 가졌을 것이다. 그러나 분배를 통해 성장이 가능하다는 것을 '적어도 통치기간

동안'에 입증하지 못했다면, 설상가상으로 거듭되는 정책부작용이 시민들의 기대를 꺾어버렸다면, 정책 사령탑의 그런 호소에 귀 기울일 사람은 별로 없다.

문재인 정권은 강남에 세금 폭탄을 투하했다. 집값을 잡는다는 목적에서 집값정책을 24번 바꿨다. 결과는 가격 급등이었다. 그러나 누구도 책임지지 않았다. 시민들은 미래를 내다보기보다 현재의 생계에 더 많은 관심을 갖기 마련이다. 좌파의 정책실패에 죽어나는 것은 상층이 아니라 서민층과 청년층이다. 문재인 정권 후반기에 저축과 은행대출을 몽땅 끌어모아 집을 사는 영끌족이 등장했는데, 윤석열 정권 들어 집값은 완만한 하향세를 보였다. 대출금 이자는 누가 책임지는가?

한편, 한국과 같이 복지확대에 대한 거부권이 광범위하게 분포된 국가에서 정책 혁신이 효과를 내려면 매우 강한 외적 충격이 필요하다. 외환위기 사태는 바로 그런 충격이었다. 갑작스럽게 급증한 실직자, 불어난 빈곤층, 소득급락에 대처하는 것은 정부의 몫이다. 마침, 외환위기 사태와 중첩해서 친노동 정권이 태어났고 서민을 위한 여러 가지 다양한 사회정책과 경제정책이 저항 없이 실행될 수 있었다. 야당 거부권의 일시적 약화에 따라 '기회의 창구'가 열렸던 것이다. 그 기회의 창구는 경제위기가 가라앉음과 동시에 서서히 닫히기 시작했고, 일시적으로 약화되었던 거부권도 원래의 상태로 복원되었다. 복지반대론이 비교적 강한 한국사회에서 경기침체는 분배정책에 대한 중산층과 상층의 관용 수준을 낮춘다. 중상층이 복지국가의 주요 납세자들이라고 보면, 경기침체가 지속되는 상황에서 이들이 분배 개선을 위한 정부의 증세 조치를 환영할 리가 없다.

한국의 복지제도 성장 과정에서 국가는 미래대응적이 아니라 항상 반응적 역할에 머물렀다. 다시 말해, 복지 수요가 충분히 무르익은 후에야 비로소 정책을 도입하는 국가의 뒤늦은 적응 양식이 그것이다. 최저임금제가 도입될 당시 최저임금제에 적용되어 임금 혜택을 받은 임금노동자의 숫자는 지극히 적었다. 그것은 사후 승인과 다름없었다.

이 '반응적 조치' 개념은 한국의 국가복지가 곧 '생산체제 변화의 함수'라는 사실을 환기시켜 준다. 생산체제의 구조변화가 낳는 사회적·경제적 문제를 국가복지의 영역으로 흡수하는 것이 국가의 주된 역할이었다. 그것은 기업의 구조조정과 맞물려 있다. 특히, 대기업 의존도가 높은 한국경제에서 구조조정은 항상 기업 단위로 이뤄지기 마련이다. 국가가 추진하는 거시적 구조조정은 산업정책의 형태로 실행되는 데에 비해 그 구체적 충격은 기업 단위로 발생한다.

그런데 각각의 대기업이 어떤 구조조정 정책을 차용하는가에 따라 국가가 풀어야 할 쟁점과 정책 대안도 달라지는 것이다. 만약에 기업 차원의 정치가 국가 차원의 정치로 원활히 전환되는 연결고리가 존재한다면 미래대응적 조치들을 기대해 볼 수도 있을 것이다. 그것은, 주지하다시피, 노동조합과 긴밀한 연대력을 가진 계급정당의 출현이다.

좌파 정권이 겪었던 분배정치의 저항과 거듭되는 실패는 반응적 조치로부터 미래대응적 조치로 복지정치의 기조를 무리하게 옮겼던 탓이다. 그것은 집권세력의 이념성향에서 나온 것인데, 복지정치의 현실적 제약에 무지했던 까닭에 이념만 늘어놓고 성과는 빈약한 결과를 낳았다. 노동비용의 급증을 수반하는 복지정책이 시급하다고 주장하는 정부의 미래대응적 정책기조에 사용자들과 납세자들은 선뜻 찬성할 수 없었던 것이다. 더욱이 비정규직 보호법안과 같이 양극화 해소에 기여할 의욕적 정책을 사용자들이 달갑게 생각할 이유는 없었다.

문재인 정권은 처음부터 '비정규직의 정규직화'를 추진했고 최저임금제를 강제화했다. 경제적 부담은 모두 기업 몫으로 돌렸다. 기업이 고용을 늘릴 명분은 사라졌다. 비정규직은 임시직을 떠돌았다. 비정규직 비율이 오히려 급등했다. 정책부작용을 도외시한 채 명분에 사로잡힌 좌파 정권의 분배와 평등, 정의와 공정은 '새로운 복지정치'를 구축하는 데에는 실패했다. 유권자의 기대를 배반한 것이다.

정치 양극화와

폐쇄정치

우파의 양식

기독교 신앙심, 빈곤 체험과 자수성가, 대기업 경영 – 이명박 대통령의 개인적 경력을 특징짓는 세 속성이 '인사 경계선'이 되고, 인재풀을 쓸데없이 좁혀 놓았다. 최초 내각에 등용된 사람들은 대체로 고소영(고려대, 소망교회, 영남)과 강부자(강남의 땅 부자) 카테고리에 포함되었다.

'부자 내각', '투기 내각'으로 혼쭐난 신생 정권은 숨 돌릴 겨를도 없이 또 한 차례의 폭풍, 정권의 내부와 사회적 기반을 송두리째 흔든 '퍼펙트 스톰' 속으로 걸어 들어갔다. 대통령이 건강 주권을 팔아치웠다고 생각하는 사람들은 촛불을 켜는 데에 박수를 보냈다. 2002년과 2004년의 촛불이 미국에 대한 국가의 주권, 민주주의의 보편적 규범이라는 거시적 이념정치의 문제였다면, 2008년의 촛불은 나의 주권, 나의 생명, 내 가족의 안녕이라는 미시적 생활정치의 문제였다.

박근혜 대통령은 재임 기간에 국민을 설득하지 않았다. 국민은 설득의 대상이 아니라 훈계의 대상이다. 의견을 내고 항의하는 주체가 아니라, 지시를 듣고 의무를 수행하는 신민臣民이다.

그의 인식공간에는 세대와 시대가 없다. 다만, 박정희 시대가 가장 강력한 표준이다. 군주가 대기업에 기금모금을 하달했다고 문제될 것은 없다. 신민을 위해 쓸 것인데, 한 푼도 착복하지 않았는데, 그게 왜 문제가 되는가? 그녀는 군주였다.

칼럼니스트, 지식인들이 엎드려 읍소했음에도 군주의 시간은 성곽처럼 건재했다. 탄핵의 씨앗은 '군주의 시간'에 잉태되고 있었다. 잠시 한산했던 광장에 시민들이 몰려나왔다.

CEO 대통령의 수성^{守城}정치

이명박의 배제양식

CEO의 등극

대통령이 되는 길은 멀고 험하다. 그래도 정치인이라면 누구나 꿈꾼다. 최고의 자리에 등극하는 것. 청와대의 주인공이 되어 정치판을 장악하고 국가를 통치하고 국민의 안녕을 지키는 대임을 맡는 일, 그만큼 신나고, 영광스럽고, 위험한 일은 없다. 잘하면 영웅이고, 잘못하면 역적이다. 잘하면 박수 속에 낙향하고, 잘못하면 감옥행이다. 한국에서 박수 받으며 낙향한 대통령은 없다. 그만큼 어렵다는 얘기다. 그래도 뛴다. 대통령을 향하여.

대선이 끝난 직후부터 다음 대선을 향해 뛰기 시작한다. 집권 중반기를 넘어서면 차기 대선의 윤곽이 드러난다. 이명박 후보도 그랬다. 2006년 5월, 지방자치선거가 한나라당의 압승으로 끝났을 때 이미 그는 박근혜 대표와 함께 유력한 후보로 떠올랐고, 한나라당에서 가장 강력한 지분을 확보하고 있었다.

2007년 대선은 박근혜와 이명박의 경선으로 결판났다고 보아도 무리가 아니다. 국민의 관심이 온통 한나라당 경선에 쏠려 있을 때에도 분열 직전의 열린우리당은 가장 손쉽고 상처가 작은 해체방식과 민주당과의 합당절차를 논의하고 있었다. 2007년 8월, 우리당은 이미 탈당한 의원들, 시민운동가, 진보단체를 규합하고 민주당과 재결합해 '통합민주당'으로 변신했다. 노무현의 이미지를 벗어던지고 김대중의 후광으로 돌아간 것이다. 노 대통령은 화가 끝까지 치밀어 이렇게 외쳤다.

"지금 좌절의 조짐이 나타나고 있습니다. 우리당이 분해되고 있는 것이지요. 차별화한다는 겁니다. 노무현 때문에 우리당 망했으니까 우리 나가겠다 이거지요. 보따리 싸 가지고.

'무슨 정책이냐?' 물으면 대답이 없습니다. '당신, 인기 낮지 않느냐?' 이거거든요. 당신들 인기는 나보다 더 낮지 않소? 회사가 부도가 나려고 할 때는요, 이사들이 나가서 자기 집이라도 잡히고 해야 그 회사가 사는 거 아닙니까? 죽을 때는 다 같이 죽더라도. 회사가 아직 부도도 나기도 전에 여유자금이 좀 바닥이 났다고 보따리 싸 가지고 우수수 나가 버렸습니다.

이거 정치윤리에 관한 문제입니다. 정치를 제대로 배우지 못한 사람들이 국회에 왕창 들어와 가지고요. … 제대로 훈련받지 못했지요."[1]

그런 와중에 민주당 소룡들이 출사표를 냈다. 정동영, 이해찬, 손학규, 김근태, 유시민, 천정배 … 소룡들의 싸움은 이명박-박근혜의 빅 매치에 비해 세간의 관심을 전혀 끌지 못했다. 이미 민심은 우리당의 껍질만 갈아 끼운 신생 통합민주당을 등졌고, 386 정치인들의 오기와 독기에 기가 질린 상태였으니까 말이다. 대세는 이미 2007년이 시작되었을 때부터 한나라당으로 기운 상태였으므로 이명박과 박근혜의 빅 매치가 본선이라고 여길 정도였다.

박근혜는 2004년 3월 탄핵정국으로 한나라당이 몰릴 때 구원투수로 등장해 당을 침몰 직전에서 구한 위기관리사였다. 그녀는 약 2년 동안 당을 관리하면서 동지들을 규합해 상당한 지분을 이미 확보하고 있었다. 박정희의 후광뿐만 아니라 인물 됨됨이도 결코 이명박 후보에 비해 빠지지 않는다고 유권자들은 생각했다. 대구·경북 지역은 단연 박근혜의 지지기반이었는데, 전국적으로 고른 지지도를 보였던 이명박으로서는 그녀의 단단한 지역 기반이 탐났을 것이다.

정치인에게는 별로 어울리지 않는 '단아함'은 대중적 인기를 얻는 박근혜의 매력이었다. 단아한 태도로 상대방의 의견을 정성껏 청취하는 표정이 그녀의 힘이었다. 어려운 설명을 쉽게 풀어내는 능력도 대단했다. 이른바 대중적 지도자의 자질을 갖춘 셈이다.

그런데 그녀의 후광이 문제였다. 박정희가 누구인가? 긍정적, 부정적 평가를 한 몸에 안은 해방 후 현대사의 최고의 인물이라면, 이 관계가 투표 행위에 미칠 영향은 부정적이라고 봐야 옳다. 386세대를 포함하여 1970년대에 청년 시절을 보낸 사람이라면 그의 독재정치와 폐해를 누구보다 잘 인식하고 있을 터이다. 그녀에게 '아버지 극복하기'란 결코 쉬운 일이 아닌 것으로 보였다.

이에 비해, 이명박 후보는 대기업 CEO답게 주로 청취보다 지시, 사색보다 실행이 앞서고, 행동반경이 넓고 동작이 민첩하다는 게 측근의 평가였고 불도저라는 그의 별명처럼 추진력은 그의 브랜드였다. 청계천 복원과 버스운행 방식 전면개선을 통해 대중적 인기와 신뢰를 얻은 것을 보면, 이명박에게는 추진력이, 박근혜에게는 모성애적 격려와 화합 이미지가 장점이었다. 여기에 비하면, 정동영·이해찬·손학규 3파전으로 좁혀진 통합민주당의 경선은 흥행이 되지 않았다. '미끈한 말발', '짜증스런 칼날', '똑똑한 배신'의 이미지로 이명박-박근혜 타이틀전을 누른다는 것을 누구도 믿지 않았다.

2007년 8월 치러진 한나라당 경선에서 이명박 후보는 8만 1,084표, 박근혜 후보는 7만 8,632표를 얻어 이명박 후보가 대선후보로 확정되었다. 근소한 차이로 고배를 마신 박근혜 후보가 당원들의 투표에서는 약간 앞선 것으로 밝혀져 박 후보의 당내 기반이 만만치 않음을 과시했다. 이런 점을 의식해서인지, 이명박 후보는 당선수락 연설에서 '힘을 합쳐 정권을 되찾아오는 중대한 일을 같이해 주실 것을' '존경하는 박근혜 후보'에게 호소했다. 박근혜 후보는 이명박 후보의 이런 요구에 화답하고 경선 패배를 늠름하게 인정해서 큰 박수를 받았다.

더 큰 박수를 받았던 이명박 후보는 그러나 감격할 준비가 되어 있는 당원들과 시청자들에게 매우 평범한 연설로 그 귀중한 수락연설을 허비했다. '감동의 말'을 기대했던 유권자들은 특색이 없었던 그의 말에 약간 실망을 느껴야 했다.

바로 이런 점, 감동의 언어로 국민의 마음을 사로잡을 수 있는 파워야말로 카리스마 정치인들의 특징인데, 그것이 모자랐고, 이명박 대통령 집권 1년 동안 자주 그런 결핍들이 드러났다. 이명박 후보가 썼던 '시대정신'이란 말을 채울 그의 '시대정신'은 무엇인가? 집권 5년 동안 그것은 아리송했다.

유신세대의 복귀

유신체제하에서 사회의식을 배양한 70년대 학번, 당시 50대 연령층인 이른바 '유신세대'의 권력이 태어났다. 필자는 이명박 정권의 본질을 이렇게 해석한다. 이명박을 만든 사람들의 평균연령이 53세이고, 50대 지지율이 가장 높고, 50대 전문가들이 대거 포진해서가 아니다. 한국사회에 널리 퍼진 피해의식의 원형이 50대의 인생 경험과 상동 구조를 이루고, 다시 뛰고 싶은 국민의 재기 열망이 50대의 미래전망에 응축돼 있었기 때문이다. 피해의식과 재기 열망, 이것은 2만 달러 시대로 진입하는 국민의 공통적 정서이자 당시 대선 민심을 집약하는 말이다.

이명박 캠프는 유신세대, 장년 세대, 고령자 세대가 주축을 이룬다. 박정희 정권을 칭송하거나 한자리했던 사람들도 많이 눈에 띈다. 그렇다고 박정희 정권을 모델로 삼지는 않을 것이지만, 적어도 박정희 정권과 친화감을 느끼는 세대원들이 다수 포진되었다는 점에서 보수 정권이라 해도 무리가 없다. 문제는 새로 등극한 정권이 '21세기 한국'을 진취적으로 가꿔나갈 것인가에 있었다. 유권자들은 그러기를 고대했다. 이념으로 막힌 출구를 뚫고 좌우를 아우르는 포용력을 보여주기를 원했다.

기독교 신앙심, 빈곤체험과 자수성가, 대기업 경영 – 이명박 대통령의 개인적 경력을 특징짓는 이 세 가지 속성이 한껏 발휘되어 나쁠 것은 없다. 그런데 그것이 '인사 경계선'이 되고 인재풀을 쓸데없이 좁혀 놓았다면 문제다. 약간씩 나아지긴 했으나 적어도 초기에는 그랬다. '고소영, 강부자 내각'이 괜히 나온 것이 아니다. 최초 내각에 등용된 사람들의 면면이 대체로 이 카테고리에 포함되었으니, 변명할 여지가 없었다.

등용된 인사들의 평균 재산은 약 27억 원에 달했고, 대체로 투기 혐의와 위장전입 같이 서민들이 가장 혐오해 마지않는 행적이 마구 쏟아져 나왔다. 왜 서민들의 표적이 되는 인사들을 등용했는지는 잘 납득이 가지 않는데, 이 대통령은 그 과정에서 '국민을 섬기겠다'는 자신의 겸손한 약속이 서민정서와 거리가 있었다는 점을 깨달았을 것이다. 아무튼 그랬다. 초기 내각은 서민 정서와는 동떨어진 것이어서 '국민을 섬기는 정부'를 무색케 했다. 서민과의 거리를 깨닫는 데 약간의 시간이 걸렸다.

'능력만 있으면 되지 뭐 어떠냐?'는 CEO적 발상이 여론을 들끓게 했다. 내각을 구성하고 바로 부분 경질을 단행한다는 게 자존심과 직결되기에 대통령은 예의 뚝심으로 대응했다. 청와대는 능력 위주의 발탁으로 맞섰지만, 결국 체면 구기고 자존심을 꺾는 일을 겪어야 했다. 문제 인사들을 물린 것이다. 고소영, 강부자 내각이 정권교체의 첫 선물이라면, 첫 선물치고는 별로 달갑지 않은 것이었다.

국민들은 안타까웠다. 747 보잉기가 시동은 걸었으나 제대로 이륙하지 못하는 그 풍경이 말이다. 747은 경제성장률 7%, 1인당 국민소득 4만 달러, 7대 선진국 진입을 말했다. 관제탑에서 이륙 대기를 발령한 원인은 '과거 불문, 측근 중용'을 고집하는 대통령의 인사스타일 때문이었다. '투옥 경력, 운동권 중용'을 끝내 지켜낸 노무현 정권의 코드인사와 다를 바 없었다.

보건복지가족부의 수장은 여러 가지 궁색한 변명을 늘어놓았고, 청년실업이 시한폭탄처럼 도사린 마당에 노동부 장관은 실업문제 전문가가 아니라고 실토했다. 여성·환경부 장관은 낙마했다. 복지·노동·여성·환경 문제를 총체적으로 조율할 사회정책수석은 가정학 전공자이자 표절 시비에 걸린 교수였다. 이명박 정부의 발목을 잡을 현안들은 경제가 아니라 오히려 사회 영역에 더 많이 잠복해 있다는 것을 눈치채기는 했는지. '투기 내각'은 염장을 질렀고, 세상 현실 모르는 '구름 내각'은 불안감을 조성했다. 국민들은 이것이 정권교체의 첫 선물이 될 줄 짐작이라도 했을까.

'과거 불문, 측근 중용' 스타일이 '투기 내각'과 '구름 내각'을 만들었으니, 서민들이 느꼈던 위화감은 하늘을 찔렀다. 체면을 구긴 이명박 대통령은 다시 뛰어야 했다. 솔선수범해서 서민들의 애환을 절절히 알고 있는 자수성가형 인간의 면모를 보여줘야 했다. 그런데 여기에 또 문제가 발생했다.

그해 겨울은 뒤숭숭했다

그해 겨울은 유난히 뒤숭숭했다. 눈도 잘 오지 않았다. 대선의 열기가 정상적으로 연소되지 않았던 탓일까, 한국사회는 유난히 몸을 뒤틀었다. 서민들은 정권교체의 열망을 여기저기 내뿜었는데,

그런 열망이 정치권을 통과하면 주가조작 의혹, 비자금, 부정, 비리, 친북, 무능력 공세로 굴절되었다. 고래 싸움에 괜히 등이 터진 삼성이 이름도 무시무시한 특검으로 넘겨지자 재벌들은 불똥이 튈까 납작 몸을 엎드렸다.

2007년 11월 대선, 여야 후보들이 사력을 다해 유권자들을 모았다. 야당은 대세를 굳힐 마지막 전략에 골몰했고, 여당은 판을 뒤집을 호재를 간절하게 원했다. 삼성이 거기에 걸려들었다. 여당은 '기업가의 부도덕성'을 부각시켜 이명박 후보의 경력과 연결시키려 애를 썼다. 정치인은 헐뜯는 데에 익숙한 직업이다. 선거에서 승리할 수만 있다면 흑색전, 비방전, 네거티브 캠페인을 누가 마다하랴. 언론계와 학계, 여론 전문가들과 서민들이 아무리 정책선거를 외쳐대 봐야 소용없는 일이다.

5년마다 찾아오는 대선의 계절이 되면 표심과 민심은 항상 뒤숭숭하기 마련이다. 일이 손에 잘 잡히지 않는다. 노장년층과 고령층은 지난 5년 동안 받았던 서러움, 불안함, 또는 친북 좌경에 대한 극도의 분노를 단번에 씻어내고자 노심초사하였으며, 386세대는 보수의 상승세가 세대적 업무를 말소할까 조바심을 냈고, 일자리가 현격하게 줄어든 청년세대는 묵직한 박탈감 속에서 정치적 무관심의 시간을 보냈다.

요동치는 민심, 들끓는 사회심리는 어떤 식으로든 스스로를 연소시킬 출구를 찾는다. 그래서 끔찍하고 돌발적인 사건들이 일어나고야 만다. 이명박 후보가 대통령으로 선출된 2007년 12월 과 취임한 2008년 2월 사이 상상을 초월하는 사건들이 많이 발생한 것은 한반도가 피워 올린 그 비정상적 열기, 화를 자초하는 원망, 민원, 불만, 분노가 적란운積亂雲처럼 상공을 덮었기 때문이다. 성스런 기운이 아니라, 화마火魔를 일으키고야 말 나쁜 기운들이 운집해 결국 끔찍한 사건으로 폭발한다.

그해 겨울엔 유난히도 화재가 많이 났고, 유괴범들이 설쳤으며, 총기사건과 교통사고가 여기저기서 일어났다. 독일 사회학자 울리히 벡U. Beck이 '위험사회'라고 명명한 전형적 장면들이 한국이 그 사례라는 듯이 돌발했던 것이다. 필자는 이게 반드시 나쁜 열기가 운집한 결과라고 해석하고 싶지는 않았다. 대선을 통해, 그런대로 많은 사람들의 민원이 해소되었으니까 말이다.

그러나 한번 돌이켜보라. 대선의 열기가 한국사회를, 몇 달 동안, 어떤 방식으로 몰아갔는지를 말이다. 정권교체의 비용이 적을수록 선진국가라고 할 수 있다. 정치적, 경제적, 심리적 비용을 이렇게 많이 들여야 겨우 안정을 찾는다면, 한국사회는 5년마다 어김없이 이런 값비싼 통과의례를 겪어야 한다.

그해 겨울은 흉흉했다. 정권교체로 사람들의 표정은 한층 밝아졌지만, 태안반도가 쏟아진 기름에 범벅이 되고, 남대문이 주저앉았다면, 더 무엇을 말할 필요가 있겠는가? 필자는 이것을 점성학자들의 해석처럼 어떤 흉조로, 불길한 징후로 해석하고 싶지는 않았다. 그렇다고 앞에서 얘기했듯, 괜히 우발적으로 일어난 일도 아니다. 수많은 사람들의 마음을 멍들게 만드는 '우발적 사건들'은 사회의 어떤 기운들과 연관이 있다고 믿고 싶다.

울리히 벡의 '위험사회'는 과학적 개념이다. 한국이 그해 겨울 겪었던 두 개의 엄청난 사건은 집단적 기氣와 관련된 현상이다. 기과학이 성립한다면 이 설명은 과학적이다. 아무튼, 몇 개의 사건을 간략히 기록하기는 해야겠다. 기과학적 관점에서, 이 상상을 초월하는 사건은 이명박 정권의 출범을 앞두고 나쁜 기를 사전에 해소했다고도 볼 수 있을 터이고, 또는 역으로 매사에 조심하고 신중하라는 경고의 사인이었을 수도 있다.

인천 먼바다에서 불법 정박하던 유조선 '허베이 스피리트호'가 예인선에 이끌려 출발한 것은 2007년 12월 6일 오후 2시. 바다는 갈퀴를 숨긴 채 조용했다. 항해는 순조로운 듯했다. 그때 바람이 어둠 속에서 서서히 파도의 잠을 깨웠다. 새벽 5시, 풍랑이 일었다. 예인선이 크레인의 둔중한 몸채를 감당하지 못하고 뒤뚱거렸다. 와이어가 끊겼다. 길 잃은 크레인은 충돌할 상대를 찾아 창 꽂힌 짐승처럼 헤맸다. 일곱 차례 충돌이 일어났다. 유조선에서 기름이 쏟아진 것은 새벽 7시, 표류의 끝은 재앙의 시작이었다. 뚫린 구멍으로 수천 톤의 기름이 쏟아졌다. 풍랑 속에 교신도 비상조치도 쓸모없었다.

그 시각, 강화도에서 총기를 탈취한 괴한은 평택 저지선을 뚫고 남하했다. 수백 명의 군경이 평택 부근의 골짜기를 샅샅이 훑었는데, 찾아낸 것은 무성한 덤불숲이었다. 해양부 관계자가 13시간이면 모두 수거할 거라고 장담했던 그 기름은 바다 위에 떠 있다가 한층 거세진 풍랑을 타고 태안반도로 몰려들었다. 군경 수색대 책임자는 코란도 괴한이 서울로 잠입했다고 굳게 믿었다.

10일, 갑작스러운 화재가 오페라 관람객을 공포로 몰아넣었다. 피해자는 없었지만 예술의전당은 1년 동안 문을 닫아야 할 만큼 치명적 재앙을 입었다. 19대 대통령 선거가 치러졌다. 며칠 뒤 안산, 불법 성인오락실에서 불이 나 5명이 죽었고 2명이 화상을 입었다. 사흘 뒤, 서울 강서구에서는 카드빚에 쪼들린 청년이 초등학생을 납치했다.

2008년 새해가 밝았다. 1월 7일, 이천에서 대형 화재가 발생했다. 시너와 LP 가스통이 널브러진 냉동창고에서 용접 인부가 튕긴 작은 불꽃이 화근이었다. 그 화재로 조선족 일가족을 포함해 일용직 40여 명이 죽었다. 이틀 뒤 울산, 절도범이 뚫은 송유관 구멍에서 거대한 불기둥이 솟았다. 인명피해는 없었다. 15일, 기상청이 예견하지 못한 폭설이 내렸다. 서해안고속도로에서 차들이 엉켜 연쇄 충돌했다. 7명이 목숨을 잃었다. 그곳에서 생을 마칠 줄, 망자들은 추호도 알지 못했을 것이다.

쏟아진 기름이 바람을 타고 태안반도 어촌들과 섬을 덮친 뒤였다. 어부들은 자신들 삶의 터가 쑥대밭이 되는 끔찍한 생각을 쫓

으려고 발버둥 쳤는데, 전국에서 몰려드는 자원봉사자들을 보고
서야 사태가 심상치 않음을 깨달았다. 그들의 생계는 이미 기름
으로 범벅된 파도가 덮쳤다. 정부 기관들은 달팽이처럼 느렸다.
의항리 양식업자가 제초제를 마셨다. 지역 주민 3만 명의 생계를
덮친 기름은 신안 쪽으로 진격했다.

'위험사회'의 한국판 월月명세서다. 국민소득 2만 달러, 경제성
장의 모범생인 한국에서 삶은 이렇게 방치돼 있었다. 백만 명이
넘는 자원봉사자가 줄을 이었던 것은 동정이나 휴머니즘 때문만
은 아니다. 자연재해와 사회적 재난에 노출된 벌거벗은 상황의
동질성을 인지했던 탓이었다. 위험사회에서 더욱 위험한 것은
신속히 대처하지 못하는 중앙정부와 지방정부다. 600억 원의 생
계지원금은 50여 일 동안 계좌에서 잠자고 있었다. 보상 분배의
기준을 찾느라고, 보상 이후에 발생할 적법한 기준논쟁에 미리
대비하느라고 피해 어민의 삶은 초토화되었다.

엎친 데 덮친 격으로 남대문이 불탔다. 시민들이 비통한 마음
으로 검게 변한 남대문 잔해에 헌화했다. 어느 예술문화단체는
진혼굿을 했고, 무속인은 축문을 읽었다. 대통령 당선자는 현대
건설 회장의 경험을 살려 국민성금으로 다시 짓자는 다소 튀는
발언을 했다. 겨울 끝자락의 매서운 바람이 여의도 광장을 몰아
치던 2월 25일, 당선자는 여의도에서 취임사를 읽었다.

촛불의 진화, 깃발의 진압

촛불은 스스로 제 몸을 밝힌다

'부자 내각', '투기 내각'으로 혼쭐이 난 신생 정권이 잠시 숨을 돌릴 겨를도 없이 또 한 차례의 폭풍 속으로 걸어 들어가고 있음을 알아차린 사람은 없었다. 그것은 정권의 내부와 사회적 기반을 송두리째 흔든 '퍼펙트 스톰'이었다. 촛불 정국!

한나라당은 2002년과 2004년, 두 차례의 촛불시위에서 한 번도 이득을 본 적이 없었으므로, '촛불'은 한나라당에게는 거의 악몽에 가까운 것이었다. 촛불은 '거리의 정치'를 상징하고, 거리의 정치는 진보 정치의 주요 자원이라는 것이 한국 민주화 과정의 특징이었다.

왜 '촛불'은 의제의 성격과 관계없이 항상 '진보의 자원'인가라는 질문은 한국 정치의 본질과 맞닿아 있다. 정치는 시민사회에서 끊임없이 제기되는 새롭고 뜻하지 않은 쟁점들을 해결하는 영역이다. 이런 쟁점을 다루는 데에 있어 한국의 보수는 기왕에 존재하는 제도적 기제를 활용하거나 다소 진취적인 수정작업을 통해 해소하려는 데에 반하여, 진보는 아예 제도의 폐지와 신설이라는 다소 급진적 방식을 선호한다. 촛불의 발화지점은 주로 기존 제도의 수용능력을 뛰어넘는 곳이 대부분이기에 촛불과 진보의 상관관계가 매우 높은 것은 자연스럽다.

2008년 5월 2일, 이명박 정권이 출범한 지 겨우 두 달 만에 발화된 촛불은 드높았던 지지도를 다 태워먹고 신생 내각의 혼을 쏙 빼놓은 다음, 시름시름 죽어가던 진보 세력의 기를 살리고, 이명박 정권의 기량이 기대했던 것보다 형편없다는 사실을 만천하에 드러내고는 여름휴가가 시작되기 전에 스스로 꺼졌다. 아니, 발화자들이 스스로 껐다고 하는 편이 옳을 것이다.

촛불을 켠 시민들은 행복했다. 촛불의 정당성을 부정하는 사람들도 다수 있었으나, 대통령이 건강 주권을 팔아치웠다고 생각하는 사람들은 촛불을 켜는 데에 박수를 보냈다. '국익'을 위한 전략적 행위였다는 대통령의 변명은 생명과 주권을 멸시했다는 시민들의 항의에 부딪혀 맥을 못 췄다. 쟁점이 바뀐 것이다.

2002년과 2004년의 촛불이 미국에 대한 국가의 주권, 민주주의의 보편적 규범이라는 거시적 이념정치의 문제였다면, 2008년의 촛불은 나의 주권, 나의 생명, 내 가족의 안녕이라는 미시적 생활정치의 문제였다. 쟁점의 이동이 이렇게 빠르게 이동할 수 있다는 사실을 신생 정권은 알아차리지 못했다.

쇠고기 문제가 그렇게 미묘한 것이었음을 미국 방문 이전에 미리 귀띔이라도 받았더라면 그렇게 쉽게 양도하지는 않았을 것이다. 이명박 대통령은 미 의회에서 가장 논란이 될 쇠고기 문제를 사전에 제거함으로써 한미 FTA의 일괄타결을 노렸고, 그것을 추진하는 부시 행정부에 힘을 실어주고자 했다. 그러나 대통령의 미국 방문을 주시하고 있던 한국 국민들에게는 협의도 사전 통고도 없었다. 노무현 정권이 자동차 시장을 내주면서도 왜 쇠고기 수입 문제를 끝까지 까다롭게 다뤘는지를 이명박 정권은 이해하지 못했다. 아무도 말해주지 않았던 것이다. 다만, 타격이 예상되는 한우 축산농가를 어떻게 달랠 것인가, 어떻게 지원할 것인가에 골몰하고 있었다.

그러나 분노한 사람은 생산자가 아니라 소비자였고, 성인들이 아니라 청소년들이었고, 남자가 아니라 부녀자들이었다. 촛불 소녀가 촛불 숙녀, 촛불 아줌마로 진화했고, 급기야는 촛불 가족, 촛불 가장, 촛불 백수, 촛불 예비군, 촛불 노동자로 번졌다. 촛불은 봄의 축제가 되었다. 2007년 대선에서 발화의 기회를 찾지 못해 가슴속에 맴돌던 말, 민원, 시대적 요구, 희망이 터져 나왔다. 미처 하지 못한 말과 행위를 시민들은 촛불에 실어 태웠다. 그러니, 행복한 축제일 수밖에.

촛불은 스스로를 태우며 제 몸을 밝혔다. 청와대는 어리둥절했다. 쇠고기 수입을 전면 허용하기는 했어도 광우병과는 상관없는 30개월 월령 이하로 한정했고, 광우병 위험 부위^{SRM} 중 특히 주의를 요하는 것들을 제외하는 단서조항을 달았음에도 '광우병 괴담'이 전 국민을 공포로 몰아가는 것을 집단적 병리 상태로밖에 달리 이해할 수 없었다. 청와대는 4월 18일 쇠고기협상 타결을 발표한 이후 한우농가에만 신경을 썼을 뿐, 인터넷을 통해 사이버공간에서 무럭무럭 형성되고 있는 불안과 공포심리를 전혀 눈치채지 못했던 것이다. 이명박 대통령은 귀국하자마자 한우 축산농가에 들러 쇠고기 문제 일괄타결의 정치적 사정을 홍보하고자 노력했다.

쇠고기 문제는 우선 여성들의 감성에 잡혔다. 이 대통령이 축산농가를 방문하던 비슷한 시각에 학생들의 도시락 급식문제가 불거졌고, 광우병 우려가 도시락으로 옮겨 붙었다. 그것은 작은 불씨에 불과했으나, 며칠 전 정부가 발표한 '4·15 학원자율화조치'(영어몰입교육, 0교시, 등급제, 우열반 편성)에 대한 불만과 결합하면서 '미친 소'가 '미친 교육'이 되었고, 미친 소를 먹으며 미친 교육을 받아야 하는 교육 현실에 대한 분노로 무럭무럭 피어올랐다. '미친 소, 미친 교육'이란 팻말을 든 촛불 소녀가 탄생한 배경이다.

바로 그즈음, 패션동호회 '소울드레서' 웹사이트에는 쇠고기 협상 관련 토론장이 신설되고 '여러분 우리 시위합시다'라는 글이 자주 올라왔다. 소울드레서는 명품과 패션에 민감하고 스타벅스 커피와 기호품을 즐기는 젊고 세련된 여인들의 동호회로서 한국의 낡고 누추한 정치문제에는 그다지 관심을 두지 않는 모임이었다.[2] "우리 시위합시다"? 이 생뚱맞은 제안이 왜 젊은 가정주부의 가슴을 때렸는가를 이해하는 것이 촛불시위의 관건이다. 패션, 화장, 기호품에 정신을 팔면서 이 시대를 살아가야 하는 것만으로도 '배운 여자'의 자존심이 상한 터에 가족의 건강을 책임진 가정주부로서 먹거리에도 선택권을 행사할 수 없다는 절망감을 확인하는 순간 남성 중심의 정치권력과 성장 위주의 마초주의를 용서할 수 없다는 작은 주권의식이 발동하기 시작했던 것이다.

4월 29일, MBC가 충격적 동영상을 방영했다. 광우병에 걸렸다는 '다우너 소'(주저앉는 소)가 포크레인에 밀려 잔인하게 치워지는 광경이 수차례 방영되고, 인간광우병에 걸렸다는 미국의 어떤 환자의 인터뷰가 소개되면서 저항을 촉발했다.

5월 2일, 청계광장에 1만 5천 명으로 추산되는 성난 민심이 모여 '쇠고기 수입반대 촛불문화제'를 열었다. 이미 인터넷포털 다음의 아고라Agora가 문을 열어 '미 쇠고기 졸속협상 무효화 특별법 제정 촉구' 청원에 17만 명이 서명했고, '이명박 대통령 탄핵 요구' 사이트에는 63만 명이 서명을 마친 상황이었다. 온라인 접속이 전국으로 확대되었으며, 사태는 걷잡을 수 없이 진전되었다. '미친 소, 미친 교육'이란 피켓을 든 소녀들 사이에 간간히 직장 여성과 아줌마들이 보였다. 그것은 65일간 대장정의 시작이었다.

보수는 '거리의 정치'가 두렵다

거리집회와 시위는 민주화 이후 요구표출과 주장voice의 주요 수단이었다. 일반 시민들이나 이익단체, 시민단체의 요구와 불만이 제도정치를 통해 해소되면 거리시위는 일어나지 않는다. 그러므로 제도정치와 거리정치는 서로 대척점에 놓여 있으면서도 상호보완적이다. 거리정치가 제도정치로 수렴되고 제도정치의 불만이 거리시위로 표출된다. 거리시위는 1987년 민주화 이후 김영삼 정권까지 급증해서 상승세를 타다가 김대중 정권에서 급락하고, 다시 노무현 정권에서 의사 표현의 주요 수단으로 선호되었다. 말하자면, 노무현 정권은 거리시위를 활용해서 개혁정책을 성사시키기도 하고 다른 한편으로는 거리집회의 표적이 되기도 하였다.

그 결과는 매우 시끄러웠다. 특히 '가두시위'는 노무현 정권에서 가장 선호하는 데모방식이어서 전체 시위 중 75.2%를 점할 정도였다.[3] 거리시위의 주역은 진보단체였으며, 진보단체의 시위에 맞불을 놓기 위해 보수단체들이 조직한 시위도 다수 있었다. 노무현 정권 기간 동안 진보와 보수는 주로 거리에서 대치했고 국회의 역할은 그만큼 축소되었다고 할 수 있다.

흔히 '거리의 정치'는 시민단체나 쟁점 관련 이익단체들이 조직하고 기획하는 것이 보통이다. 시민사회운동의 요체를 '쟁점의 정치'라고 한다면, 의제설정, 관심유발, 인지동원을 거쳐 사회운동의 저변이 확대된다. 이때 조직운동가의 역할은 중요하다. 그들은 여러 가지 홍보수단을 통하여 의제의 중요성을 홍보하고 액션 플랜을 마련한다. 운동의 청사진을 바탕으로 시민운동을 '계획된 경로'로 발전시켜 나가는 것이다. 이것이 운동본부이자 배후이다. 아시아 최강의 한국 시민운동은 운동을 조직하고 의제를 확대하고 인지를 동원하는 데에 남다른 역량을 길렀다.

그러나 적어도 대규모 촛불문화제가 개최되었던 5월 23일까지 이른바 배후는 없었다. 5월 6일, 참여연대·민변·국민건강을 위한 수의사연대 등 12개 단체가 '광우병 위험 쇠고기 수입 반대 국민대책회의'를 조직하고 활동에 들어가기는 했으나 '의제설정' 단계에 머물러 있었을 뿐 연일 열렸던 촛불시위를 조직하지는 못했다. 조직은커녕 자연발생적으로 형성된 시위대의 앞선 문제의식을 따라가기도 바쁠 정도였다.

시위대는 주로 익명의 네티즌들이었다. 촛불 소녀가 앞장섰고, 촛불 숙녀, 촛불 아줌마, 촛불 주부가 대종을 이뤘으며, 대학생들의 참여가 시작되었고, 예비군, 백수, 직장인, 각종 인터넷 동호회가 줄을 이었다. 그것은 기획 없는 즉흥적 모임이었다. 사이버공간에서 사이버공간으로, 인터넷에서 인터넷으로 연결된 진화 과정이 낳은 결과였고, 그 과정에서 네티즌들의 의견, 냉소, 해학, 슬로건, 괴담이 서로 교배하고, 섞이고, 증폭되고, 변형되어 상상을 초월하는 해학적 표현과 유희적 행동을 낳았던 것이다. 권력에의 조롱, 폭력에 대한 비폭력적 냉소, 평화시위와 놀이를 통한 남성 정치의 허점 드러내기, 낡은 시대의 거창한 슬로건을 간단히 뒤집기 등이 구사되었다.

조직 운동이 계획된 경로를 통해 발전한다면, 네티즌들이 주역인 이 즉흥적 촛불집회는 토론, 노래, 춤, 음악, 즉석 제안 등을 통해 유희와 축제 무드로 진화한다. 그 속에서 왜 그곳에 나왔는지를 끊임없이 되묻고 집회의 정체성을 확인한다. 그들의 공통 의제는 건강 주권과 검역 주권이었으며, 그것을 실행하는 방법으로 '쇠고기 재협상'이 제안되었다.

그러나 이명박 정권으로서는 재협상이란 체면 손상이었고, 미국의 협상 관행으로 보아 불가능한 요구로 보였다. 아니, 재협상 자체가 문제가 아니라, 그런 요구로 결집된 촛불시위대가 비이성적, 비합리적으로 보였다. 당시 떠돌던 광우병 괴담, 인터넷 괴담에 감염되어 제정신이 아니었다고 판단했던 것이다.

한번 발동이 걸린 괴담은 전국의 인터넷을 점령했다. 1,500여 시민단체가 대책회의에 가담했다. 괴담도 괴담이지만, 광우병 우려를 외면하고, 시장 전면 개방을 약속한 정부의 무지를 공격하기 시작했던 것이다. 분노한 민심, 성난 민심은 충분히 그 근거가 있었다. 그러나 보수 정권은 이 '거리의 정치'에 미숙해서 대응하는 방법을 잘 몰랐다.

5월 8일, 한승수 총리를 비롯해, 외교통상부 장관, 농수산부 장관, 김종훈 본부장 등 관련자들이 국민 앞에 고개 숙여 사과했다. 제발 정부의 곤혹스런 입장을 살펴봐 달라는 애원이었다. 그래도 재협상은 '불가'였다. 괴담에 속지 말고 합리적으로 생각하라는 뜻이었다. 정부는 여전히 미숙했다. 그 애원의 말이 식기도 전에, 이번에는 동물성 사료 문제가 불거졌다. 30개월 월령 이하의 소에게도 광우병 의심 소로 만든 사료가 허용되고 있다는 것이 밝혀졌기 때문이다. 정부는 다시 벼랑에 몰렸다. 광우병 담론은 점점 본질적 문제로부터 멀어져 각종 괴담을 낳았으며, 이들은 사이버공간에서 서로 교배해서 변종을 낳고, 이 변종들은 다시 촛불집회의 규모를 키웠다. 이런 악순환은 문제의 원천, 분노의 진앙지를 확인하고 그것을 해결해야 끝난다.

필자는 촛불집회가 전국으로 번져 모든 국민의 시간과 관심을 태워버리는 것이 아쉬웠다. 정권 초기, 할 일도 많고 개혁과제가 산처럼 쌓여 있으며, 경제위기의 징후가 점점 어두운 그림자를 드리우고 있는데, 전 국민이 그것에 매달리는 것이 안타까웠다.

정부의 강공은 누그러지지 않았다. 경찰청은 '광우병 괴담 유포자 및 촛불집회 주모자' 사법처리 방침을 밝혔다. 21세기적 집회에 대한 20세기적 발상이었다. 그러자 1천여 명이 자수했다. 자수의 변도 제각각이었다. "경찰청에 손잡고 자수하러 가자", "자수합니다, 수입저지 배후 지지자이며 대통령 탄핵에 서명했습니다", "배후는 나다" 등의 댓글이 인터넷을 도배했다. '안티이명박' 사이트에는 탄핵 서명자가 백만 명을 넘어섰다.

거리의 정치는 절정으로 치달았다. 5월 22일, 이명박 대통령은 결심한 듯 사과했다. 두 번째였다. "앞으로 정부는 더 낮은 자세로 더 가까이 국민에게 다가가겠다. … 정부로서는 이른바 '광우병 괴담'이 확산되는 데 대해 솔직히 당혹스러웠고, 무엇보다 제가 심혈을 기울여 복원한 바로 그 청계광장에 어린 학생들까지 나와 촛불집회에 참여하는 것을 보고는 가슴이 아팠다"고 말했다. 그리곤 FTA 비준안에 대해 "여야를 떠나 민생과 국익을 위해 용단을 내려주실 것을" 국회에 부탁한다는 당부의 말로 끝을 맺었다. 재협상 불가의 재확인이었다. 대통령의 담화는 촛불집회의 중단에 아무런 효과를 미치지 못했다. 오히려 소통을 강조하는 대통령의 '막힌 소통'이 문제시되었다. 서민들이 날린 비난의 화살은 성벽에 맞고 힘없이 떨어졌다. 수성守城 정치였다. "가자! 청와대로"라는 과격한 구호가 등장한 것이 그때였다.

명박산성은 견고했다. 명박산성은 이순신 장군 동상 앞에서 광화문 거리를 차단하고 있었는데, 마치 소통단절을 의미하는 듯했다. 어청수 경찰청장은 청와대로 행군하는 시위대로부터 대통령을 보호한다는 명분으로 컨테이너 박스를 용접하고 그 안에 큼지막한 바윗돌을 넣어 믿음직한 방어벽을 만들었다는 것이다. 두 번에 걸친 사과의 말과 담화문에서 대통령은 국민을 섬기겠다고 했고 국민의 뜻을 수용하겠다고도 했었다. 그 말이 명박산성의 쇠벽에 부딪혀 떨어지는 듯했다.

경제대통령 쓰라린 맛을 보다

사정이야 어찌 되었든, 배후가 있든 말든, 재협상을 요구하는 시위대의 요구에는 응답이 필요했다. 경직된 '불가론'이 아니라, 노력해 보겠다는 의지의 확인이라도 있어야 했다. 국민과의 소통에 관한 한, 또는 소통한다는 제스처에 관한 한, 이명박 정부의 역량은 노무현 정부보다 못했다. 보수 정권의 수뇌부는 명박산성 뒤에서 꼼짝도 하지 않았다. 미국에 파견된 김종훈 본부장만 좌충우돌 움직이고 있었을 뿐이다.

6월 9일, 100만 촛불 대행진이 장관을 이뤘다. 생활세계의 생생한 소망이 그대로 뿜어져 나오는 광장의 함성은 '항상' 푸르다. 그러나 그것이 체계의 벽에 부딪혀 떨어진 잔해는 비참하고, 체계의 운영자들은 설령 시민의 손에 의해 뽑힌 사람들이라 할지라도 그 함성을 고운 시선으로 보지 않는다. 뭔가 전복의 불온한 혐의를 씌우고, 정권 흔들기의 일환으로 보려는 경향이 있다. 실제로 그런 징후가 없는 것은 아니었다. 그렇기에 수용受容보다는 수성守城을 먼저 생각한다. 민주주의 역사가 짧은 한국은 더욱 그렇다.

65일간의 촛불집회에서 나타난 대립전선은 열 가지도 넘는다.[4] 대상은 하나였지만 의미구조가 다중적이어서 발화자마다 각양각색의 문구를 쓴 피켓이 등장했다. 그야말로 언어의 성찬이었다. 생활세계가 뿜어낸 다듬어지지 않은 말들이었다. 발화자의 감성과 감정이 실린 사적 공간의 언어였다. 그것이 체계의 공적 언어와 부딪혀 그것을 조롱하고 희롱하고 냉소하고 뒤집으며 뛰어놀던 공간이 촛불집회였다.

말하자면, 사적 공간과 공적 공간이 만나는 완충지대에서 수십만 개의 촛불이 켜졌던 것이다. 그러므로 그곳은 유희와 축제의 공간이었다. 문화적 상상력이 뿜어져 나올 수 있는 공간이기도 했고, 공적 권력을 마음껏 희롱할 수 있는 치외법권 지대였다.

여기에 발화자의 언어를 실어 나르는 전달매체들이 개입했다. 전달매체들은 흔히 공적 공간, 즉 체계에 속하는 기제들이다. 그러나 1인 미디어같이 사적 공간 또는 사이버공간에 속하는 특이한 매체들도 등장했고, 보수언론과 진보언론이 제각각 다른 위치에서 그 언어들을 실어 날랐으며, 방송들도 마찬가지였다. 언제나 그랬듯이, 언론방송은 중립지대에 있지 않았다. 거버넌스의 성격에 따라 사적 공간과 공적 공간에 널리 착지하여 제 나름의 앵글로 촛불시위를 보도했으며, 때로는 양자가 접선하는 중간지대에서 사태를 바라보기도 했다.

'자각'의 불은 청소년들로부터 주부와 직장 여성들로 옮아 붙었다. 평소에는 정치에 아무런 관심을 보이지 않던 젊은 여성과 주부들이 먹거리 문제가 자녀들의 문제임을 알아차리게 되고, 그것이 곧 가족의 건강 문제이고, 건강 관리는 자신들의 몫이라는 것을 느끼게 되면서 촛불집회를 불순 배후세력, 철부지 아이들의 장난쯤으로 폄하하는 권력적 행위자들에게 슬슬 화가 나게 된 것이고, 그런 상황에서 아무런 행동을 취하지 않는 자신에 대해서도 분노가 치밀어 오르기 시작한 것이다. '너 배운 녀자?'라는 슬로건에서 '여자'도 아니고 '녀자'로 발음할 때의 비틀림이 마음속의 자각을 일깨우면 촛불 소녀가 촛불 주부로, 촛불 아줌마로, 촛불 가족으로 진화하는 것이다. 자각의 대상은 '건강 주권'이었고, 그것의 주체가 바로 자신이었다.

주체의식의 회복! 일상 공간에서 건강 주권이야말로 가장 고귀한 자신의 주체성이었던 것이다. 체계의 행위자들은 주권에 대해 '국익과 정책'으로 맞섰지만 이미 '국익과 정책'은 자신의 주권을 짓밟은 폭력으로 느껴진 이후였다.

중요한 현상은 생활세계에서 뿜어져 나온 이런 말들이 권력을 희롱하면 할수록 체계-생활세계를 구분하는 분절선, 다시 말해, 체계가 생활세계를 장악하는 권력의 장벽이 허물어진다는 사실이다. 촛불집회에서 펼쳐진 유희, 축제의 공간은 바로 체계와 생활세계의 접선을 허물어버린 오프라인 영역이었다. 이미 그 경계 허물기는 촛불집회 네티즌들의 담론공간이었던 '아고라'가 충분히 그 역할을 해내고 있었으므로 새삼스러운 것은 아니었다. 권력적 결정의 마초주의, 국가운영자들의 경직적 사고, 자신들의 고민과는 동떨어진 정치적 발언, 정치적 이익에 봉사하는 한에서만 문을 여는 '소통'의 의미 등에 대한 조롱과 희화화가 아고라 들판에는 가득 넘쳐흘렀다. 그곳은 네티즌들이 자신들의 불평, 농담, 조롱, 욕설을 원 없이 받아주는 놀이터였다.

아고라에는 유희와 축제, 촌철살인과 코믹 터치들이 넘쳐났고, 네티즌들이 올린 현장 사진과 동영상이 난무했다. 미디어의 총아는 공식매체들보다 항상 빨랐으며 순발력이 있었고 생동력이 있었다. 그들은 그곳에서 활력과 영감을 얻었으며, 자신들의 상상력으로 새로운 촛불집회를 벌일 수 있었다. 아고라의 언어는 그렇게 권력의 장벽을 허물었다. 마치 권력의 단단한 장벽을 감옥의 해부로, 일상생활에 작동하는 감시기제의 본질을 드러냄으로서 무너뜨린 푸코M. Foucault처럼 말이다.

그것은 권력적 개념과 맞붙은 언어의 백병전이었고, 유쾌한 탈주였다. 네티즌, 촛불 가족, 남녀노소가 아무런 기획 없이 참여한 촛불집회가 축제가 되었던 까닭이다. 시민운동단체들은 축제의 대열에서 어떤 기획의 틈새를 엿보고 있었다. 경제대통령은 정권 초기에 좌절의 쓰라림을 맛봐야 했다. 그러는 사이 진보 세력이 힘을 키워나갔다.

CEO 대통령의 정치양식

2011년 2월 정권 3년 차, 국민들은 '정치다운 정치'를 보고 싶어 했다. 세계의 흐름에서 한국의 위치를 설정하고 집단의지를 모아 달려가는 모습을, 여야가 당략을 초월해 단안을 내리는 모습을 보고 싶어 했다. 독일의 역사학자 베버가 그랬다. '정치는 권력이라는 악마적 수단으로 천사적 대의를 실현하는 것'이라고. 그런데 실상은 다툼들의 연속이었다.

이번 정권만이 아니었다. 예산 국회에서 몸싸움을 치르고, 신공항, 정치자금법, 뇌물 스캔들, 청목회 사건, 이슬람채권법으로 수군거리다가, 총선·지방선거·재보궐 선거에서 국민의 충복으로 변신하는 것이 한국 정치의 일상적 풍경이다. 거리에서 마주치는 행인들을 무작위로 국회의원을 시켜도 결과가 크게 다를 것 같지 않다는 절망감을 하소연할 곳도 없다.

2010년 지방선거 때 몰표로 행복해했던 우파 정권의 실력이 별로라는 사실을 깨닫는 것 또한 슬펐다. 경제위기를 극복했고 국제위상을 높였다고 항변하겠지만, 그것은 대통령의 개인적 실력일 뿐 우파 정권의 집합적 역량과는 별로 상관없었다. 정치보다 일에 주력한 이명박 정권의 특성과 거부권에 의존하는 야당의 저급 행보가 겹쳐 '초라한 정치'가 판을 쳤다. 이명박 정권은 금융위기를 가까스로 돌파하고 가쁜 숨을 몰아쉬었다.

그동안 내놓은 조각난 정책들은 빈곤 세습을 끊는 데에 얼마나 성과를 냈는가? 교육·복지·취업의 패러다임을 얼마나 획기적으로 바꾸었는가, '공정사회'를 위한 특단의 조치들은 국민의 마음을 설레게 하는가? 질문은 명확하고, 답은 희미하다. 좌파 정권이 계급, 집단의 '연대'를 강조한다면, 우파 정권의 중심축은 공동체의 우애와 신뢰다. 촛불시위에 혼쭐나 계급연대를 변방으로 밀쳐낸 이명박 정권은 시민들의 공유의식, 동료의식을 길러내기에 얼마나 힘을 썼는가?

이후 불현듯 발생한 금융위기의 충격파로 시민운동이 급격히 쇠해진 상황에서 공공선을 위해 어떻게 양보해야 하는가를 고심하는 선의의 개인들은 발견되지 않았다. 부자들에겐 공동체의 빈곤한 현실을 나 몰라라 하는 빗장질을 더 부채질한 듯도 했다. 불평등은 극단적 세력이 깃들기 좋아하는 둥지다. 지난 정권에 비해 양극화와 불평등이 그다지 개선되지 않았다는데도 정치인들은 여전히 고전경제학의 선발대는 아닌지 항의하고 싶은 마음 굴뚝같았다.

집권 3년 동안 많은 일이 터졌고, 정부는 그것을 막느라고 피로감이 역력했다. 방향을 잡는 것, 그것이 중요했다. 한국사회 전역에 '공정성'을 확대하고 증진하는 것, 이것이었다. 마이클 샌델 교수가 말한 '사회적 정의'를 한 단계 업그레이드하는 것이 이명박 정권의 역사적 사명이었다. '공정사회론'이 등장했을 그 당시만 해도 희망이 있어 보였다. 2년이라는 충분한 시간이 있었고 무엇보다 정권실세들의 의지가 엿보였기 때문이었다. 그러나 지금 생각해 보면 틀린 듯하다. 시간도 없거니와 정권실세들이 이미 풍비박산風飛雹散이 나 뿔뿔이 흩어졌기 때문이다. 냉혹한 말이지만 이명박 정권은 '프로젝트 정부'였다.

프로젝트 정부

정치 없는 정부, 사업에 몰두하는 정부가 '프로젝트 정부'다. 이명박 정부는 그런 의미에서 정확히 '프로젝트 정부'에 해당한다. '4대강 사업'이 이명박 정부의 첫 사업이었고, G20 정상회의, 핵 억제 세계정상회의 개최, 세계동계올림픽과 여수박람회 유치, 보금자리 주택 등이 그러하다. 이명박 정부는 마치 청계천 복원 공사를 하듯 이 거창한 프로젝트를 수주했고 그런대로 실행했다. 이명박 대통령의 사교적 기질과 외교적 수완으로 한국의 세계적 위상은 높아졌다. 외교도 프로젝트같이 하면 안 될 것이 없음을 입증했다. 그런데 국내 사업은 조금 달랐다. 말이 많은 것이다. 정치가 필요했다. 그러나 밀고 나갔다.

4대강 사업의 비전은 거창했고 그럴 듯했다. 그런데 초기부터 난항에 부딪혔다. 시민단체의 거센 저항과 반대시위가 일어났다. 그냥 치수治水 정도라면 몰라도 한반도를 가로지르는 대운하라면 곤란하다는 논리였고, 그게 사회적 반향을 불러일으켰다. 이명박 대통령은 특히 물과 인연이 많은지 모른다. 청계천도 그러하거니와, '한반도 대운하'라는 이 기상천외의 역사役事로 선진화의 물꼬를 트고자 했으니 말이다.

운하는 뱃길이자 수로水路다. 물자와 인심을 나르는 주된 연결망이었던 수로는 요즘의 인터넷이고, 포구와 나루터는 포털사이트다. 온갖 상품과 사람이 물길을 따라 흘렀고, 정보와 소문이 포구에 모였다 흩어졌다. 포구가 생기면 장이 서고 마을이 만들어졌다. 19세기 말까지 지금의 잠실 부근에 있던 송파나루는 경강상인으로 불렸던 거상들의 근거지였고, 이들이 운행하는 수십 척의 배가 한강을 메웠다. 경기도만 해도 임진강, 남한강, 북한강 수계에 모두 70여 개의 포구가 성업했다.

그러니 사망을 선고한 수운水運의 역사를 현대화하자는 것, 운하의 경제학으로 선진국의 문을 열자는 데에 수긍이 가지 않는 것도 아니다. 그러나 오두막도 손수 지은 적이 없는 일반인들에게 그 험준한 산맥을 가로질러 물길을 낸다는 계획은 공상과학 영화처럼 느껴졌다. 한강 하구 정도라면 몰라도. 그래서 이해와 오해가 엇갈렸다. 여론은 뒤죽박죽이었다.

이 장면은 기시감이 있었다. 불과 수년 전 수도 이전을 둘러싼 공방전에서였다. 수도 이전이 좋아 노무현을 찍은 것이 아니었듯, 대운하를 찬성해서 이명박을 찍은 것은 아니었다. 대운하의 필연성을 입증해야 하고, 과학적, 실증적, 진취적 논리로 반대론자들을 설득할 수 있어야 했다. 21세기 지식정보강국을 만드는 우리의 꿈에 뱃길의 현대적 변형체인 '대운하!'가 '필수적인 국가프로젝트'인지 국민들은 헷갈렸다.

정치란 최대공약수에 대한 긴장이고, 이단과 이견을 버무려 화합의 묘수를 두는 지혜다. 물막이보가 대운하를 상기시키고, 포클레인이 물총새 무리를 내쫓는 우렁찬 괴물로 비춰지고, 준설공사에서 인공적 재앙을 읽어내는 반대논리가 설사 비과학적, 선동적이라 하더라도 그것이 세勢를 얻고 공론을 잠식하고 있다면 주창자로부터 조정자로 변신하는 것이 순리였다.

경제영역처럼 성공의 출구전략이 필요하듯, 실패의 출구전략은 그런 때 더 절실했다. '4대강'은 정권탈환을 꿈꾸는 반대세력이 상호연대감을 북돋는 연회장으로 자리 잡았고, 그런 만큼 광화문에 느닷없이 나타난 명박산성처럼 소통 차단의 물막이로 변했다. '4대강' 출구전략, 그것은 이명박 정권이 끙끙 앓는 소통결핍증을 치유하는 필수적 전제조건이었다.

진보가 내실 없이 소리만 요란했다고 느꼈던 그때와 마찬가지로, 보수 역시 허우대만 멀쩡했지 실력은 형편없다는 지루함이 몰려오고 있었다. 사회 명사들의 정치가 운동전문가의 정치와 다를 것이라는 세간의 기대는 경제와 외교에서만 약간 입증되었을 뿐 이념과잉과 철학빈곤이라는 한국 정치의 만성질환을 비껴가지는 못했다. 모두 업적내기에 급급해서 정책사업에 목을 맨 탓이다.

실종된 정치

2012년 대한민국 정치는 또 실종되었다. 5년마다 반복적으로 발생하는 대한민국 고유의 풍토병이었다. 19대 국회(2012~2016)는 겨우 지각개원을 하고도 마치 초등학교 신입생처럼 반편성하고 규칙 익히고, 상정안을 두고 격돌하느라 삼복더위를 훌쩍 지냈다. 낯가림하는 초선의원들은 구석에 몰려 있고, 중진의원들은 유력한 대선주자에 줄 대느라 정신없었다.

이른바 대선정국. 의원들에게는 정치생명이 오락가락하는 중차대한 기회다. 잘만 잡으면 차기 정권에서 장관은 물론 중요한 요직에 올라 화려한 정치 인생을 펼칠 수 있다. 그러니 민생이 문제랴, 대한민국이 어디로 표류하든 그것이 문제랴. 알쏭달쏭할 때는 용한 점쟁이에게라도 가서 내년 운세를 짚고 천운을 점지하는 부적 하나라도 하사받아야 한다.

집권 초기, 한밤중에 달려 나가 의기양양하게 전봇대를 뽑던 청와대는 이미 날개를 접은 지 오래였다. 국내정치를 주무르던

어르신들이 수인囚人 신세가 되거나 구속 예감에 떨고 있는 판에 어느 철없는 국무위원이 잊힌 공약들을 실행하자고 호기 있게 외치랴. 창의倡義 깃발을 높이 들어도 언론방송의 카메라는 이미 다른 곳에 꽂혀 있었다.

관료들의 생존본능이 빛날 때가 바로 이즈음이다. 될 일은 늦추고, 안 될 일은 아예 손 안 대는 그 빛나는 관료적 지혜는 이듬해 상반기 새 정권이 바짝 조일 때를 대비하고 있었다. 강 약 중강 약, 이 4박자 리듬에서 약弱의 시간, 복지부동이라는 참호에서 달콤한 휴식을 취할 시간이었다.

열린우리당이 소멸하던 2007년 8월 5일, 대통령은 청와대에 있었다. 불과 4년 전, 백여 명의 추종자들이 백년정당을 맹세하던 그 자리, '산 자여 따르라'고 목놓아 불렀던 그 자리엔 아무도 없었다. 정통 진보를 자처하며 대권을 향해 돌진하던 수하의 장수가 새 명패를 내걸자 너도나도 투항한 뒤였다. 홀로 남은 대통령이 일갈했다. '정치를 제대로 못 배운 불량 자제들이 바깥 친구들과 내통한 탓이다'라고.

대통합민주신당은 노무현 대통령을 제명했다. 집권여당을 청와대의 엄호부대로 격하시켰던 노무현식 말정치에 대한 보복이었다. '환희의 맹세'를 '증오의 결별'로 변질시키고야 마는 한국 정치의 순환구조 속엔 화려한 승자를 비운의 지도자로 만드는 독배毒杯가 들어 있다.

한나라당이 새누리당으로 명패를 바꿔 달았던 2012년 2월 3일, 대통령은 청와대에 있었다. 그런데 정말 대통령이 그곳에 있는지에 관심을 두는 사람은 드물었다. 새누리가 유치원 이름인지 교회 이름인지 설전이 오고 갔을 뿐, 대통령은 자연 제명된 건지 도무지 관심이 없었다. 집권 초기 한밤중에 달려가 전봇대를 뽑거나 경찰서를 불시 방문하던 그 의욕적 지도자에 대한 스포트라이트는 꺼졌다. 재벌 2, 3세의 외식사업을 책망하고 대기업 근로시간 단축의 필요성을 역설해도 실세들의 비리 파문에 묻혀 힘이 실리지 않았다. 이 생사가 교차되는 순간에 학교폭력 방지대책을 세우라는 영命이 모기 소리처럼 들려나왔을 뿐이다.

유권자가 기대했던 정치 도덕과 경제 능력이 4년 만에 바닥을 드러내자 집권여당은 다시 '증오의 결별'에 직면했다. 이번에도 유력한 대권 주자가 나섰다. 사상 최대의 압승을 기록한 화려한 승자 이명박을 비운의 무덤으로 보내는 작업이 진행되었는데, 정작 그때 대통령은 청와대에 있었다. 할 일이 없었다. 그냥 있었다.

매 5년마다 반복되는 '정치 실종' 상황은 사실상 집권세력이 자초한 것이다. 누구를 탓할 수도 없다. 그런데 이렇게 지독한 정치 실종은 민주화 이후 초유의 현상처럼 보인다. 우리당 해체 비대위가 활동할 때만 해도 노무현 대통령은 가만있질 않았다. 한미 FTA를 선언했고, 종부세에 대못질을 했고, 남북정상회담을 추진했다. 2020년대 한국의 청사진도 그려 놨다. 신정아·변양균

사건에 묻히기는 했지만 말이다.

그런데 이명박 정권의 청와대는 아예 입을 다물었다. 내곡동 사저 문제, 측근 비리, 선관위 홈페이지 공격에 아연실색한 시민들은 보수 세력에 대한 마지막 기대를 접었다. 심기일전할 최소한의 입지가 없는 것은 아니지만 상황이 너무나 급박하고 궁색해졌다. 거기에, 야풍野風 쓰나미가 몰려오는 총선 정국에 어찌 움직여볼 엄두가 나지 않았다. 청와대 인사들과 정부 관료 모두 난파선에서 뛰어내릴 궁리만 하고 있는가, 국민들의 힘을 북돋울 어떤 정치적 발언도 못하고 있으니 말이다.

흉흉한 민심을 외면한 오만, 서민생계를 내팽개친 무지, 정책 능력 부족, 독단적 행보가 한나라당의 대중적 이미지였다. 대통령과 집권여당이 여러 번 사과했으나 그 뒤 변한 게 없다는 것을 시민들은 알고 있었다. 이명박 정권은 사업 정부, 수주 정부였다. 4대강 사업, 원자력발전소, 자원외교, 보금자리 주택, G20 정상회의, 동계올림픽 등 수주와 발주에 온 힘을 뺀 대신, 사회발전에 꼭 필요한 단계별 조치들, 한국사회의 고질적 현안들을 조금도 해소하지 못했다.

이명박 정권의 역사적 사명인 '사회 민주화'는 엄두도 못 냈다. 공정사회까지는 바라지 않더라도 CEO 출신 정권이 골목상권을 거의 망가뜨리고, 건설업체를 절반이나 부도내고, 중소기업을 결딴낸 까닭을 사람들은 몰랐다. 벼랑에 몰려서야 복지 보따리를 풀어놓는 그 근시안적 정치동네로 젊은 세대는 결코 회귀하지 않는다.

그런데 이제는 알겠다. 정권교체가 일어나도 한국 정치의 운명적 굴레인 저 영욕榮辱의 순환구조는 바뀌지 않을 것임을, 민주화 이후 출현한 모든 정권이 피할 수 없었던 부침의 순환, 상승과 추락의 곡예, 그리고 결국 화려한 승자를 비운의 무덤으로 인도하는 저 영욕榮辱의 문이 한국 정치에 내장되어 있음을 말이다. 총선은 출중한 장수의 등극을 위한 당파적 축제이며, 대선은 그를 결국 한국 정치의 허기진 제단에 제물로 바치는 거국적 축제임을 말이다. 그 불가항력적 순환구조에 저항하던 노무현 대통령은 '운명이다'는 마지막 말을 남기고 우리 곁을 떠났다.

임기 몇 달을 남긴 이명박 대통령, 권력 실세들이 퇴진하고 기반이 해체되는 상황에서 숨죽여 지낼 수밖에 없는 대통령은, 그때 청와대에 있었다. 그냥 있었다. 이 영욕의 순환구조를 바꿀 가능성은 없었는가.

박근혜의 밀실정치

촛불에 스러지다

아버지의 초상

전후 세대에게 아버지는 '애증의 교차'를 넘어서 종종 '부재의 대
상'으로도 나타난다. 그는 생물학적 아버지일 뿐 정신적 아버지
가 아니다. 시대를 건널 지혜와 역시의식을 가르쳐주지 않는다.
'아버지의 부재'는 특히 1960, 70년대에 두드러진다. 2016년 늦
여름, 필자는 〈중앙일보〉에서 주관한 '평화 오디세이'에 동행했
다. 거기에는 이 시대의 작가라고 할 황석영, 이문열도 있었다.
연해주 방문 첫날, 해가 서쪽으로 좀 기운 귀가 시간이었다. 버스
에 동승한 대원들은 모두 나름의 상념에 잠겼다. 필자는 엉뚱하
게 '아버지'를 생각했다. 신채호가 정신국가를 상상했듯, 한반도
20세기 역사를 끌어온 '정신적 아버지'는 어디 있는가? 앞좌석
에 앉은 작가를 생각해 봤다. 1930년대 사회적 리얼리즘의 70년

대식 연결고리를 만들어낸 황석영과, 거칠었던 시대의 존재론적 의미로부터 가족사와 인간사의 넝쿨을 파고든 이문열. 진보와 보수를 대변하는 두 작가는 '정신적 아버지의 결핍'이라는 점에서 통한다.

〈객지〉와 〈삼포 가는 길〉로 시대정신을 형상화한 황석영이 북한을 방문하고 유럽과 미국을 방랑했던 것은 신자유주의의 험난한 파고에 휩쓸린 민중의 삶을 감당해줄 정신적 상징을 찾기 위함이었을 거다. 그날 낮 잠깐의 환담에서, 찾아냈는지를 물어봤던 것 같다. 그의 답은 '철도 3대'였다. 장춘 남만철도 노동자 조부, 영등포 차량기지 철도원 아버지, 그리고 한국철도공사 직원 아들, 3대의 얘기를 마지막 작품으로 쓰고 싶다고 했다. "그런데 근력이 따라줄까?" 담배를 쥔 손에 힘이 들어갔다.

이문열의 생물학적 아버지는 원산대학에서 생애를 마쳤다고 했다. 압록강 변에서 만난 이복 여동생이 전해온 아버지 소식에 넋 놓고 울었지만 '정신적 아버지'는 여전히 오리무중이다. 《영웅시대》는 실종된 아버지에 관한 가족사인데, 유복자로 태어나 한 번도 얼굴을 본 적이 없는 생물학적 아버지의 족적을 통해 정신적 아버지의 가능성을 추적한다.

아버지 결핍증은 박경리 선생에게는 《토지》를 잉태한 원천이 됐다. 백두대간과 협곡 촌락들에 숨겨진 얘기들을 모신 母神의 시선에 적셔 끌어올린 대하드라마 덕분에 《고요한 돈강》의 작가 숄

로호프M. Sholokhov,《티보가의 사람들》을 쓴 로제 마르탱 뒤 가르 R.M. Du Gard를 부러워하지 않아도 된다. 그러나 아버지는? 박경리 선생도 아버지 결핍증을 앓았지만, 모든 것을 끌어안는 토지의 철학으로 극복했다. 황석영과 이문열 역시 그럴 것이고, 두 작가 덕에 후배 세대는 언젠가 아버지 결핍증을 치유할 수 있을지 모른다.

베이비부머 세대(1955~1963년생)가 전수받은 이 '거역하고 싶은 아픔'을 어쨌든 해소하려면 '거리 두기 사유'와 '화해의 철학'이 필요하다. 부재의 공간에 현실적 존재를 인정하는 것, 그 존재의 처소에 흩어진 시대사적 언어를 있는 그대로 음미하는 것이 치유의 방법일 것이다.

'정신적 아버지'는 시대정신 내지 세계관과도 통하는 말이다. 시대와 대결할 정신적 자산인데 1970년대에 청춘을 보낸 베이비부머 세대에겐 그게 증발했다. 60년대 세대와는 또 다른 방황이 시작됐으나, 길은 보이지 않았다. 길 찾기를 홀로 감행해야 하는 시대의 청춘은 찬란하고 비극적이다. 어머니가 눈물로 나타나는 까닭이다.

박근혜의 아버지는 박정희. 부녀父女 대통령, 딸에게 아버지는 무엇일까, 박근혜 대통령의 가슴에 묻힌 아버지의 초상은 어떤 모습인가? 박정희는 1970년대 세대, 특히 베이비부머에게는 어둠을 내린 통치자로 각인된다. 경제성장 덕을 보았으나 그 시대는 어두웠다. 1952년생, 서강대 70학번인 박근혜 대통령은 베이비부머 바로 위 연령대, 넓게 잡아 거기에 속한다 해도 무리가 없다. 세대 상황이 비슷하기 때문이다. 그렇다면, 그가 간직한 아버지 초상은 어떠한가? 여기에 대한민국이 겪은 헌정 위기의 사태, 대통령 구속과 탄핵을 설명할 열쇠가 있다.

정치가, 통치자

박근혜 의원은 승승장구했다. 이명박 대통령 이후 딱히 대안이 없던 한나라당에서 그를 옹립하는 분위기가 거셌다. 민주당에서는 문재인 후보가 단단한 기반을 구축했다. 박근혜 의원은 정치가인가? 정치는 '사람을 모이게 하는 예술', 혹은 '조정의 기술'이다. 의원 시절, 그녀의 주변에 사람이 모였다. 그녀가 이끌어서가 아니라 그녀를 보고 스스로 모였다. 그녀가 가진 상징자본이 워낙 컸고, 그걸 적절히 활용하면 정치생명을 연장할 수 있다고 간파한 사람들, 친박親朴 무리가 그들이다. 그런데 그들도 알았을 거다.

"아무것도 스스로 결정하지 못했다!"

한나라당 대표 시절, 비서실장을 지낸 전여옥 의원은 그렇게 단정했다. 어디엔가 전화를 걸어 조언을 들은 후에야 결단을 내렸다는 것이다. 그게 최순실, 아니면 정윤회?

군주의 시간

그녀는 결국 대통령이 됐다. 박근혜 대통령은 재임 기간에 국민을 설득하지 않았다. 국민은 설득의 대상이 아니라 훈계의 대상이었다. 의견을 내고 항의하는 주체가 아니라, 지시를 듣고 의무를 수행하는 수분공역守分供役의 신민臣民이다. 어지御旨를 내리면 일사불란하게 들어야 한다. 낭독정치는 군주정치다.

그의 인식공간에는 세대가 없고, 시대가 없다. 다만, 박정희 시대가 가장 강력한 표준이다. 군주가 대기업에 기금모금을 하달했다고 문제될 것은 없다. 신민을 위해 쓸 것인데, 한 푼도 착복하지 않았는데, 그게 왜 문제가 되는가? 자신에게 충실한 사인私人 충복으로 하여금 일을 잘 하라 일렀거늘 부정과 권력 남용을 일삼았다면 그놈을 잡아 족치면 되지 왜 군주 자신을 문제로 삼는가? 그러니 그곳 관저에서는 '최순실 게이트'보다 더 한 일도 할 수 있다.

이 어처구니없는 신종 사태를 이해하려면 정치학적 이론과 개념을 대입하는 것보다 박근혜 대통령의 멘탈리티와 의식구조, 그녀의 내면 풍경에 자리 잡은 아버지의 초상을 읽어내는 것이 더 유용하다. 그녀는 박정희 숭배자였다. 모든 행위의 잣대는 헌법이 아니라 아버지의 통치행위였고, 아버지에 대한 기억이었다. '아버지는 애증'인 베이비부머 세대의 공통정서를 그녀는 갖고 있지 않았으며, '정신적 아버지'를 찾는 방황도 필요 없었다. 시대이해를 위해 '거리 두기'와 화해의 철학 따위는 아예 요청하지도 않았다. 그녀의 방황은 부모의 원한을 해원解冤하는 데에 맞춰졌는데 새 시대를 여는 정치가가 아닌 구시대를 복원하는 통치자로서 그리했다. 광장의 횃불이 수시로 타오르는 민주주의 시대에.

박근혜 대통령은 자문회의는커녕 국무위원이나 수석들과도 대면하지 않은 것으로 유명하다. 나 홀로 정치, 나 홀로 조각, 나 홀로 정책이다. 대인기피증이 있는 것은 아닌가 의구심을 자아냈다. 이 '나 홀로 양식'은 인수위원회를 꾸리고 운영할 때부터 돌출됐다. 김용준 위원장은 출범 첫날 아예 인수위를 벙커로 밀어 넣었다. 그는 평생의 법정신을 십분 발휘해서 인수위 법령을 상기시켰다. '만약 위법행위로 물의를 빚으면 지위고하를 막론하고 응분의 책임을 지게 될 것이다'는 경고와 함께 말이다. 그래서 이른바 전례 없는 '벙커 인수위'가 탄생했다. 뭐라도 하나 건져야 할 취재기자들의 불평이 쏟아졌다.

공약메뉴들을 흘려 언론방송의 여과 기제를 거치고 조금 소란해져도 좋았을 터인데 소식 메신저인 기자들을 귀찮은 구경꾼마냥 쫓아버렸다. 권력 주인인 국민들을 쫓아낸 것과 같았다. 소통의 환풍기를 작동하지 않은 벙커 인수위는 윤창중 대변인을 시켜 정책 로드맵을 일괄 낭독했다. 그는 또 어디서 온 인물인가? 어떻게 천거된 인물인가? 말할 것도 없이 박근혜 당선자의 수첩에 기재되어 있었다. 또 다른 낭패의 시작이었다. 그게 박근혜의 통치양식인 줄 일찍이 알아챘어야 했다. 사드 배치, 개성공단 폐쇄, 통일대박론은 결단이 아니라 나 홀로 결정이었다.

누구의 조언도 듣지 않은 채 궁중 깊숙이 칩거한 채로 드문드문 조각 명단을 흘렸던 거다. 조각이 완성되는 데에는 거의 서너 달이 걸렸다. 대체 어느 라인을 통해 이런저런 인물이 천거되었는지, 언론방송도 일반 국민들도 의아해 했다. 인사 참사는 자주 일어났다. 청문회에서 낙마하는 사례가 늘어났다. 그래도 배후에 노련한 정객들로 구성된 고문그룹이 있을 거라 믿었다. 처음에는 그랬을 거다. 그런데 대통령의 고립 정도가 심해지자 고문그룹도 떨어져 나갔다. 이후 정윤회 그룹이, 다음에는 최순실이 그 틈을 파고들었을 거라고 생각한다. 고립이 깊어지자 측근 3인방의 정치적 무게가 점차 늘어났다.

조윤선 정무수석은 수석 재임 시 대통령을 1년간 못 봤다고 털어놨다. 그냥 자리를 지킨 거다. 장관도 수석들도 박근혜 정권에서는 가장 편한 직업이었는지 모른다는 비아냥이 생겨났다. 그냥 출근하면 되니 말이다. 유일호 부총리는 2016년 9월 국회 대정부질문에서 거의 한 달간 대통령을 못 봤다고 말했다. 민생경제를 그토록 외치는 대통령이 경제사령탑과 대화를 나누지 않았다는 뜻이다. 비서실장도 사정은 마찬가지다. 집무 시간에 대통령의 소재조차 파악하지 못하는 일이 왕왕 발생했다. 대통령은 군주였고, 청와대는 대기조 혹은 친위대였다.

대통령 변호인단이 소명서에 주장한 대로, 대통령은 세월호 참사에 책임이 없을 수 있다. 법적 관점에 따르면 그러할 듯하다. 좀 무지하게 말한다면, 1차 책임은 세월호 선장, 청해진해운, 안보실장, 재난본부, 해경에게 있을 거다. 그들의 잘못을 왜 대통령에게 전가하는가? 한라산이 폭발해서 제주도민이 다수 사망해도 대통령의 책임인가? 아니다. 대통령 자신은 면책이라 주장하는 것은 합법적이기는 하나, 민주적 사고방식이 아니라 바로 '군주적 인식'이다. 각자 책임을 맡은 신료臣僚들이 임무를 제대로 수행하지 못한 결과로 간주하는 사고방식이야말로 군주답다. 도덕적 책임은 면치 못하나, 법적 책임은 없다. 양심에 걸리기는 하지만, 법적 하자는 없다. 그래서 청해진해운 사주인 유병언을 찾느라 법석을 떨었고, 한 달 후 '국가개조!'라는 낡은 개념을 꺼내 들었다. 개조改造는 1920년대 계몽주의자들이 애용한 용어다.

바로 이런 사고방식이 정권의 정당성을 심각하게 훼손한다. 정당성은 도덕성이다. 도덕성이 훼손되면 거버넌스가 약화한다. 영令이 서지 않는다. 박근혜 정권은 세월호 이후 도덕성을 상실하고 거버넌스에 발생한 균열을 감당해야 했다. '군주의 시간'이었다. '군주의 시간'에 균열이 가도 군주로 살면 그뿐이다.

'세월호 7시간'도 그런 관점에서 조명이 가능하다. 추측성 가설이지만, '세월호 7시간' 안에 뭐 별난 게 없을 수 있겠다. 프로포폴 성형수술? 마취제? 아님 다른 유별난 무엇? 아닐걸, '아무것도 없었다는 것'이 필자의 가설이다. 뭘 조사할 게 있는가? 세월호 참사가 발생한 4월 16일 '군주의 시간'은 그러했다. 그런 사람을 뽑은 대한민국 유권자가 슬플 뿐이다.

분노의 하이킥

권력의 주인主人을 박대한 대가는 쓰렸다. 패배라는 말은 사전에 없는 '선거의 여왕' 박근혜 대통령은 적이 당황했을 거다. 아님 꽤 씸한 마음이 들었을지 모른다. '배신의 정치'를 심판하라 일렀거늘 감히 배신을 때리다니. 사실 배신을 때린 것은 청와대와 집권당이었다. '국민이 주인입니다. 진정 섬기겠습니다.' 정권마다 읍소한 '머슴론'이나 '섬김 서약'이 엊그제 일인데, 추상같은 호령에 눌려 벼슬아치의 상소는 아예 자취를 감췄고, 일반 서민이 저잣거리에서 올리는 상언에도 대체로 비답批答은 없었다. 국민은 주인이아니라 구경꾼, 객客이었다.

주객전도主客顚倒는 공천과정에서 극에 달했다. 여야를 막론하고 공천관리위원회는 원칙과 명분이 분명치 않은 칼질을 해댔다.

말이 좋아 컷오프지, 누군 자르고 누군 꽃가마를 태웠는지 아무리 애써도 알 길이 없었다. 욕설이 난무했다. 그 와중에 진박眞朴이 우르르 몰려다니고, 옥새를 갖고 튀고, 공관위원장은 조폭 언어를 구사했다. 난도질 끝에 불쑥 내민 여야 공천 명단에 객은 토를 달 수 없었다. '자, 이제 골라보시라!' 아무튼 찍어야 했다. 명령받은 주권主權, 그것은 객권客權이었다.

객이 날린 분노의 하이킥! 2016년 20대 총선은 그것이다. 그러니 뒤집어질 수밖에. 객의 분노는 무서웠다. 서울과 수도권에서 새누리당은 쫓겨났고, 대신 지리멸렬한 더불어민주당이 불려왔다. 오죽했으면 보수의 아성 강남·송파·분당에서 그런 일이 발생했겠는가. 받아들일 세입자가 마땅치는 않았지만, 총 122석 중 70%를 야당에 줬다. 새누리당은 대구 본가本家에서도 혼쭐이 났고 문중이라 여겼던 부산에서는 더 곤욕을 치러 결국 대갓집을 비웠다.

민주당은 본가인 호남에서 쫓겨났는데 수도권이 불러주는 통에 얼떨결에 대갓집을 차지했다. 이런 어부지리漁父之利가 있을까, 표정 관리에 애를 써야 할 판이다. 분노의 표심에 힘입어 호남에 입주한 안철수의 국민의당은 타지역에서 더러 선전했으나 역부족이었다. 본가에 셋방살이라도 하게 된 것은 그나마 다행이다.

주권의식의 울화증은 정당의 원적原籍을 거의 갈아치울 만큼 무서웠다. 주인이 당연히 계약을 연장해 주는 '텃밭정당'은 없다

는 것을 선언한 선거였다. 이른바 '월세정당'이 탄생했다. 여야 3
당은 이제 주인의 엄격한 감사를 받아 언제라도 짐을 싸야 할 '월
세月貰정당'이 되었다.

분노의 표심, 그 진앙지는 청와대이고, 박 대통령이다. 군주론
적 나 홀로 통치양식에 단단한 장벽을 둘러쳤다. 노태우 정권 초
기 13대 총선과 표심이 정확히 같다. 당시 민정당 125석, 평민당
과 통민당 합쳐 129석, 공화당 35석 분포였다. 정권은 줬지만 독
재 본가 민정당을 견제하라는 요청이었다. 합의 않고는 파열음
이 터진다. 2016년 표심은 3당 체제의 이런 위험을 감수하고 훈
계정치 중단을 명령한 것이다. '의논해서 하시오!'라고. 통치자
에서 조정자로 변신하라는 맹렬한 호소를 박 대통령은 읽어내야
했다. 마음속 화쟁和爭위원회가 필요했다.

2015년 6월, 야당의 법안 끼워 팔기에 화가 난 대통령이 분노의
하이킥을 날렸다. 여의도 정치를 '난센스'와 '패권주의'라 질타했
고, 국회법 개정안을 청와대로 반송한 유승민 당시 원내대표는
'배신자'가 됐다. 그 분노의 하이킥을 채 1년도 안 돼 구경꾼이 돌
려줬다. 3당 체제가 파열로 갈지 여부는 결국 박 대통령에게 달렸
다. '조정의 여왕'으로 변신한다면 아직은 유권자 가슴속에 남은
애정이 발화할 텐데. 훈계정치로 민의를 돌파할까, 아니면 화쟁정
치로 회군할까. 그런데 탄핵이 몰려 왔다.

통치력의 IMF

계절은 느닷없이 왔다 가버리기 일쑤지만, 마른 가지에 걸린 꽃봉오리나 눈부신 햇살이 언뜻 가슴에 인화될 때 계절은 존재감을 획득한다. 2016년 가을은 존재감을 잃었다. 빠른 속도로 남하하는 단풍을 감지할 여유가 없었고, 높고 쾌청한 하늘도 정치 태풍 속으로 휘말려 버렸다. 매 정권마다 반복된 정치 스캔들과 정권 말기 부패 현상에 어지간히 단련된 한국인이건만, 정말 견디기 어려운 신종 대형 사고였다. 대한민국을 온통 집어삼킨 대형 쓰나미 '최순실 게이트'가 실체를 드러낸 것이다. 아니, 오랫동안 설치한 야간 적외선 카메라에 포착됐다고 말해야 옳다.

낯선 이름, 그러나 항간에 조금씩 떠돌던 그 이름이 '미르재단'과 'K스포츠재단'에 얹히고, 급기야 권부를 가로질러 박근혜 대통령과 연관되자 청와대는 비상이 걸렸다. 두 재단과 대통령 비선秘線과의 연관성을 과감히 보도했던 〈조선일보〉가 청와대의 역공세에 걸려 주춤하던 상황이었다. 4년 전, 그 화려했던 출범과는 달리 집권세력은 한없이 무능했지만, 정보와 사찰, 보복 능력만큼은 뛰어났다. 검찰, 경찰, 국정원, 국세청은 청와대 권부의 친위 별동대, 아버지 박정희의 유산이었다. 정치적 반격의 방식도 아버지의 재현이었다.

궁지에 몰린 박근혜 대통령은 10월 24일 오전 국회 연설에서

'개헌'을 꺼내들었다. '개헌이야말로 대한민국의 미래를 개척하는 가장 절박한 과제'라고 단호히 말했다. 당리당략에 취약한 정당들이 덥석 물어버리라는 간계였다. 그날 오후 정당들은 개헌 정국으로 돌입할 태세를 갖추기 시작했다. 비박非朴 좌장 김무성 의원은 '오늘이 가장 기쁜 날'이라고까지 순진하게 말했다.

JTBC 손석희가 제동을 걸었다. 그날 저녁 뉴스에서 최순실 태블릿을 공개한 것이다. 외교문서, 국가기밀 문서는 물론, 청와대 폐쇄회로에 묻혀 있어야 할 통치문서가 쏟아져 나왔다. 인사, 비서관회의, 연설문에 개입한 흔적이 뚜렷했다. 그날 JTBC 뉴스룸에서 청와대를 향해 발사한 어뢰 한 발은 불행히도 대통령 관저에 정확히 명중했다. 치명상을 입은 대통령은 당혹스러운 표정을 감추고 국민 담화를 했다. '오랫동안 알아 왔던 사람인데 정권 초기 비서진이 갖춰진 후에는 접촉을 끊었다'고. 그리고는 '박근혜표' 침묵에 들어갔다.

통치의 정당성은 사실상 그것으로 붕괴했는데 대통령만 인정하지 않았다. 정당성 고갈은 곧 '통치력의 IMF'를 의미한다. 마치 1998년 외환 재고가 거덜 나 평균소득과 보유자산이 반 토막 났듯이, 한국인들은 갑자기 통치력이 증발된 진공상태로 걸어 들어가야 했다. 그럼에도 비선실세에 의한 국정농단을 끝장낸 그 어뢰 한 발은 천만다행한 반격이라고 해야 한다. 5년 한도로 잠시 위임했던 국민주권을 다 태워 먹을 시대의 불행, 국가의 불행을 그렇게라도 막아냈으니 말이다.

마침 조류 인플루엔자^AI^가 전국에 확산됐다. 닭과 오리 천만 마리가 매장됐고 가금류 운송이 일시 중단돼 식당 주인들이 애를 먹었다. 점차 대담해진 언론은 AI 바이러스처럼 국정 전반에 뻗은 최순실의 손길을 밝혀냈다. 문화체육 분야를 필두로, 의료, 창조경제, 문화융성위원회, 공공기관, 해외 공관, 전경련, 교육에 이르기까지 '최 선생님'의 입김은 깊숙하고 널리 확산된 상태였으며, 장·차관 인사와 청와대 참모회의를 좌지우지했을 정도였다. 대통령의 최측근을 호위하는 청와대 3인방의 전횡도 동시에 드러났는데 최순실은 이들을 지휘하는 상임고문 격이었다.

"최 선생님께 물어봐!"

어려운 사안이 발생하면 대통령이 정호성 비서관에게 다급하게 지시할 정도였으니 말이다.

최순실의 문화계 대리인이었던 차은택이 청문회에서 말했다. '공동정권인 줄 알았다'고. 국민들은 이 말을 듣고 까무러칠 뻔했다. 할 말을 잃었다. 대통령과 연관된 주사제, 성형, 화장, 미용 얘기가 드라마처럼 뿜어 나와 세간을 덮쳤다. 소설보다, 영화보다 흥미로웠다. 어안이 벙벙해진 틈을 타 계절은 빠르게 겨울로 접어들었다.

유권자가 직접 뽑은 사람이 베일에 가려진 어떤 사람과 권력을 나눴으니 '계약 위반'이다. 국민주권의 운영원리가 헌법에 명시되어 있으므로 아무리 어여쁜 사람이나 자신의 아바타와 권력을 나눴어도 그것은 '헌법 위반'이다. 조선 시대에 왕권을 일시 위임하는 대리청정이나 수렴청정을 할 때도 육조대신의 결재가 필요했다. 하물며 21세기에야! 그런데 실제로 비밀스런 권력 공유가 일어났고, 공유한 사람들에 의한 권력 사유와 남용이 곳곳에서 발견됐다.

1987년 민주화 이후 별별 사건을 다 겪었지만, 이건 듣도 보도 못한 신종 스캔들, 발생기원과 진화가 너무 특이하고 오염 부위가 넓고 깊은 신종 중증 질환이라 해야 맞다. 어떤 정치학적 개념이나 이론을 대입해도 설명이 부족한 변종變種이었다. 억장이 무너지고 울렁증, 조울증, 갑갑증이 엄습했는데, 가을 단풍이 눈에 들어올 리 없었다. 무심히 낙하하는 낙엽에 무슨 정취라도 실어 보낼 수 있었던가? 언제 가을이 오긴 했던가? 겨우 정신을 수습한 연말 즈음, 눈발이 성성한 잎 떨군 나무가 시야에 잡혔다.

아! 곡성哭聲

대통령으로 등극하고 3년 8개월이 지난 시점, 박근혜 후보 시절 그와 대면했을 때 들었던 불길한 예감이 이런 엄청난 사건으로 발화할지 누가 짐작이라도 할 수 있을까? 10월 24일 JTBC 폭로,

10월 25일 대통령의 변명성 담화, 그리고 다음 날인 10월 26일 국회는 특검을 결의했다. 멍한 시간이 속절없이 지나갔다. 아니, 전 국민이 정신을 차릴 수 없었다. 정신을 수습하려 애써봤지만 헛된 일이었다. 일상 업무에 집중할 수 없었다. 마음의 중추신경이 훼손되면 일어나지 못한다. 주술에 걸린 가假수면 상태. 박근혜 대통령은 스스로 무슨 일을 저질렀는지 모를 터이다. 민주화 30여 년 동안 온 국민이 정화수 떠놓고 짜낸 민주주의의 피륙을 칼로 끊었다.

1979년 10월 26일, 라디오에서 흘러나온 유고방송의 슬픈 목소리는 청명한 가을 아침과 어울려 추상화처럼 번졌다. 멍한 시간이 속절없이 흘러갔다. 우상화된 이념에서 풀려난 낯선 시간이었다. 이성은 곧 현기증을 물리쳤다. 멀게만 보였던 민주주의의 깃발이 눈앞에서 펄럭였으므로 극심한 혼란도, 쿠데타 소문도 일종의 축제 북소리였다.

그런데, 지금은? 아버지의 10 · 26과는 달리, 딸의 10 · 26은 느닷없는 비기秘記의 습격이다. 멀쩡한 논리로는 결코 이해 불가한 심령의 세계, 계룡산 두마천 상류 무속촌에 가야 설명 가능한 드라마, 아니면 영화 〈곡성〉의 음침한 세계? 아버지의 10 · 26은 '우상과 이성'의 접전이었다면, 딸의 10 · 26은 오랜 비설秘說과 접신한 듯한 민주주의의 오염이다.

정신을 수습하려 애썼다. 도저히 이해 부득의 사건이었다. 언론과 방송에서는 한동안 잊힌 인물 최태민과의 인연이 연일 보도됐다. 최태민의 영기靈氣에 홀렸다거나, 그의 딸 최순실에 의해 이용당했다는 보도가 잇달았다. 예전, 몇 번의 만남에서는 눈치도 못챈 인연들이 엄청난 시나리오로 가시화됐다. 최순실과 그의 아버지 최태민이 이 사건과 겹치자 '비기秘記의 습격'으로밖에 설명할수 없었다.

여기에 아버지 박정희가 다시 포개졌다. 결국 그러했던가. 박정희가 그녀의 정신 밭에 그리도 굳건히 내려앉았는가? 저녁마다 홀로 있다는 대통령의 관저, 거기 어느 구석에 부모의 영정이 걸리고, 밤마다 아버지교教의 친애하는 교도 박근혜 대통령이 가업家業의 완성을 비는 모습이 떠올랐다.

오염된 주권을 회수하라

11월의 광장에는 실종된 주권의 행방을 묻는 시민들로 가득했다. 아니 비틀리고 오염된 주권이었다. 국민 행복과 원칙을 강조해온 단아한 차림의 대통령이 그럴 거라곤 차마 믿지 못한 무고한 시민들이었다. 간간히 그런 조짐들이 삐져나오기는 했지만, 그나마 조금 남은 기대감에 매달렸던 사람들이었다. 실체가 드러나자 경악과 당혹감이 엄습했다.

그해 가을, 시민 모두가 정신적 공황상태를 앓았고 자존심 증발에 몸을 떨었다. 고갈된 마음의 저변에서 분노와 수치심이 끓어올랐다. 광장은 참담한 심정을 달리 표출할 방법이 없는 사람들이 모이는 곳이다. 그해 가을의 광장은 어떤 뚜렷한 정치적 목적을 품었던 과거의 시위대와는 성격이 달랐다. 먼 곳에서 중고등학생이 배낭을 메고 왔고, 중장년들이 등산복 차림으로 왔으며, 청년들이 연인과 아이들의 손을 잡고 왔다.

박근혜를 찍었다는 행상 차림의 할머니는 아무나 붙잡고 미안하다는 말을 연발했다. 정당 당원들과 노조 조합원들이 '하야!'를 외쳤는데, 그것만으로는 주권자의 찢긴 상처를 위로하지 못했다. 대통령을 감싸는 열혈지지자들의 찬송 구호가 단말마처럼 솟구쳤으나 북악을 때리는 성토 함성에 파묻혔다.

대통령이 필사적으로 기댈 저 열혈지지자들도, 방패와 헬멧에 앳된 표정을 감춘 어린 전경들도 4년 전 위임한 주권을 돌려 달라는 시민의 호소가 정당함을 알고 있었다. 정권의 정당성은 한번 깨지면 회복할 수 없는 유리그릇과 같다. 깨진 유리그릇을 수리하는 유일한 방법은 새로운 정권의 수립이다. 설령 대통령의 배후에서 어찌 견뎌보려 술수를 궁리하는 세력이 남아 있다면, 국민주권 원리에 거역하는 무뢰한, 이미 오염된 헌법 질서를 더 더럽히려는 역모자다.

전국 주요 도시의 터미널은 광화문으로 향하는 시민들로 북새통을 이뤘다. 누가 권한 것도 아니었다. 스스로 억제할 수 없는 발길이었다. KTX 표가 일찌감치 매진되고, 서울행 고속버스도 만원이었다. 관광버스가 특수를 누렸다. 명절과는 역방향, 마치 삼천리 골짜기 지류가 모두 합류해 하나로 상행上行하는 강물이었다. 배낭에는 대통령에게 던지는 질문이 가득 들어 있었다. 청와대를 호위무사로 채우고 국가의 공적 영역에 탐욕의 도당을 불러들인 그 대통령에게 말이다.

시민들은 오랫동안 품어 왔던 그 질문들을 광화문 광장에 풀어놓고 촛불을 켰다. 오염된 주권, 훼손된 민주주의를 복원하는 제례祭禮다. 통치자가, 집권세력이 그렇게 애틋하게 호명했던 '국가주의'를 시민 스스로 내치는 자율적 시민 정치의 결단식이다. 박정희 시대에서 그의 딸에게 전승된 엄숙한 국가주의, '국가와 국민'을, '경제와 안보'를 남용해 시민민주주의의 숨통을 막았던 전제적 통치양식에 종언을 고했다. 국민과의 대화보다 비선과의 밀회를 선택한 통치자의 마지막 결단을 촉구했다.

시민들은 물었다. 대통령은 누구와 얘기했는가를, 대통령은 그때 어디에 있었는가를. 외로움을 토로했던 대통령보다 시민들이 더 외롭고 추웠다는 사실을 말이다.

"내려와라!"

초롱한 눈망울의 어린아이 손에 들린 이 팻말은 어른들을 민망하게 만들었다. 지방에서 상경한 청소년들이 물었다.

"왜 공부해야 하는지 말해 주세요."

그들의 손에 들린 '하야!' '퇴진!'이란 글귀가 어떤 정치적 태풍을 몰고 올지를 그들에게 묻는 것은 잔인하다. 식당 문을 일찍 닫고 나왔다는 중년의 자영업자는 의욕이 사라졌다고 토로했다. 강원도 화천에서 상경한 초로의 농민이 말했다.

"농사짓기가 허망해요!"

누가 서민의 활력을 걷어갔는가? 운집한 군중 너머 농악이 시작됐다. 꽹과리와 징소리가 시민들의 허망한 가슴을 채웠다. 젊은 음악인들은 해시태그를 섞어 랩을 노래했다.

"하야, 하야, 하야 ···."

정치적 구호가 랩에 실려 퍼지자 촛불은 운무가 되어 흘렀다. 조선 시대 양반을 조롱한 탈춤 한마당은 광화문에서 랩과 비보이 춤으로 진화했다. 시위는 목숨 건 충돌이 아니라 조롱과 냉소를 날리는 시민축제였다. 전국 방방곡곡에서 치켜든 수십만 개의 희망 촛불은 결국 어둠을 물리칠 것이다.

"비켜라!"

전경들의 인人의 장벽을 뚫고 행진이 시작됐다. 어떤 권력이 시민들의 행진을 막으랴. '국민행복시대'에 빼앗긴 행복을 되찾는 행진을 누가 막으랴.

시민은 빈약한 내치를 묵묵히 감당했다고 해서 '하야'를 외치지는 않는다. 시민은 도덕적이다. 무능한 통치자라도 예의를 갖춘다. 그런데 북악 기슭 깊숙이 칩거한 대통령은 함성을 듣고 있는가? 어린아이가 치켜든 촛불의 의미를 깨닫고는 있는가? 공사 公私를 섞고, 정보를 통제하고, 기업과 노동자를 곤경에 몰아넣고, 세무감사와 사찰기관을 동원한 통치양식을 더 연장하기를 원하는가? 그렇다면, 법치와 헌법정신의 시민적 기원을 배반하는 민주주의의 적敵이 된다.

1987년 시민항쟁은 직선제 개헌과 민주정치 상량식을 일궈냈다. 국민이 집주인이 되었다. 첫 번째 세입자는 '질서 있는 이행'을 책임진 노태우 정권이었다. 성공적으로 정권을 넘겨주고 집을 비웠다. 두 번째 세입자는 민주주의의 기본 골격을 구축하는 데에 온 힘을 쏟았다. 군부세력을 청산하기에 부족함이 없었다. 이후의 세입자들은 김영삼 대통령이 만든 '민주의 집'에 경제관리 코너를 만들고 인테리어를 바꾸고 소소한 제도를 도입해 활용도를 높였는데, 재건축이 필요한 시점이 점차 다가왔다. 균열 조짐이 있었기에 조심스럽게 다뤄야 했지만, 그 집을 넘겨받은 박근혜는 자신이 주인임을 의심치 않았다. 내력벽을 허물고 골격을 바꿨다. 민주의 집은 결국 주저앉았다. 헛간에 피신한 대통령은 '세입자 중과실'을 전혀 의식하지 못했다.

'환국換局열차', 출발하다

박근혜 대통령이 탄핵됐다. 시민들은 민주주의의 문법에 무지했던 대통령의 '군주의 시간'을 중단시켰다. 청와대, 그 적막한 관저에 대통령을 위리안치圍籬安置했다. 대통령이 할 수 있는 일은 없었다. 직업과 계층이 다른 이질적 시민이 한 몸이 됐던 것은 정치의 최상위 명제인 도덕 정치와 신뢰를 목말라한 때문이었다. 대통령의 인식공간에는 덕치德治 개념이 전혀 발견되지 않았다. 시민들은 마지막 수단인 법치를 발동했다. 궁정 내부에서 맴돌다 손상된 국민 주권을 간신히 건져 냈다. 매 주말 개최된 만인소萬人疏 횃불에 놀란 국회의원 234명이 도장을 꾹 눌렀다. '국가의 시대'가 마감되고 '시민의 시대'가 열렸다.

장쾌하고 비장했던 광장의 촛불은 내친김에 퇴진 운동으로 질주했다. 손팻말이 바뀌었다. 남쪽 바다 거문도 어민들이 항해 시위를 했다. 뭍에도, 섬에도 상처가 그리 깊었다. 전국 100만 시민 집회에 '조기 퇴진'과 '구속수사'라는 구호가 출현했다. 집권 1,380일, 공무 시간에도 대통령은 주로 집(관저)에 머물렀으니 그럴 만했다. 등목을 탄 꼬마의 손에도 팻말이 들렸다. 위리안치만으론 미완未完이라는 뜻이다. 광화문에 촛불모형이 세워졌고, 세월호 영혼은 푸른 돌고래가 되어 둥둥 떠다녔다. 만인소 행렬이 다시 청와대를 에워쌌다.

탄핵 열차가 종착역에 들어오자 대선 열차가 출발했다. 탄핵은 환국換局의 신호다. 탄핵 열차의 승객은 일심동체, 이구동성의 촛불 공중이었다면, 환국열차의 승객은 쉽게 분절하는 이슈 공중들이었다. 환국열차는 개헌, 새누리당 심판, 국가개혁, 경제위기 역驛에 정차할 것이고, 사이버공간에 떠도는 '박근혜 정권 부역자 색출 운동'이 뒤섞이면 광장의 집회는 수 갈래 이념 군중으로 갈라선다. 정당과 대선주자들이 판단할 사안이 이것이었다. '구속수사' 물결에 편승할까, 아니면 국가개혁 과제를 지목하고 차분한 대응을 요청할까.

광장을 통해 시민권의 힘을 체득한 시민사회도 숙고할 사안이 있었다. 노동자와 농민, 각종 협회와 연맹이 익명의 시민들과 그렇게 단호한 공감을 가져본 적은 없었다. 트랙터와 버스, 택시와 자가용이 한시에 경적을 울리고, 달동네와 고급 아파트 단지가 일시에 소등한 적이 있는가. 산출 없는 '무정란 정치'가 불러온 의외의 소득이었다.

그런데 각자의 처소로 돌아가 박근혜 정권에서 감내한 손실 리스트를 꺼내 보면 통치력이 증발한 무주공산 광장으로 다시 나오고 싶었다. 농민의 '쌀값 보장'은 임금생활자의 '밥값 인상'이었다. 비정규직과 정규직의 이익 충돌은 어제오늘의 일이 아니어서 각종 파업 명분을 일반 시민이 양해할지 의문이었다. 조선업과 해운업 불황, 경기침체, 여기에 재벌 탄핵 깃발이 펄럭이면

경비병에 불과한 과도 내각은 휘청거릴 거였다. 고질적 정경유착을 폐하고, 통치기구의 투명성 확증 방안을 논의해야 했다. 거버넌스가 위태롭지 않은 범위 내에서 말이다.

돌아갈까, 남을까. 떠나온 섬으로 돌아가는 조각배들이 광화문 광장에 정박해 있었다. 승선 거부를 외치는 사람들이 넘치지만, 국가개혁과 단기적 정치 일정에 대비하는 일은 물론 그간 이념 투쟁을 촉발해온 마음속 거대한 암석 뿌리를 성찰하는 일도 광장 집회만큼 중요했다. 청와대를 축소하고 열어젖히는 것과 통치기구 개혁에는 보수, 진보 구분이 없는 일이었다.

그러면 장기과제는? '시민의 시대'에 전개될 시민민주주의의 혈액이 문제였다. '양보와 자제', 역지사지易地思之의 배려, 시민민주주의는 그런 '마음의 습관'으로 작동한다. 2016년 12월 9일, 국회는 '구체제 청산'을 선언했는데, 핵심은 국가 의존적 관습과 결별하는 거였다. 몇 달의 통치력 부재 공간을 시민자치로 건너야 했고, 곧 닥칠 삼각파도를 그것으로 견뎌야 했다. 그러나 모든 문제들은 대선 열풍에 휩쓸려 묻혔다.

우파의 실패

CEO와 군주의 시간

권력의 사유화

좌파 정권이 보통 사람들의 정권이라 한다면, 우파 정권은 명사
名士 집합체였다. 노무현과 문재인은 청와대 수석비서관들을 주
변부 사람들로 채웠다. 내각도 마찬가지였는데 언론방송은 등용
인물의 배경과 경력을 찾느라 애를 먹었다. CEO와 군주는 명사
를 선호한다. 그들을 성곽 경비의 수장으로 앉혀 내부 안정을 꾀
하는 것이다. 우파 대통령들은 비서실과 내각에 지시와 명령을
수시로 하달했다. 박근혜 정권은 명령 정치의 극치였다. CEO의
수성守城정치, 군주의 밀실정치가 9년간 계속되었다.

　이명박 대통령의 통치성향은 세 가지 요소로 구성되었다고 앞
에서 지적했다. 자수성가, 기독교 신앙심, CEO가 그것. 열심히 일
하는 사람은 '반드시' 성공하고, 주님은 무한한 은총으로 길 잃은

양떼를 '반드시' 구원하며, 불철주야 뛰는 CEO는 사원들이 '반드시' 존경하고야 만다는 믿음이다. 서울시장 재직 시에는 서울시를 하느님께 봉헌하기도 했다. 이 '반드시'에의 집착은 그를 대통령으로 등극시키기는 했으나 그의 통치양식에서 융통성을 제거하고 마음의 행로를 아예 정사正邪 구분으로 고정시키는 응고제가 되었다. 이 단호한 '위정척사爲正斥邪'로 법과 질서가 바로잡혔다고 환영하는 사람도 있겠으나, '사邪'로 분류된 항목들에 철조망이 쳐지고, '마이동풍', '소 귀에 경 읽기'같은 경구가 유행하고, '명박산성' 같은 갑갑한 이미지가 정권의 상징으로 떠올랐다.

박근혜 대통령의 밀실정치는 한 걸음 더 나갔다. 친근 관계 내부에서만 작동하던 독특한 통치양식은 문화, 체육, 교육, 인사, 정경유착 등에 스며들었다. 이런 유형의 통치양식을 '권력의 사유화'로 부른다면, 그것은 첫째, 사사로운 관계로 형성된 사적 네트워크를 아예 공적 네트워크로 만들거나, 둘째, 사적 네트워크로 공적 기구를 매수해 통치기능을 수행하는 두 가지 형태를 띠었다. 박근혜 정권의 경우, 비선 치료진을 대통령 자문위로 임명한 것, 미르재단과 K스포츠재단을 설립해 문화체육부 기능을 대행하고 혼합하는 것이 전자에 속한다. 베일에 가려진 인물 최순실이 안종범 전 경제수석과 비서진 3인방 등 청와대 비서진을 매수하고, 문체부 장·차관과 문화융성위원회, 산하 기관을 장악해 대리통치를 하도록 만든 것은 후자에 속한다. 이명박 대통령의 경우는 이보다는 조금 나았으나 인적 풀이 한정되고 초기 광우병 파동과 금융위기를 겪으면서 급속히 정권의 문이 닫혔다.

그 틈을 비집고 관료들의 은근과 끈기가 영토를 확장했다. 5년마다 바뀌는 정치인은 세입자고, 오랫동안 정밀한 규제와 관행의 거미줄을 쳐 온 관료들은 집주인이다. 박근혜의 청와대는 관료, 율사, 장군이라는 3대 직업군이 장악했다. 국무위원 70%가 이들이고, 외곽 요직에도 포진했다. 관료공화국이었다. 공통점은 관행과 절차에 대한 과잉 신뢰, 즉 '매뉴얼 정치'다. 관료의 바다에 뜬 청와대가 시대를 바꾸는 혁신 또는 소인小人 정치의 틀을 깨는 변법變法과 경장更張 역시 기대하기 어렵다.

노무현 정권 이후 우파 정권은 소통으로 풀어야 할 정책 과제가 폭증했다. 세종시 수도 이전만 해도 서울시민을 위시해서 각 도의 입장을 경청해야 했고, 각계각층의 엇갈린 주장을 걸러내야 했다. 한미 FTA, 쇠고기 수입 전면개방, 미네르바 사건, 천안함 폭침, 미디어법, 4대강 사업 등등. 청와대와 한나라당은 과반을 훨씬 넘는 국회 의석을 활용하여 야당을 밀어붙였다. 현재 민주당이 국민의힘을 밀어붙인 것처럼 말이다. 성곽은 견고했다. 여당은 한나라당 153석, 친여 성향 35석을 차지해 81석에 불과한 통합민주당을 주변부로 몰아내는 데에 거칠 것이 없었다. 박근혜 정권 초기에 실시된 19대 총선에서도 152석을 차지한 여당의 압승 덕에 정권은 승승장구했다. 여당 단독 안건 상정과 통과는 이명박 정권에서 기승을 부려서 날치기 통과에 대한 비난의 목소리가 유난히 높아졌다. 야당은 거리시위로 여당의 독주에 항의했지만 별 소득이 없었다.

9년간 주변부로 밀려난 그 아픈 기억을 문재인 정권의 출범과 함께 되갚았던 야당의 심성도 이해가 되지 않는 것은 아니다. 원한 갚기 정치는 윤석열 정권에서 절정에 달했다.

불통 정권

진보는 역사를 만들고, 보수는 역사를 지킨다. 광장은 진보와 보수가 만나 서로 다른 역사를 주장하고 접점을 찾는 공간이다. '위정척사' 이념으로 무장한 통치자에겐 그런 광장이 거추장스럽다. 혼란하고 불온하고 무질서하기 때문이다. 그곳이 시위대의 마당이 될까 두려워하고, 저항운동에 모인 군중의 숫자를 세고 있다면, 사회통합이나 화합 같은 거창한 말은 아예 하지 않는 것이 좋다. 언론이 사자성어로 요약한 이명박 정권의 모습은 밀운불우密雲不雨였다. 구름이 몰렸으나 비는 내리지 않는 정권. 그러나 구름이 부족해도(과운寡雲) 필요하다면 비를 내리는(작우作雨) 게 정치인데, 우파 정권엔 그런 소통이 없다. 이런 점에서는 좌파도 별반 나을 것은 없다.

이명박 정권은 서울광장을 폐쇄한다고 발표했다. 그렇다고 서울광장에 새겨진 역사적 기억과 시민의식이 바뀔 리 없다. 서울광장이 꾼들의 정치 놀이터, 시위대의 선동 장소로 쓰인다고 할지라도 원천적 차단은 무용할 뿐더러 몰역사적 행위로 기록될 것이다. 그것이 선전 선동이고 혼란만을 조장한다고 판단되면 시민들이 먼저 외면할 것이다. 서울광장을 '건전한 여가활동과 문화행사'에 국한한다는 조례는 이명박 정권의 불통을 뜻하는 전형적 사례였고, 세월호 참사로 광장에 모인 시민들을 외면한 박근혜 정권 역시 불통인 것은 다를 바 없었다.

민주주의란 힘의 대결이 아니라 대화의 정치이다. 시위, 파업, 농성 등 '거리의 정치'는 민주주의가 덜 성숙한 사회에서 자주 발생하는 극단적 의사 표출 방식이다. 좌파는 듣기에는 미숙했고 말하기에는 능숙했던 정부였다. 우파는 달랐다. '듣기'에는 너무나 미숙했고, '말하기'에는 너무나 서툴렀다. 모두 불통 정권이란 소리를 들었으나 좌파와 우파는 서로 다른 논리와 윤리로 무장해 격돌했고, 시민과 사회단체도 서로 다른 문법으로 충돌했던 게 한국사회였다.

여의도와 서울광장은 이념 단체의 격투장이었다. 일방적 주장과 낙인찍기는 대화의 경험과 기술이 결핍된 한국인의 배타적 특성으로 정착했다. 융통성 없는 우파 정권에서 그것이 좀 더 거세게 터져 나왔을 뿐이다.

의사소통은 민주주의의 중요한 지표이다. 의사소통 또는 토론

문화가 민주주의의 원료에 해당한다는 토크빌적 사고를 중심에 놓으면 한국의 민주화에 대한 평가는 훨씬 낮아질 가능성을 배제할 수 없다. 이해갈등을 해소하고 합의를 만들어 내는 '대화의 기술'과 '마음의 양식'을 생산하는 기술은 거의 바닥이다. 불통不通은 좌우를 막론하고 한국 정치의 불명예스러운 명패다.

전면적 배제

'시민사회의 홍수'는 이명박 정권에서 썰물처럼 빠져나갔다. 간만干滿이 교차하는 자연현상이 아니라, 보수 정권이 시민단체를 정치영역으로부터 쫓아냈다는 표현이 맞을 것이다. 각종 시민단체, 정치적 지지단체, 준準공적 단체들의 목소리로 가득 찼던 공론장은 촛불시위가 끝난 이명박 정권 중반에 갑자기 조용해졌다. 노무현 정권에서 목격했던 '배제적 과잉대변'의 폐단은 사라졌으나, 시민단체의 '전면적 배제'로 인해서 시민단체가 대변기능을 중지했을 때 나타나는 또 다른 문제가 발생한 것이다.

과소대변 또는 시민단체의 침묵은 과잉대변과 유사하게 심각한 문제다. 시민운동의 급격한 쇠락은 개인과 국가, 개인과 사회 간의 완충지대를 제거해서 개인이 국가에 정면으로 노출되거나 대립하는 양상을 초래한다. 개인과 국가가 충돌하면 언제나 국가의 승리로 끝난다. 개인과 조직이 충돌하면 조직의 승리로 끝나는 것과 마찬가지이다.

시민단체의 여과작용과 대변기능이 없이 제기되는 개인적 항변은 국가와 정권이 내세우는 명분을 뚫지 못한다. 국가와 시민사회 중간지대인 정치사회가 약화되면, 홉스식 헤게모니 국가가 등장해서 모든 성원들의 입과 머리를 검열한다. 검열의 기준이 아무리 도덕적, 윤리적이라 할지라도, 개인의 자유와 국가의 자유 개념이 충돌할 위험이 급증한다. 이런 사정은 좌·우파 마찬가지이다.

사실 시민운동의 시대에도 진정한 시민참여는 아니었다. '시민 없는 시민운동'이라 할 만하다. 그것은 명망가 중심의 조직이었고, 정치권과의 네트워크를 개척하여 정책을 제안하거나 정책결정에의 참여를 도모한 조직이었다. '시민 없는 시민운동'은 정치적 포섭 혹은 배제가 상대적으로 쉽다. 이들이 개척한 공론장에는 시민들의 목소리가 들렸던 것은 아니고, 명망가와 전문가들의 목소리가 오히려 거셌다. 그리하여 '시민단체의 홍수'가 일어났던 노무현 정권의 시민참여는 이념적 성향에 맞는 조직들과 명망가들에게 참여기회를 선별적으로 불균등하게 열어줬던 결과라고 정의할 수 있다.

진보, 보수를 가릴 것 없이 행해진 동종교배는 자못 심각한 문제를 초래했다. 예를 들면, 첫째, 특정 집단들의 집단의사가 시민들을 대표하는 것으로 오인된다. 둘째, 집권세력과 시민단체의 밀접한 교호작용은 시민단체의 정치적 포섭을 유혹한다. 그것은 시민운동의 왜곡을 초래하고, 배제된 단체로부터의 강한 반발을 불러일으킨다. 두 개의 문제는 바로 '주창 그룹의 세력화'에 해당한다. 특정 이념과 이익을 표방하는 주창 집단들의 진출이 민주화 초기 이래 점점 더 현저해졌다.

미국의 정치학자 스카치폴T. Skocpol과 퍼트넘R. Putnam 사이에 벌어진 '미국 민주주의의 쇠퇴 논쟁'이 전국적 네트워크를 갖는 결사체의 성쇠와 성격 변화를 중심으로 전개된 것도 이런 관점에 서이다. 시민 전체의 보편적 이익을 추구하는 공익정신이 쇠퇴하는 반면, 세력화된 직업집단과 연합체들의 특수이익이 과도 대변되는 불평등, 불공정사회로 질적 변화를 일으키고 있다는 것이다. 스카치폴은 이런 현상을 '훼손된 민주주의'로 개념화했고, 자발적 결사체의 쇠퇴와 함께 시민들의 멤버십 하락을 가장 중요한 원인으로 지목했다.[5]

시민운동단체가 민주정치의 질적 개선과 시민·정치권 간 의사소통에 기여한 바를 부정할 수는 없지만, '공익 대변'이라는 초기적 면모로부터 특정 집단의 이익을 관철하려는 '주창 집단'으로 점진적 변모 과정을 겪었다. 그리고 특히 노무현 정권에는 '시민운동의 정치화'가 '이념 과잉의 정치'를 상승적으로 촉발했다. 이념 과잉의 정치는 집권세력이 특정 시민단체의 정치참여를 허용한 선별적 포섭정치의 결과이기도 하고, 시민단체가 쟁점 제기에는 익숙한 반면 이해갈등 해결에는 미숙한 탓이기도 하다.

이른바 '쟁점 정치'로 빚어진 이념갈등의 해결 책임을 정치권으로 전가하는 모습이 한국의 시민운동이 보여줬던 일반적 양상이다. 교섭정치, 타협정치의 능력이 부족한 정치권이 시민단체들이 제조한 이해갈등을 원숙하게 소화할 수 없었다. 시민단체의 요구가 정치의 제도적 역량을 넘어서는 사회에서는 지배세력이 비등하는 갈등을 통제할 수 없어 극심한 사회혼란을 방치할 수밖에 없다.

지배 권력이 극도로 취약해져서 갈등 만연적 사회의 외곽만을 지킬 수밖에 없는 사회를 헌팅턴은 '집정관 사회'라 불렀다. 윤석열 탄핵 수렁에 빠진 지금의 한국사회가 집정관 사회다. 아무튼, 사회 혼란의 공포심을 내세워 우파 정권은 아예 시민운동의 뇌관을 제거하는 전략을 채택했다. 그럼에도 이명박, 박근혜 정권에서 시민단체가 거리로 나왔는데 주로 노무현 정권 이후 결성된 친야 저항단체였다. 지금의 윤석열 정권에서는 자생적 극우 시민단체가 형성돼 저항단체와 다투는 형국이다.

빈약한 내치

내치가 훌륭한 정권은 없었다. 공약은 화려했음에 비하여 업적은 모두 초라했다. 대부분 자신의 이념 노선만을 고집한 까닭이다. 보수가 진보를 배우거나, 진보가 보수를 선택적이라도 수용한 사례는 없다. 모두 잘라낸 후 새 나무를 심었으니 그게 자라날 여유가 있었겠는가?

이명박 대통령이 초기에 표방했듯, 시장경제(기업친화적 환경조성), 업적주의(3대 국책프로젝트), 법질서와 규칙 준수(노동운동, 비정규직 문제), 햇볕정책의 재고(한반도 비핵화 우선추구) 등의 '보수적 노선'만으로는 이명박 정권 후반기에 내세웠던 실용정치의 본질에 근접할 수 없다. '급격한 선회와 단절'은 금물이라는 사실이다. 노무현 정권의 진보는 정치이념에서 '이상주의,' 실행방식에서 '급진주의'였다. 이상주의와 급진주의의 결합이 의도했던 '사회전복'을 이루기는 했으나 정권마저 전복시킨 가장 나쁜 결과를 초래했다. 실용 개혁정치가 되려면 '정책의 보수 회귀'도 중요하지만, '좌파 정책의 선별적 수용'도 중요하다. 노동시장, 조세, 빈곤 해소, 복지 등의 정책 영역이 특히 그러하다. 그런 일은 일어나지 않았다.

박근혜 정권도 외골수이기는 마찬가지였다. 국민 행복, 박근혜 대통령이 말은 참 잘 만들었다. 행복 주고, 꿈을 준다는데 항의할 사람은 없다. 공약을 다 합하면 행복한 그림이 나올 터지만, 자기의 짐을 홀로 감당하는 우리의 현실! 모두 피곤에 절어 있는데 행복은 멀고도 멀다. 행복사회? 5천만의 행복이 아니라 하층 1천만 명에 집중해야 실천 가능하다. 임금노동자 중 월수 200만 원 이하가 50%, 100만 원 이하도 14%에 달했던 게 10년 전 현실이었다.

국민 행복을 위해 정부가 할 일은 차별제거와 복지다. '차별제거'는 소수·취약집단에 기회균등을 증진하는 것으로 고졸, 여성, 지방대 출신 채용비율을 높이고, 임금과 승진에도 차별을 없애는 적극적 조치다. 한국은 아직 심각한 격차사회다. 복지는 공약 때부터 설계가 잘못됐다. 무상보육, 노령연금, 4대 중증질환, 반값등록금 모두 최하위 1천만 명에서 시작해 조금씩 확대하는 방안을 취했어야 옳았다.

복지는 소득격차를 줄이는 최선의 방안이고, 사회연대력을 높이는 최고의 윤활유다. 조건이 있다. 복지 수혜자가 사회에 헌신하겠다는 윤리적 서약이다. 이것 없이는 납세자의 동의를 받을 수가 없다. 정치적 설득이 빠졌으니 2013년 7월 박근혜 정권의 증세 실패는 당연한 귀결이었다.

노무현 정권을 비롯해 지난 20여 년간 우파 정권과 좌파 정권이 정당성을 놓고 격돌한 논쟁의 요체는 이렇다. 크게 보면, '신자유주의적 명제'와 '사회민주주의적 명제' 간의 대립이다. 세계화의 시대에 국가경쟁력을 배양하려면, 전자는 작은 정부, 시장

자율, 복지 축소가 국가운영의 최적 원리라고 보는 데 반해, 후자는 큰 정부, 시장 규제, 복지 확대가 정당하다고 보는 것이다. 양자는 양립할 수 없고 상충적이다. 보수정당은 신자유주의적 명제를, 진보정당은 사민주의적 명제를 추종한다. 그렇다면, 서로 상반된 입장들이 대치선을 형성하게 되고 이는 곧 사회세력 간 갈등으로 발전한다. 노무현 정권을 괴롭힌 공방전이 이명박 정권에서 거꾸로 일어났다. 우파와 좌파 간 이분법적 원리를 변형시키지 않으면 투쟁 전선은 항상 발생하고 격렬해진다. 엄청난 정치적 비용인데, 문제는 업적에 있어서 좌·우파 간 차이가 그리 크지 않다는 사실이다.

노무현 정권부터 윤석열 정권까지 경제성장률과 고용자 중 비정규직 비율을 살펴보면 그런 사정이 파악된다. 물론 다른 지표들도 종합적으로 검토해야겠지만, 성장과 고용이 핵심이라고 생각하면 간단한 몇 가지가 눈에 띈다.

첫째, 경제성장률은 전체적으로 하향 추세인데, 이명박과 문재인 정권에서 큰 폭의 등락이 발견된다. 금융위기(2010년)와 코로나 팬데믹(2020년)으로 인한 충격이다. 두 정권 모두 다음 해에는 곧 회복했다. 노무현과 박근혜 정권에서 비교적 안정된 성장률을 구가했지만 모두 저성장임은 공통이다. 어느 정권이 더 잘했다고 말할 수 없을 정도다. 다시 말해, 정책의 커다란 차별성에도 불구하고 정책 효과에는 큰 차이가 보이지 않는다.

둘째, 비정규직 비율에는 차별성이 발견된다. 우파 정권이 좌파 정권보다 비정규직 비율을 낮췄다. 비정규직의 정규직화를 외쳤던 좌파 정권의 정책부작용이 오히려 컸다는 말이고, 우파 정권의 시장 자율 정책이 비정규직 노동자에게는 더 순기능적이었음을 말해준다. 비정규직 비율은 문재인 정권 후반기에 급등했다가 윤석열 정권에서 그 반등세가 다소 꺾였다.

내치의 관점에서 정권마다 그토록 밀어붙였던 정책 효율성은 그다지 차이가 없을 뿐더러, 고용과 관련해서 좌파의 시장 규제 정책은 오히려 역효과를 불러왔다는 점은 주목을 요한다. 두 개의 지표만 본다면, 문재인 정권에서 최악, 박근혜 정권과 노무현 정권에서 비교적 안정, 이명박 정권에서 들쑥날쑥한 불안정 상태였다고 평가할 수 있겠다(윤석열 정권은 아마 최악을 기록했을 가능성이 크다). 그렇다면, 그토록 소란했던 정치 양극화와 사활을 건 정당 간 격투가 유효했는가? 찬찬히 숙고할 장면이다.

민주주의의 생환

좋은 정치를 찾아서

노무현 정권부터 윤석열 정권까지 지난 20여 년간 우파와 좌파 정권이 격돌한 논쟁의 요체는 '신자유주의적 명제'와 '사회민주주의적 명제' 간의 대립이었다. 국가운영의 최적 원리로 전자는 작은 정부, 시장 자율, 복지 축소를 주창했고, 후자는 큰 정부, 시장 규제, 복지 확대를 내세웠다.

양립할 수 없는 상반된 입장은 대치선을 형성했고 사회세력 간 갈등으로 이어졌다. 격렬한 투쟁 전선에서 엄청난 정치적 비용을 부담해야 했는데, 정작 업적에 있어서 좌·우파 정권 간 차이가 그리 크지 않았다. 그토록 소란했던 정당 간 격투는 유효했는가?

화려한 공약과 빈약한 공적은 민주화 38년간 등장했던 여덟 차례의 정권에 공통된 한계다. 거창한 포부와는 달리 왜 공적은 한없이 빈약한가? 38년이라는 짧지 않은 기간에 민주주의의 제도적 성숙과 역량 증대가 늦춰진 이유는, 기존 정권의 노선과 정책을 밭갈이하듯 뒤집어엎는, 청산과 적대 정치 때문이다.

한국 민주주의는 무너졌다. 민주화 38년이 어떠했길래 윤석열 정권은 탄핵 사태에 직면했는가? 한국 민주주의가 당도한 망국의 프레임은 무엇인가?

적대 정치의 구조와 동학

파괴된 가드레일

2024년 12월 3일 비상계엄 선포 이후로 이어진 탄핵 사태와 대통령 구속, 그리고 법적 투쟁은 결국 한국사회를 무질서의 공간으로 몰고 갔다. 전 국민이 불안 속에 전전긍긍하고 있는 이때에 민주주의 회복과 정치 안정은 불확실성에 파묻혔다. 민주주의 체제를 유지하기가 생각보다 어렵다는 것은 2024년 노벨경제학상을 받은 대런 아제모을루의 '좁은 회랑론'에 명료하게 나타난다. 국가에 의한 시민사회의 동원이 결국 민주주의에 커다란 위협이 된다는 사실을 최근 그의 저서에서 입증했다.[1]

　이론은 비교적 간단명료하다. 민주주의는 '국가의 힘'과 '사회의 힘'이 팽팽한 긴장을 이룰 때에 형성된다. 양자 간 형성되는

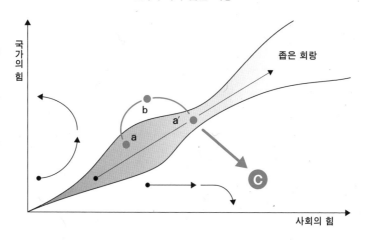

민주주의의 좁은 회랑

힘의 균형지대가 '좁은 회랑'인데, 그것이 좁은 이유는 힘의 균형
이 깨질 때 민주주의는 한쪽으로 이탈해 나가기 때문이다. 그림
〈민주주의의 좁은 회랑〉에서 보듯, '국가의 힘'(Y축) 쪽으로 빨려
나가면 독재를 치러야 하고, '사회의 힘'(X축) 쪽으로 낙하하면
무질서를 감당해야 한다. 민주주의를 지키고 유지하기가 그리
쉽지 않다는 뜻이다.

그렇다면, 한국의 민주화 38년은 어떤 궤적을 그려왔을까?

'시민단체의 선별적 포섭'이라는 관점에서 판단한다면 이렇다.
정권 초기에는 시민사회의 역량에 의해 좁은 회랑에 머물러 있
다가(a), 정치적 포섭이 진행됨에 따라 국가의 힘 쪽으로 이전하
는(b) 궤적을 그렸다고 할 수 있다. 그러다가 다시 저항세력의

비판에 직면하고 대선과 총선 시기와 맞물리면서 사회의 힘이 끌어당겨 좁은 회랑 내부로 귀환하는 형태(a′)가 반복되었다.

국가의 힘 쪽으로 끌려가는 과정에서 한국의 민주주의는 포퓰리즘의 유혹에 굴복하는 모습을 연출하였는데, 국가기구 장악, 여론 조작, 사법부 장악과 같이 민주주의의 가드레일이 무너지는 위험에 자주 빠졌다.

윤석열 정권 사태는 아예 X축 쪽으로 떨어져 내린 꼴이다(ⓒ). 좁은 회랑 아래쪽은 무질서가 기다린다. 민주주의 가드레일이 작동하지 않은 채 이념과 비전, 지향을 달리하는 사회 각 집단들이 난립하고 대립하고 충돌하는 영역이다. 좁은 회랑 내부로 복귀하기 위해 무질서 상태를 관할할 주체를 정립하기 어렵다. 정당 간 투쟁이 지속되는 한국의 현재 상황이 그렇다.

청산의 유혹

선거를 통한 정권교체의 가능성이 열려 있음은 민주주의의 가장 커다란 장점이자 유연성이다. 여러 정치학자의 공통된 지적이다.[2] 민주적 규칙을 그래도 지키고자 하는 정권은 민주주의 영역 밖으로 이탈하지 못한다. 한국은 민주주의의 제도화 수준이 아직 기대에 못 미치고 제도운영에 많은 한계와 문제점을 노출하고 있지만, 38년 동안 한국의 민주주의는 재再권위주의화도 없었고, 민주주의의 프레임이 망가지지도 않았으며, 심각한 경제위기를 촉발하지도 않았다. 그러나 각 정권은 위험천만한 취약성에 노출되어 있었다.

좌·우파 정권을 막론하고 정치양식과 정치행위를 단단히 다진 정권은 없었다. 가장 가까이는, 진보 정치 실현을 호언장담하고 출범한 문재인 정권의 실상을 들여다보면 만족보다는 불만과 아쉬움이 쌓였다. 문재인 정권은 지난 정권을 파헤치는 일 외에 기억할 만한 공적을 쌓지 못했다. 화려한 공약과 빈약한 공적은 비단 좌파 정권만의 현상이 아니라 민주화 38년간 등장했던 여덟 차례의 정권에 공통된 한계다. 왜 한국의 민주정권들은 거창한 포부와는 달리 공적은 한없이 빈약한가? 각 정권이 힘차게 공언한 국민적 맹약과는 사뭇 달리 마땅히 내놓을 게 없다는 공통적 사실을 어떻게 이해해야 하는가?

민주화 초기 김영삼과 김대중 정권의 공적은 그런대로 인정되지만, 노무현 정권은 '미완의 개혁'이었으며, 이명박 정권은 화려한 수사와는 달리 여러 유형의 글로벌 위기에 대처하느라 정신이 없었고, 박근혜 정권은 탄핵으로 주저앉았다. 문재인 정권은 소리만 요란했고, 윤석열 정권은 다시 탄핵을 자초했다.

민주화 이후 역대 어떤 정권도 하나같이 '미완의 개혁'이었음은 공통된 한계다. 정치에서 '완성된 개혁'은 다만 레토릭의 문제라고 보면 '미완의 개혁'보다는 개혁의 양식, 즉 각 정권이 어떤 정치양식을 구사했는지가 민주주의의 발전과 관련하여 더 중요한 쟁점이 된다. 지난 정권과의 완전한 단절이라는 행태는 한국 민주주의의 발전양식의 장단점을 고찰하는 핵심 요소이다. 적폐로 지목한 것들을 폐기 처분하는 일도 업적일 것이지만, 청산의 부작용이 훨씬 크다면 민의는 곤두박질친다.

이런 통치양식이라면, 어느 틈에서 민주주의적 발전의 에너지가 솟아날 수 있겠는가? 모두 단절적 개혁의 전형이었다. '단절적 개혁'이란 기존 정권의 노선과 정책을 모두 폐기하고, 질적으로 전혀 새로운 정책을 구사하는 것을 말한다. 쉽게 말하면, 밭갈이하듯 뒤집어엎는 것, 기존 것을 모두 리셋해 버리고 새로운 메뉴를 깔아놓는다. 청산적 개혁이라 해도 좋을 것이다.

단절적, 청산적 개혁은 기존 정권의 경로를 폐쇄하고 새로운 길을 개척한다. 그리고 5년 후 다음 정권에 의해 다시 폐쇄된다. 민주화 과정이 이렇게 폐쇄된 경로들로 쌓인다. 폐쇄된 경로들의 무덤, 토막 난 경로들의 무덤에서 민주주의가 만발할 가능성은 희박하다. 그것은 기존 정권의 정당성을 부정하는 가장 좋은 방법이고, 정권의 정당성을 쌓는 가장 쉬운 수단이기도 하다.

'정당성 부정을 통한 정당화'는 남미 여러 국가에 두루 관찰되는 특징으로서 한국 역시 이런 유형에 예외가 아니다. 그래서 척결剔抉 정치가 각광을 받는다. 대통령을 감옥에 보내는 유난스런 정치행태도 여기에서 유래하고, 기존 권력집단에 부정부패의 죄목을 씌워 세력교체를 단행하는 것도 이런 정치행태의 소산이다. 그래서 척결, 청산의 정치는 자신의 이념적 성향과 구미에 맞춰 항상 새롭지만 생뚱맞은 메뉴를 선보인다.

문재인 정권이 '청산의 정치'를 초기에 마감하고 협력 정치로 선회했다면 사정은 달라졌을 터이지만, 586 혁명세대의 정치관에는 타협, 협의, 소통 같은 개념은 존재하지 않았다. 청산과 일소, 정치지형을 완벽히 리셋하는 것이 문재인 정권의 목표였다. 정치는 우리 편 끼리만 하는 것이 아닌 터에 청산과 정산은 본질적으로 다르다는 사실을 애초부터 알고 싶어 하지 않았다.

청산은 반대편을 일소하는 것이고, 정산은 시시비비를 가려 새로운 지형에 함께 모이도록 하는 것이다. 문재인 정권은 그들을 궁지로 몰아내거나 적으로 낙인찍었다. 노무현 정권의 쓰라린 경험을 반복하지 않는다는 굳은 신념으로 경쟁자를 몰아냈고, 공약과제를 추호의 의심 없이 끝까지 밀어붙였고, 정책부작용에 대해서는 과거의 네 탓, 즉 적폐로 돌렸다. 팬덤에게 무한 신뢰를 보내고, 국가기구를 장악하고, 경쟁자와 반대자를 적폐청산의 울타리에 가두는 행위가 그것이다. 그 적이 이제 뒤바뀐 정치지형을 딛고 스멀스멀 생환했고 좌파 정권과는 거리가 먼 대척점에서 더 강한 청산을 추진했다. 그러나 막혔다. 느닷없는, 누구도 예상하지 않았던 비상계엄을 발동한 맥락이다.

이런 형태의 적대 정치는 정도의 차이가 있을 뿐 사실은 여덟 차례의 민주정권에 공통된 현상이다. 문재인과 윤석열 정권에서 가장 강도가 셌다는 점이 다르다. 청산과 적대 정치는 한국 민주주의의 발전을 가로막는 장애물이자 모든 정권이 반복적으로 빠져든 고질적인 덫이다. 이념을 달리하는 정치세력 간, 정당 간 극단적 불신, 시민 정치와 엘리트 정치 간 간극, 좌우 극단을 오가는 진자 운동 등 복합적 올가미가 청산 정치와 종국적 파산에 내장되어 있다.

정치학자들은 최근 민주주의의 글로벌 위기 현상에 주목한다. 헝가리, 오스트리아, 튀르키예 등 세계 여러 국가에서 민주주의 쇠퇴가 관찰되고 민주주의 위기를 낳는 요인들의 영향력이 날로 커지는 것이 요즘의 추세다.[3]

위기론자들이 지적하는 민주주의의 적은 대체로 세 가지다. 경기침체, SNS 발달, 다인종 국가의 확산. 이 세 가지 요인이 민주주의를 위협할 개연성은 국가적 상황과 특성에 따라 달라지겠는데, SNS 발달과 공론장 분열로 시달리는 한국은 이미 포퓰리즘적 유혹에 빠졌다. 청산적 적대양식이 만든 비극이다.

민주주의는 사망 선고를 받았다. 도대체 한국의 민주화 38년이 어떠했길래 윤석열 정권은 중대한 실정과 탄핵 사태에 직면했는가? 단절적 유혹의 덫과 구조는 무엇인가? 한국 민주주의가 당도한 망국의 프레임을 살펴보고자 한다.

결정結晶: 이중 전환의 난제

한국의 민주정치를 특징짓는 단절적 적대양식은 이행-공고화로 이어지는 각 단계에 내장돼 있다. 이행의 양식이 공고화의 전반적 양상을 결정한다. 역으로, 공고화의 과정이 이행양식에 의해 결박된다고 말할 수 있겠다. 정당정치의 미성숙과 대결로 일관하는 정치행태, 대결 끝에 거리로 뛰쳐나가는 행위, 이른바 대결·척결·대치의 반복적 행태 등이 그렇다. 역사적 경험과 연결된 이념의 경직성 역시 이행과정에서 해소되지 않은 채 강력한 대결요인으로 작동했다. 기존 정당의 해체와 신당 창당을 통한 지지층의 결집 시도는 여러 차례 선을 보였다. 그럼에도 이념적 경직성은 잔존했고 때로는 더 강력해졌다.

이행과정에서 청산되지 않은 사회경제적·정치적 요인들, 또는 이행과정을 특징지었던 강력한 요인들이 여전히 남아 재발화하거나 집단 간 갈등을 부추겨 공고화 양식에 막대한 영향을 미친다. 이것이 이행-공고화로 이어지는 이중 전환의 난제다. 두 단계는 서로 얽혀 있다.

그렇다면 한국의 민주화 이행과정은 어떤 특징이 있는가, 그리고 어떤 정치지형을 만들었는가? 네 가지가 핵심이다.

1. 이행양식

이행양식에는 세 가지 유형이 존재한다. ① 구체제의 패배와 붕괴에 의한 이행, ② 거래를 통한 이행, ③ 구세력의 탈출을 통한 이행이 그것이다.[4] 한국은 두 번째 유형, 즉 '거래를 통한 이행'에 속하는데 여기에는 두 개의 하위 유형이 존재한다.

'사회 협약적 민주화'와 '엘리트 협상적 민주화'가 그것이다. 모두 개혁 민주화에 속하는 것으로서 전자는 계급적 조직기반이 형성되어 있는 국가에서 출현하는 반면, 후자는 조직기반이 취약해서 정치엘리트가 민주이행을 주도하는 한국과 같은 경우에 나타난다.

한국은 약화된 권위주의 혹은 연성 권위주의dictablanda로 전환한 군부가 민주세력과의 협상을 통해 민주이행의 다리를 건넌 나라이다. 그래서 초기 민주주의 공간에 기존의 군부세력과 민간 정치엘리트가 공존하는 상태가 연출됐다. 군부세력은 하나회 척결 조치로 곧 병영으로 복귀했는데(재再병영화) 개혁민주화는 군부세력의 완전한 붕괴에 따른 '단절 민주화'에 비해 민주주의적 개혁 수준이 훨씬 뒤처지는 것이 보통이다.

민주화를 추동했던 사회세력들, 노동자·농민·학생 등 저항세력의 불만이 여기에서 싹튼다. 엘리트 주도 개혁 민주화는 정치권에서 배제된 채 근본적, 단절적 민주화를 꾀하는 저항세력의 도전과 비판에 직면한다. 한국은 지난 38년간 이런 이념적 대립각이 공고화 기간에 더욱 날카로워져 부드러운 이중 전환을 어렵게 만들었다.

2. 이념적 경직성과 지속적 재생산

어느 국가나 이념적 대립은 존재하기 마련이다. 계급과 종교, 언어, 문화, 지역 정서가 주요한 균열요인인데, 유럽은 정당정치를 통해 균열을 메우고 타협점을 찾아간다. 네덜란드, 스위스, 벨기에 등은 사회적 구성요인들의 다양성을 인정하고 각 이질집단 간 타협과 협의를 통해 갈등을 해소하는 이른바 협의민주주의를 발전시켰다. 다원사회의 이해충돌을 해소하는 절묘한 정치술이다.

인종에 기초한 종족주의와 부족주의가 돌출해 사회적 균형을 깨트리는 사례는 동유럽, 중동 지역에서 다반사로 발생한다. 트럼프의 재등장은 미국 중심주의, 백인 중심적 배타주의와 정치적 부족주의部族主義에 의해 미국 민주주의 기반이 심각하게 위협받는 사태를 초래할 것이다.

한국은 계급, 종교, 언어, 문화와 같은 요인들이 그리 심각한 균열은 아니다. 한국은 다종교사회이나 종교 간 균열은 거의 없고, 워낙 빈곤한 국가에서 출발한 덕분에 계급 역시 정치적 분열을 초래할 정도는 아니었다. 언어, 문화, 인종의 단일성은 한국의 역사성에서 유래된 단합요인이지 균열요인은 아니다. 그렇다면 이념적 경직성은 어디서 유래한 것인가?

첫째, 해방 이후 민주화 기간에 이르기까지 보수-진보를 가르는 가장 강력한 이념균열은 친미親美/친북親北이라는 이념의 짝이었다. 친미와 친북 균열은 한국전쟁의 유산으로서 민족의 숙원인 통일문제를 두고 대립해온 이념적 성향이자 정치노선이다. 북한을 국제관계에서 내치거나 반북反北 통일을 주창하는 것은 '민족은 하나'라는 민족 자립적 통일 목적에 위배된다는 신념은 진보진영이 오랫동안 내면화해온 세계관이다. 따라서 진보진영은 북한에 대한 우호적 접근, 유연한 자세, 때로는 관용적 태도를 취할 것을 주창했고, 미국의 방위조약 내에서 통일을 성취해야 한다는 반북적 보수노선에 반민족적 프레임을 씌웠다.

북한이 핵무기로 무장하기 시작한 1990년대 중반 이후 친미/반미, 친북/반북의 충돌은 더욱 첨예화됐다. 보수 정권은 미국의 핵우산에 의존해 반북 노선을 강화했고, 진보 정권은 북한의 미사일과 핵위협을 민족적 연대와 관용적 태도로 해소하고자 했다. 주한미군 주둔 여부를 둘러싸고 벌어졌던 설전, 미군부대 이전이 초래한 보수-진보 진영 간 대립과 정치적 갈등이 모두 이러한 구도에서 비롯되었는데, 이는 북한의 핵무장이 거의 완료된 현재까지도 진행형이며 향후에도 한국의 정치지형에 가장 강력한 영향을 미칠 예정이다. 대선 때마다 기획되고 돌출되는 '북풍北風'은 이런 균열의 재현이다.

둘째, **성장/분배** 간 균열이다. 성장/분배 대립은 고도성장 기간에 싹텄는데 1961~1987년 권위주의의 억압통치하에서 잠재적 갈등요인으로 세를 얻다가 민주화 이행에서 정치 전면에 등장한 불가피한 균열이다. 선先성장 후後분배 정책의 소산이자 권위주의 체제의 경제적 성과가 낳은 피할 수 없는 결과이기도 하다. 한국의 민주화는 산업화세력이 명분으로 내세웠던 파급효과의 허상을 폭로하는 계기였다. 권위주의 체제하에서 행해진 자원의 불균등 분배정책은 급기야 국민들로 하여금 소득 불평등에 눈뜨게 만들었고, 진보진영과 분배연합의 정치적 결합을 더욱 선명하게 만들었다. 분배갈등은 1990년대 산업 구조조정과 노동법 개혁을 통해 더욱 명분을 얻었고, 2000년대 저성장 국면에 접어들면서 개혁정치의 가장 첨예한 쟁점으로 부상하기에 이르렀다.

분배와 직결된 복지정책이 정치적 화두가 된 것도 이런 배경을 갖는다. 이 과정에서 분배연합과 성장연합 간 균열이 뚜렷해졌는데 앞에서 지적한 정당정치의 미성숙 또는 발아 부진으로 말미암아 양 진영 간 치열한 대치상태가 자주 발발했다.

권위주의에서 물려받은 이념적 균열요인 또는 이데올로기적 분절은 다른 균열요인이 성장하지 않은 상태에서 거의 타협이 불가능한 '구조적 신념'으로 굳어졌다. 구조적 신념이란 정치적 갈등의 기저에 놓여 있으면서 시대적 변화에 따라 다른 형태로 발화하는 이념적 원천 혹은 씨앗이라고 표현할 수 있겠다.

말하자면, 친미/친북, 성장/분배라는 두 개의 이념적 짝은 다른 국가의 경우 인종과 종교적 분절만큼이나 강한 분열의 요인이 되었다.

이 두 개의 구조적 신념에 근거하여 보수와 진보로 갈라진 이데올로기적 대립양상은 타협정치의 부재를 틈타 강력한 정치적 균열로 발전했으며 몇 차례의 정권교체에도 불구하고 그것을 관통하는 공고화 저해요인으로 고착되었다. 다른 국가에 비하여 균열요인이 상대적으로 적은 한국에서 보수·진보정당 간 이념적 거리가 훨씬 먼 것은 이러한 이유이다.

양자의 이념적 거리가 멀수록 타협정치와 공고화는 어려우며, 소득 불평등 완화나 경제성장이 제대로 진척되지 않는다는 것이 정설이다. 2000년대에 들어 한국의 소득 불평등이 악화일로에 있고, 경제정책과 사회정책의 장기적 기획이 제대로 설계되지 않은 채 정권성향에 따른 시혜성 정책들이 난발한 사실도 이렇게 설명된다.

3. 참여와 대변의 간극

민주화의 가장 중요한 척도가 참여와 대변^{代辨}이라는 점은 정치
학자들의 공통된 의견이다. 그런데 국민투표(참여)가 곧장 대변
을 보장하지 않는다. 한국은 참여와 대변을 분리하는 중대한 제
도적 결함을 내포하고 있는데, 지난 38년간 공고화 과정을 방해
해온 중대한 장애물로 고착하기에 이르렀다. 참여와 대변의 분
리는 이행양식의 특징인 엘리트 주도 협상양식에 이미 잠재되어
있었다. 그것은 두 가지다. 적대 정치를 빚어낸 제도적 요인 중
가장 심각하고 중대한 것들이다.

대통령 단임제와 단순 다수제

한국의 대통령은 5년 단임제이고, 득표율이 50% 미만이라도 최
다 득표자가 권좌에 등극한다. 지난 여덟 차례 대통령 선거에서
50% 득표율에 근접하거나 살짝 넘긴 후보는 노무현(48.67%), 박
근혜(51.55%), 윤석열(48.56%) 세 사람뿐이며, 나머지는 대체로
40% 선에 머물렀다. 적은 득표율로 당선되고도 동의^{同意}정치를
펼쳐야 한다는 부담감이 한국 민주주의의 난점이다.

협의정치가 이뤄지지 않는 한 대통령과 집권당에 대한 저항은
항시적이다. 협의정치적 관행이 지극히 취약하고 한 번의 선거
로 권력을 결정하는 한국에서 대통령은 지지 세력의 대변자가

되어야 하는데 그 과정에서 저항세력과 비판세력, 정치적 정체성이 다른 집단들의 의식적, 무의식적 배제가 일어난다. 그것도 5년 단임이라는 시간적 제약이 압박감으로 작용한다. 5년 내에 지지율을 유지하거나 끌어올릴 수 있는 중대한 업적을 쌓아야 한다. 대변보다는 업적 위주, 장기적 비전보다는 단기적 성과에 매진해야 하는 정치적 일정이 여기서 유래한다.

더욱이 권력이 한 몸에 집중되는 '제왕적 대통령제'하에서 업적에 쫓기는 대통령은 제도와 법적 절차를 우회하려는 유혹에 종종 사로잡힌다. 이런 경우 국가위기를 표방해 행정명령, 긴급조치, 비상수단 등에 호소할 개연성이 높다. 집권당 역시 이런 정치적 환경에 놓여 있기에 대변기능을 포기하고 모든 권한을 대통령에게 위임하는 이른바 '위임민주주의'의 위험을 감수하는 경향성을 보인다.

위임민주주의란 대통령이 국민적 주권을 모두 위임받은 것처럼 행동할 때 출현한다. 여소야대 상황에서 특정 정책을 이뤄내고자 할 때, 또는 여대야소 상황에서 집권당이 승자독식을 꾀하는 경우에도 위임민주주의가 나타난다. 타협과 논쟁을 통한 해결이 아니라 '밀어붙이기'식 돌파전을 감행하는 경우가 그렇다.

위임민주주의는 대의성, 즉 참여와 대변이라는 민주주의 뇌관을 파괴한다. 민주주의의 가드레일이 망가지는 것이다.

정당정치의 취약성

대통령이 국민의 공통이익을 대변하는 것이 어렵듯이, 의회정치 역시 지역민 내지 유권자의 이익을 대변하는 기능은 매우 취약하다. 오히려 의회정치는 유권자와는 사뭇 달라진 정당 고유의 이해관심에 더욱 충실한 것이 한국의 정치적 특성이다. 한국의 정당이 대중정당의 경로를 거치지 않은 채 곧바로 포괄정당으로 전환했기 때문인데, 유권자와 정당 간에는 구조적 간극이 존재한다. 의회정치에서 정당이 특정인, 특정 분파, 그리고 정당 정체성이나 권력 획득과 관련된 쟁점에 매진하는 경향은 이미 민주화 이행과정에도 작동했다.

한국의 정당은 정권 획득을 위해 잦은 해체와 창당을 감행했는데, 이는 민주화 과정에서도 그대로 재현되었다. 민주당은 '통일민주당·평화민주당', '새정치국민회의', '새천년민주당', '열린우리당', '통합민주당', '더불어민주당' 등의 다양한 명칭을 통해 변신을 꾀하였고, 보수당 역시 '민주자유당', '신한국당', '한나라당', '새누리당', '미래통합당', '국민의힘' 등의 궤적을 밟았다. 그렇다고 진보, 보수 각 진영의 일대 변혁이 일어난 것은 아니었다. 지역적 기반이 지난 38년간 변화한 것은 아니어서 정당 지지도의 동서東西분절이 약간씩 변동하는 형태로 여야與野가 바뀌는 양상이 반복되었던 것이다.

여기에 여야 할 것 없이 '거리의 정치'를 선호하는 경향도 그대로다. 의회정치의 울타리를 벗어나 직접 지지자들을 규합하는 매력적이고도 대중적 수단이 거리의 정치다. 여의도를 대신한 광화문 광장은 정치인들이 지지자들에게 호소하는 투쟁, 시위장소로 변질되었다.

그렇다고 유권자와 정당 간 구조적 간극이 좁아진 것도 아니다. 정당 고유의 목적과 명분에 의하여 유권자의 이해관심이 굴절되거나 배제되는 현상은 민주화 이행 이후 공고화 시기에도 줄곧 민주주의 질적 발전을 방해하는 요인이었다. 그럼에도 유권자들은 이익대변에 소홀하거나 방치한 정치인들을 처벌하거나 응징할 적절한 방법을 결여한 채 다음 선거를 기다려야 했다. 유권자들에게 투표 외에 응징 수단이 없다는 것이 국민투표적 민주주의의 난점이다.

4. 국가에 의한 시민사회의 동원

이 점은 앞에서 누누이 언급했다. 민주화는 국가에 대한 시민사회의 역량이 커진다는 것을 의미한다. 국가 독주의 시대를 마감하고 시민사회의 요구를 정치적 영역으로 끌어들이는 것, 시민사회의 이해충돌을 협치를 통해 해소하는 것을 의미한다. 참여확대는 정치적 정당성을 증대한다. 참여확대와 정당성은 절차적 민주주의의 전제조건이다. 참여 다음에 오는 책임성의 문제가 불거지면 상황은 달라진다. 누가 참여하고, 누가 어떻게 책임을 지는가의 문제가 민주주의의 발전역량을 좌우한다.

민주화 추동 세력은 노동운동, 학생운동을 비롯한 이른바 재야^{在野}세력이었고 정치권 내부의 민주화 엘리트 집단이 이에 호응한 결과였다. 민주화 초기인 1990년대는 노동운동이 저항운동의 주류를 이루었고 2000년대에 들어서는 시민운동으로 주도권이 옮겨갔다. 학생운동 활동가는 이미 정치권 내부로 진입하는 수순을 밟고 있었는데, 이들이 2000년대 민주주의 공고화과정의 주역으로 떠오른 것은 당연한 이치였다.

저항세력과 연결된 시민단체들은 노무현 정권에서 기회의 창구를 발견했고 노무현 정권은 이를 활용해 기득권세력을 포위하는 전략을 구사했는데 양자의 원원전략은 상당한 성공을 거두었다. 시민단체는 쟁점 정치의 전위부대로 전환했다. 쟁점 창출과 확대, 이를 위한 사회정책의 설계와 입안에 이르기까지 시민단체의 영향력은 날로 커졌으며, 시민단체의 지원을 위한 국가 차원의 정책이 가동되었다. 국가 예산을 지원받아 시민활동을 조직하는 시민단체들이 우후죽순 생겨나고 시민들이 원하는 쟁점을 정치화하는 사례들이 급상승했다.

문재인 정권은 두 차례의 보수 정권을 뛰어넘어 이런 노선을 그대로 확대 연장했는데, 진보 정권과 친화성을 갖는 시민단체들은 정책 설계와 실행과정에 깊숙이 개입하기에 이르렀다. '촛불혁명'은 정치참여를 넘어 행정영역에까지 시민단체의 개입을 정당화해주는 매우 좋은 수사修辭였다.

그런데 한국에서 시민단체의 정치참여는 심각한 결함을 안고 있었고, 민주화 38년간 공고화를 저해한 반복적 원인이 되었음은 주목을 요한다. 명망가 중심의 조직적 특성과 이념적 친화성에 의한 선별적 포섭이 그것이다.

이념적 친화성에 의한 선별적 포섭 내지 '선별적 매수'라고 할 수 있는 비민주적 행위가 특히 좌파 정권에서 다반사로 일어났다. 우파 정권에서도 이런 일이 똑같이 일어났는데, 이명박, 박근혜 정권은 아예 시민운동과의 거리 두기를 표방하면서도 특정 보수단체들을 세력화하는 점에서는 동일했다.

시민단체의 선별적 포섭과 이념적 동종교배는 정도의 차이는 있을지라도 좌·우파 정권을 가리지 않은 공통적 특성이었다. 이는 민주주의 공고화를 방해한 한국적 요인이었다. 시민운동의 동원은 시민사회에 대한 국가(정권)의 우위성을 강화해주었고, 국가의 힘을 비대하게 만드는 원인이 되었다. 시민운동에 의해 민주주의가 구축된 국가에서 국가에 의한 시민운동의 포섭이 다시 민주주의를 훼손하는 역과정이 이렇게 발생한다.

이상의 고찰을 요약한다면, 이행과 공고화로 이어지는 이중 전환을 방해하는 한국적 요인들은 아직도 건재하다. 네 가지 요인들이 그러하다. ① '거래를 통한 이행'이 좌우 진영 간 이념적 대립각을 첨예하게 만들었고, ② 대북 관계와 분배 문제가 '구조적 신념'으로 고착돼 우리의 의식 공간 기저에 깊숙이 뿌리 내려 있으며, ③ 제도적 기반과 설계가 취약해 참여와 대변기능이 분절되는 한계를 극복하지 못했으며, ④ 마지막으로 국가에 의한 시민사회의 동원 관행이 앞에서 제시한 좁은 회랑을 자주 이탈하게 만들었다.

이런 결점들은 영역 간 발전수준의 격차, 즉 '영역 부조응不照應'에 의해 집단 간 이해갈등과 투쟁 양상을 더욱 치열하게 만들었다.

적대 정치의 발생구조 1: 영역 부조응

윤석열의 탄핵 사태가 발생하기 직전까지 지난 38년간 한국 정치는 좁은 회랑을 들락거렸다. 이탈과 회귀를 반복했다. 백만 명 넘게 참여한 대규모 시위를 여러 차례, 대통령 탄핵 사건을 세 차례나 겪으면서도 좁은 회랑으로 꾸준히 돌아왔다. 그런데, 앞에서 관찰하였듯이 시민사회의 분열과 집단이익의 충돌, 이념 갈등과 선별적 동원 등 국가의 힘을 오히려 강화해주는 요인들은 여전하다. 국가의 힘이 커지면 시민사회가 감당할 수 없는 리바이어던이 된다.

홉스의 사회계약설에 등장하는 이 괴물은 사실상 시민사회가 주권을 위임한 국가다. 시민의 직접 통치가 불가능하기 때문에 사회적 합의를 거쳐 권력을 정부에 위임한다. 주권의 요청에 따라 충실히 그 임무를 수행하는 국가는 그 자체 공공선公共善이다. 그런데 국가가 주권을 해칠 경우는? 홉스는 권력을 위임받은 국가가 시민사회의 헌장을 어길 경우를 대비해 시민의 저항권을 설정했다. 정부를 해체하고 새로운 권력체를 세우는 권리다. 민주정의 원리가 여기에서 유래한다. 그러나 그게 어디 쉬운가?

《좁은 회랑》의 저자 아제모을루는 이를 '족쇄'라는 상징적 개념으로 풀었다. 시민사회가 주권을 위임했다 할지라도 리바이어던에 족쇄를 채우는 일을 꾸준히 수행해야 리바이어던의 임의적, 자의적 권력이 횡행하는 절대국가로 회귀하지 않는다고 말이다. 군주정에서 민주정으로 전환하는 과정에서 절대국가 리바이어던에 족쇄를 채우는 일이 필수적이다. '족쇄 찬 리바이어던'이 민주정을 좁은 회랑에 머물게 할 전제조건인데 그러기 위해서는 시민사회가 부단히 뛰어야 한다.

리바이어던은 질주 본능을 갖고 태어난다. 독주 욕망에 가득 차 있다. 시민사회가 움직이지 않으면 리바이어던은 멀리 달아난다. 국가의 힘 쪽으로 달아나 좁은 회랑을 이탈하는 것이다. 아제모을루는 이를 '레드퀸red queen 효과'로 명명했다. 루이스 캐럴 L. Carroll의 동화 《거울나라의 앨리스》에 나오는 얘기다. 앨리스가 레드퀸과 함께 열심히 달리는데 곁에 서 있는 나무를 벗어나지 못한다. 한 사물이 움직이면 모든 사물이 따라 움직이는 게 거울 나라의 세계다. 질주하는 리바이어던에 족쇄를 채워야 겨우 따라잡는다. '족쇄 찬 리바이어던'이 민주정이다.

리바이어던의 족쇄가 풀리면 민주주의가 파괴되고, 역으로 '리바이어던이 소멸하면'(부재의 리바이어던) 무질서, 무규범 상태로 전락한다. 그러니 리바이어던에 족쇄 채우기, 좁은 회랑에 남아 있으려면 열심히 달려야 한다.

그러나 국가가 질주 본능이 있는 것처럼, 시민사회 역시 여러 유형의 욕망과 이해충돌로 분열되기 십상이다. 분열 본능이 잠재되어 있다. 초기의 시민사회론자들이 사회계약 개념을 고안해서 욕망의 위임, 자제력, 공익 같은 개념을 내세워야 했던 고뇌가 읽힌다. 사회계약은 사회질서의 최고선인 도덕적 합의다. 그러나 도덕은 자주 욕망에 짓눌리고 계약은 뒷전으로 밀리는 게 현실이다.

이런 사정을 '민주주의의 사회적 동학動學'으로 설명할 수 있겠다. 시민사회의 여러 층위가 제대로 작동해야 민주주의라는 총체적 결과가 유지 발전한다. 민주주의는 정치체제이면서 사회 여러 층위가 결집해 만들어 낸 복합적 구조물이다. '사회적 동학'에서 사회란 여러 영역을 총체적으로 지칭하는 개념이다.

공고화는 시민사회, 정치사회, 법의 지배(헌법 질서), 국가기구

(관료제), 경제사회 등 5개 영역 간 긴밀히 연결된 인과관계의 총체적 산물이다. '시민사회'는 자유와 권리를 누리는 개인과 집단의 자율성이 필수요건이다. 정당, 의회, 선거제도 등이 운영되는 '정치사회'도 권력에 의해 통제받지 않는 자율성이 필수적이며, '법에 의한 지배', 즉 합리적 지배가 보편화되어야 한다. '국가기구'는 권력에 봉사하는 거대한 통제수단이기를 멈추고 시민적 자율성을 수호하고 보장하는 헌법정신에 충실해야 하며, 시장질서와 자유로운 경제활동의 보장, 자본과 노동의 권리 보호, 성장과 분배 간 합의의 실행이라는 '경제사회'의 합리적 이념을 정착시켜야 한다. 정치영역에서 발화한 민주화가 다른 영역에서 발생한 갈등과 충돌로 저지당하거나 아예 민주화 역량이 고갈되는 현상이 제 3파 민주화를 역행하는 가장 큰 위협요인이다.[5]

각 구성영역 간 발전 수준의 차이와 이로부터 발생하는 이해갈등과 집단 투쟁이 정치 민주화의 발목을 잡는 현상은 한국도 예외가 아니었다. 구성영역 간의 부조화 상태를 '영역 부조응'이라 개념화한다면, 이는 한국 민주화 38년을 관통한 가장 중대한 특징이다.

민주화는 영역 내 가치관의 대립을 촉발한다. 참여의 문호를 개방한 절차적 민주화가 대변기능을 어느 정도 보장하는지(참여와 대변)를 둘러싸고 정치 제도의 질적 쟁점이 발화된다. 이는 곧 각 계층과 계급의 이익 대변과 직결된 문제여서 경제영역에서 성장과 분배 간 대립적 관점이 불거지고(성장과 분배), 사회영역에서는 차별과 배제를 둘러싸고 공정성 시비가 일어나기 마련이다. 사회 제도와 규범을 합리성으로 포장해도 차별을 겪는 당사자들로부터 공정성 결핍이라는 비난에 직면한다(합리성과 공정성).

대변기능의 취약성은 저항세력을 새로이 결집시키고, 부의 재분배, 불평등과 관련하여 성장연합과 분배연합이 갈린다. 저항세력과 분배연합이 공정성 논리를 들고 나오면 합리성만으로는 국민들을 설득하기 난망하다. 각 영역 간 질적 수준의 차이가 '영역 부조응'인데, 상호조화를 원하는 국민의 요망은 민주화의 질적 수준 향상에 기여하기도 하지만, 역으로 정권의 민주화 추진 역량을 상쇄하기도 하는 것이다. 헌법 질서의 존중과 관료기구의 중립성은 이러한 부조응을 해소하는 중요한 수단이다.

집단 간, 연합 간 갈등과 대립이 법규범과 헌법 질서를 깨뜨리지 않도록 관리하는 것은 민주화의 질적 발전에 중요한 관건이다. 그러나 국가(정권)는 법과 공적 수단을 동원하여 정권 고유의 목적을 달성하려는 욕망을 갖는다. 리바이어던이 족쇄를 벗어던지려는 순간은 항시적으로 발생한다.

한국은 21세기에 들어 대규모 집회와 시위를 네 차례 겪었다. 2004년 노무현 대통령 탄핵 사건, 2008년 쇠고기 수입 반대 투쟁, 그리고 2016년 박근혜 대통령 탄핵 사건이 그것이다. 그리고 현재 윤석열 대통령의 탄핵 사태를 통과하고 있다. 광화문 광장은 수백만 시위대에 의해 몇 달간 점거되었으며 정권은 규탄세력의 강력한 비난과 항의를 어쨌든 감당해야 했다. 민주주의의 발전과 관련해서 보면 긍정과 부정, 공功과 과過가 엇갈렸지만, 자유로운 시민과 집단의 자율성이 보장되고 확인되었다는 점에서는 긍정적이다. 다만, 민주적 역량 증대에 어느 정도 기여했는지는 불분명하다. 저항세력의 쟁점 정치와 공론 정치가 항상 옳고 정의로운 것만은 아니기 때문이다. 국가가 질주 본능을 내장하고 있듯, 시민사회역시 이익 극대화를 향해 분열과 반목을 감수한다.

이해충돌과 혼란을 해소하는 각종 제도의 발전 수준은 민주화의 진전을 좌우한다. 영역 부조응이 갈등을 만들어 내는 상황을 제도적 재설계로 승화해야 협의정치와 타협정치가 이뤄진다. 그런 상황임을 인정하는 것, 그리하여 영역별 내부 모순이 정치영역을 덮치지 않게 만들어야 한다는 상호 긴장과 동의는 규범에서 나온다. 규범, 즉 민주적 가치를 해결의 중심에 놓는 행동양식이자 습속習俗이 규범이다. 민주주의 제도가 아무리 발달해도 반민주적 지도자에 의해 쉽사리 악용될 소지는 널려 있다.

미국에서도 제도를 뛰어넘는 특권들 ─ 행정명령, 사면권, 필리버스터, 대통령 탄핵 ─ 을 남용하여 민주주의 가드레일을 부수는 행위가 빈번하게 발생했다. 뉴딜정책을 밀어붙이기 위해 루스벨트는 대법원 재구성 계획을 세웠고, 헌법을 넘어서는 정치적 명령권을 실행하기도 했다.

2000년대에 들어 공화당은 연방대법관 공석을 탈취하는 방식으로 규범을 짓밟았는데 트럼프 체제에서 그런 일은 당연한 통치 양식으로 치부되었다. 트럼프 지지파가 의사당에 난입해 점령하는 사건도 벌어졌다. 트럼프는 거추장스러운 규범을 과감하게 벗어던졌으나 새로운 일은 아니었다. "미국의 민주주의 규범은 이미 수십 년 전부터 침식되기 시작했다" 6

민주주의의 가드레일이 훼손되고 이상과 정치 현실 간 간극이 점차 벌어진 것은 비단 미국만이 아니라 전 세계적 현상이다. 세계 민주주의의 위기가 거론되는 배경이다. 미국을 비롯해 선진 민주주의 국가들에는 손상된 규범이 문제가 되지만, 한국에는 규범의 결핍이 오히려 문제다. 민주주의의 바탕인 자유주의가 형성된 기간이 매우 짧고, 권위주의 독재하에서 자유주의의 규범과 시장질서가 굴절된 경로를 밟았기 때문이다. 이런 관점에서 민주주의의 규범과 습속을 강조한 토크빌을 살펴봐야 할 시점이다.

적대 정치의 발생구조 2: 자유주의의 결핍

2018년 중·고등학생용 역사교과서 집필 시안이 뜨거운 논쟁을 촉발했다. '자유민주주의'라는 용어에서 '자유'를 삭제하고 '민주주의'로 표기해도 충분하다는 내용이었다. 논쟁은 곧 보수·진보 간 정치적 쟁점으로 비화됐다. 헌법 조문에 표기된 '자유민주적 기본질서'도 '민주적 기본질서'로 바꿔야 한다는 주장에 대해 보수집단의 반발이 거셌다. 민주주의에 이미 자유개념이 이미 내장돼 있다는 진보 세력의 논리에 보수집단은 자유를 삭제한 민주주의는 사회주의로 가는 길을 허용한다고 경고했다.

이 논쟁의 저변에는 친미/친북을 구획하는 구조적 신념이 깔려 있다.

필자는 자유민주주의를 민주주의로 포괄하는 것에 그리 반대하는 편은 아니다. 다만, 한국전쟁이라는 역사적 경험을 고려한다면 진보의 주장은 시기상조라는 점, 그리고 민주주의의 사회문화적·역사적 발전과정을 생각한다면 더욱이 자유민주주의라는 명문 규정이 아직은 필요하다는 입장이다. 앞에서 밝혔듯, 법과 제도가 아무리 민주적 원칙에 충실하다 할지라도 그것을 운영하는 사회 구성원들의 규범, 관습, 습속, 행위 양식 등에 의해 민주적 적합성 여부가 좌우된다.

포퓰리즘이 호소력을 갖게 된 최근의 현상도 법과 제도가 비민주적이라서가 아니라 카리스마적 정치인 혹은 집권세력이 경쟁 상대와 저항세력에 대한 응징과 처벌을 치장하는 수단으로 활용하기 때문이다. 최근 오스트리아, 헝가리, 튀르키예에서 이런 일들이 흔하게 발생했으며, 남미국가에서는 오래전부터 자주 목격되어온 현상이다.

권위주의 체제의 법과 제도는 비교적 민주적 외연을 갖추고는 있지만, 억압기구를 동원하여 헌법정신과 법질서를 교묘하게 우회하고 훼철하는 통치양식은 한국에서도 오래 지속되었다. 27년에 걸친 한국의 권위주의 정권은 '법 앞에 만인의 평등'을 한 번도 부정한 일이 없었다. 그러나 만인이 불평등했고, 소수가 평등을 누렸다. 평등은 인권이 아니라 특권이었다. 민주주의의 기본가치인 자유주의는 빈곤과 굶주림 앞에 무력했는데, 성장과 풍요의 시대에 한껏 발화한 자유주의를 어떻게 가꿔야 하는지, 그 기본 원칙이 무엇인지 한국인들은 제대로 체득할 기회를 갖지 못했다. 이 점이 문제다.

자유주의의 역사적 형성 기반이 취약한 것이다. 아니면 자유주의가 싹트고 발화했던 초기 시점에 일본 제국주의가 토양을 짓밟았다. 자유주의의 초기 역사가 일본 식민화로 심각하게 왜곡, 굴절되었던 탓에 자유주의의 경험 지층이 누락되었다.[7] 그 역사적 결과는 자못 심각하다.

자유주의의 빈곤은 특히 의무보다 권리를 내세운 문재인 정권에서 두드러졌는데, 정권의 공약을 정책 영역으로 옮길 때마다 관련 논쟁을 불러일으켰다. '기울어진 운동장'을 바로 세운다는 통치논리가 하위 계층과 사회적 약자를 절대적 지지층으로 묶어 두긴 했으나 '받을 권리'를 강조했을 뿐 그것을 대가로 무엇을 준수해야 하는지 '공적 의무'에 대해서는 아무런 요청도 없었다. 책무에 대한 의식이 없었다고 해야 할 것이다.

권위주의 체제하에서 잃어버린 '응분의 몫'을 찾아주는 행위는 여덟 차례 민주주의 정권의 공통점이었는데, 문재인 정권에서 특히 강조되었다. '촛불혁명'에 담긴 함의가 단연 주권 회복과 응분의 몫 찾기였다. 민주정권에서 추구했던 권리투쟁이 문재인 정권에서 한층 격화된 이유다. 정의와 공정이 고용 악화와 직결되는 지름길을 뚫었다. 차별금지, 고용안정, 노동시간 단축, 복지 확대라는 누구도 부정할 수 없는 선의^{善意}가 의도치 않은 악의^{惡意}로 귀결되었던 것이다.

역효과를 낼 것이라는 경고는 전혀 듣지 않았다. 청와대와 집권여당은 2020년 총선에서 다수당 지위를 차지한 것에 기대어 각종 법안 남발, 행정명령, 긴급자금과 추가예산 지출 등을 단행하였다. 비용과 혜택 간, 권리와 책무 간 균형감각은 안중에 없었다. 시장은 자본과 대기업의 놀이터, 고용규칙은 정규직의 배타적 특권, 정권의 취지에 앞장선 민노총은 정의를 구현하는 기사단으로 상정되었다.

그러는 사이, 불평등은 악화되고, 평균소득은 제 자리 걸음을 치거나 하락했고, 고용은 줄었다. 영세자영업자와 영세기업주는 급격히 무거워진 고용유지 책임과 세금 부담에 어려움을 호소했다. 그러나 이미 '자본'으로 분류된 그들의 고통에 집권실세가 신경 쓸 리 없었다. 그럼에도 자유주의는 공정사회의 적이었다. 책무에 앞서 권리 찾기에 매진하는 일은 자유주의의 역사적 경험 지층이 결핍된 국가에서 흔히 일어나는 일이다.

자유주의는 평등 주권을 부여받은 개인들이 학교, 종교, 언론 및 상공업과 시장경제를 바탕으로 발전시키는 이념이다. 개인주의는 인권 보장과 그것에 따르는 책무를 양 날개로 하는 인본주의적 가치로서 자유주의의 필수요건이다. 천상에서 인간으로 주권 개념이 강하했다(천부인권설).

토크빌의 개념을 빌리면, 개인주의는 미국 자유주의의 최우선적 언어다. 개인적 권리로 무장한 시민이 시장경제를 활성화해서 경제적 풍요를 구가해가는 체제가 곧 자유주의인데, 여기서 자유주의의 전제요건으로서 상공업계층과 시장경제에 주목을 요한다. 두 개의 요건이 없으면 자유주의는 발화하지 않는다.

상공업계층은 시민사회에서 부르주아지를 지칭하는데, 부르주아지가 자유주의를 바탕으로 상층 귀족계급의 독점 권력에 도전해 공유하는 과정에서 민주주의가 출현했다. 귀족계급이 상공업계층에게 정치참여의 기회를 허용하고, 그들의 거센 도전을 제도 내부로 끌어들이기 위해 고안한 정치체제가 의회제도, 즉 대의민주주의다. "부르주아 없이 민주주의 없다"는 무어B. Moore 의 유명한 명제가 여기에서 나온다.

자유주의와 민주주의가 결합하는 과정이 19세기 전반기였고, 자유민주주의가 노동계급의 도전을 수용해 성숙하는 과정이 19 세기 후반부에 해당한다. 부르주아지와 노동계급 간 계급적 타협의 산물인 사회민주주의는 20세기 초에 출현했다.

한국에서 자유주의가 형성된 계기가 없었던 것은 아니다. 적어 도 세 번 발생했다. 문명개화기(1890~1910), 해방정국(1945~ 1950), 그리고 4·19 혁명 후 제2공화국(1960~1961). 첫째의 계 기는 일제 식민화로 짓밟혔고, 두 번째 계기는 미군정과 좌우충 돌로 유실되었으며, 세 번째 계기는 5·16 군사혁명으로 무산되 었다. 시민이 형성될 역사적 시간대가 지극히 짧고 단락적이었 기에 시민적 덕목을 배양할 성찰의 시간은 없었다. 전쟁과 군사 정권하에서 시민의 초기적 유형인 소시민小市民은 국민國民으로 포섭됐고, 권위주의적 국민국가의 경제성장과 산업화에 봉사하 는 존재로 규정되었다.

그리고 1987년 민주이행을 맞았다. 성숙한 시민윤리가 한껏 필요한 민주화 이행과 공고화 기간에 시민적 덕목을 학습하고 배 양하는 일이 동시에 이뤄져야 했다. 그런 상황 인식을 중시하고 규범과 덕목 배양에 작은 관심이라도 쏟았다면 정당 간 극한투쟁과 정치 양극화, 그리고 종국적 파산으로까지 치닫지는 않았을 것이다.

생환의 길은 어디에?

희망과 실망, 기대와 좌절이 교차했던 한국의 민주화, 정권 출범과 교체 시마다 한국인들은 어두운 기억을 묻고 밝은 미래를 향해 기어이 지친 몸을 일으키곤 했다. 탄핵 정국을 또다시 겪는 지금도 그런 사정은 변함이 없다. 모두 20세기 낡은 정치에서 벗어나지 못한 까닭이다. 21세기도 20년이 지난 현시점에서, 문명 대변혁이 파도처럼 밀려오는 글로벌 추세를 목격하면서도 이념정치의 굴레에서 한 발짝도 벗어나지 못했다. 그것을 민주주의 명분으로 채색했고 유권자의 눈을 가렸다. 이념의 격돌 시대를 38년이나 겪었는데, 그 고통은 고스란히 국민에게 남겨졌다.

대권大權이란 개념 자체는 국가주의에 경도된 말이다. 승자독식을 정당화한 저 개념이 숨기는 반민주적 행태, 독점 정치의 폐단을 38년이나 앓았다면 이제는 새 길을 찾아야 한다. 새 길, 새 경로가 왜 없겠는가? 새 길을 찾는 가장 손쉬운 방법은 경로 단절성을 포기하고 그 자리에 경로 연속성을 들어앉히는 것이다. 전 정권의 정당성 인정하기, 절반이라도 전 정권의 선정을 이을

310

수 있다는 관용의 정치가 필요한 시점이다.

38년의 민주정치는 일종의 '대리정치'였다. 마치 대리기사를 고용하듯, 대리기사가 선택한 방향과 속도를 그냥 내버려 둘 수밖에 없는 막막한 현실을 방관해야 했다. 대권이란 말 속에는 대리기사, 대리정치가 품은 그런 부정적, 순종적 명법이 어른거렸다. 20세기의 민주정치가 그런 취약점을 숨기고 있더라도 이제는 긍정적, 수용적, 협의적 방향으로 정치의 문법을 바꿀 시점이다. 그러기 위해서는 각 정권에 깊이 아로새겨진 한풀이와 분노의 감정을 버려야 한다. 왜 선의^{善意}가 종국적으로는 악의^{惡意}로 변질되는가?

한풀이 정치, 분노의 정치 때문이다. 청년 시절의 꿈을, 이념으로 그린 세상을 현실에 옮겨 보려는 정치를 했다. 이념의 힘을 너무 믿었다. 그것으로 혁명을 일궈 냈다고 자부했으니까. 그런데 현실의 힘이 이념보다 셌다. 이념의 종이 위에 선명하게 그은 인과관계가 전혀 통하지 않는 현실임을 깨달았을까. 정치는 마치 시험을 보는 것처럼 답안지를 검토할 여유를 주지 않는다. 정권교체인지 재창출인지를 결정할 투쟁의 시간이 항상 코앞에 닥쳐오기 때문이다. 이제는 유권자의 눈치를 조금 볼까? 소통과 화합의 제스처를 쓸까? 유권자 개개인이 던지는 주권은 종이돌paper stone이라 맞아도 아프진 않지만 그것이 뭉쳐지면 바윗돌이 된다.

이런 언명은 좌·우파에 공히 적용된다. 보수는 진보를 내쳤고,

진보는 보수를 밀어냈다. 선의가 모든 유권자의 행복과 나라의 미래를 밝게 하는 정치로 귀결되었다면 그런 평가가 설득력을 잃을 것이다. 어떤 정권이라도 정권 말기에 이르면 유권자들은 종이돌을 매몰차게 던질 각오를 한다. 그것이 돌팔매질로 바뀌기를 바라면서 말이다. 증오가 피어오르는 순간이다.

민주주의는 실망한 유권자에게 종이돌 던지기라도 허용하는 체제이기에 희망을 재충전할 수 있다. 탄핵을 빚어낸 정권과 그에 못지않게 독한 정권을 또다시 관용해야 하는 것이 민주주의이겠지만, 적어도 대통령과 집권여당이 민주주의적 경계 내부에서 행위하기를 바라는 감시의 눈까지를 양보하는 것은 아니다. 민주주의의 생환이 간절한 지금, 우리는 무엇을 점검하고 무엇을 실행해야 하는가? 이것이 이 책의 결론이다.

민주주의 살리는 길

일곱 가지 제안

대재앙: 혼돈의 6개월

혼돈의 시간이 대기 중이다. 윤석열 탄핵과 이재명 민주당 대표의 위법 사건 판결이 겹쳐 있기 때문이다. 어느 것 하나 앞서거나 뒤처진다면 누구도 감당할 수 없는 대혼란이 발생한다. 민주주의와 법치주의가 뒤섞여 있다. 법치주의의 단점은 민주주의로 보완하고, 민주주의의 결점을 법치주의로 수정하는 상호 보완의 관계가 작동하지 않을 것이다.

 필자는 최근 몇 개의 칼럼에서 '한국의 민주주의는 죽었다'고 단언했다. 비상계엄 발동은 성숙한 민주주의에서는 좀처럼 일어나지 않는 현상이고, 그것을 배태한 한국의 정치가 오랫동안 민주주의의 기반을 무너뜨려 왔다는 점, 그리고 대통령제와 정당정치, 특히 다수당이 거칠게 밀어붙이는 적대 정치를 청산하지 않고는 민주주의의 부활은 어렵다고 강조했다.

탄핵 사태가 원만하게 처리된 이후에도 탄핵을 빚어낸 정당제도와 행태가 그대로 온존한다면 또 다른 탄핵 사태를 불러올 공산이 크다. 그런데 틴핵 사태가 원만하게 해결될 것 같지도 않다. 탄핵 사태와 그 해결에 모든 국가 역량과 정치력이 집중된 현재는 통치력이 소멸된 무질서 상태나 다름없다. 스러진 민주주의를 법치주의로 부활시키는 과정인데, 법제도의 합법성 여부를 둘러싼 이견과 논란이 많아 법치주의조차 제대로 작동할지 의문이다.

예컨대, 내란죄에 대한 수사권이 없는 공수처가 비상계엄의 위법성을 수사할 수 있는지를 둘러싼 논란, 윤석열 대통령이 강변하듯 비상계엄이 내란죄에 해당하는지의 여부, 내란죄를 뺀 탄핵소추안이 과연 사후적 합법성을 획득하는가의 문제 등은 올봄과 여름 사이 심각한 공론 분열을 예고한다.

법을 제정할 당시 대통령의 비상계엄을 예상하지 못한 탓에 거기까지 세밀한 법 조항을 마련하지는 못했을 것임을 감안하더라도 미완의 법제도 문제는 여전히 남는다. 이런 경우 민주주의가 작동해야 법치주의의 결점을 보완하는데, 민주주의는 이미 와해되었다. 중대한 결점을 안고 있는 법제도로 민주주의를 살려낼 수 있을까? 이 점이 2025년 대한민국의 운명을 좌우한다.

현재의 한국 정치에는 삼권분립이 작동하지 않는다. 분란을 일으킬 뿐이다. 행정권, 사법권, 입법권은 서로 견제하는 상태로 균형을 이룬다. 상호 견제를 수용해야 삼권분립이 기능한다. 사법권은 위헌법률심판을 통해 입법권을 견제하고, 행정제도 재판을 통해 행정권을 견제한다. 반면 행정권은 대법원장, 대법관, 헌재소장, 헌재 재판관 등의 임면권과 예산권을 통해 사법권을 견제하고, 입법권은 대법원장, 대법관, 헌재소장 등 고위 법관들에 대한 임면 동의권과 예산결의권을 통해 행정권을 견제하도록 설계되어 있다. 이것이 법치주의다.

그런데 정치인에 대해 검찰이 수사하면 정치검찰이라고 공격하고, 법원이 야당 정치인에게 유죄를 선고하면 권력의 눈치를 본다고 승복하지 않는 합법성 투쟁이 다반사로 일어났다. 심지어는 지지 세력을 이끌고 거리로 뛰쳐나간다. 정치 투쟁의 정당성과 합법성을 사법부의 판단에 맡기는 '정치의 사법화' 추세 속에서도 마음에 들지 않는 판결에 대해서는 정치적 공격을 감행하는 '사법의 정치화'가 뒤섞였다. 이렇게 불신과 분노가 뒤죽박죽된 상태에서 어떻게 정치 투쟁을 해결할 수 있겠는가?

윤석열 탄핵소추안을 수사하는 과정에서도 수사권의 소재를 두고 논란이 일어났음을 다 아는 바다. 헌재는 공수처의 수사권이 적법한 것인지를 판단해야 하고, 수사 결과를 바탕으로 한 검찰의 기소가 역시 적법한 것인지를 또 따져야 한다. 탄핵소추안에서 내란죄를 빼버린 것도 논란의 대상이 됐다.

'정치의 사법화'는 정치권이 권력투쟁의 적법성을 가릴 역량이 없음을 적나라하게 표출한 현상인데, '사법의 정치화'는 결국 사법적 판단마저도 정치적 영향권 내에 두겠다는 사악한 욕망을 드러낸 것과 다름없다. 악의 순환고리가 정치를 권력욕 가두리에 가둬버린 것이다.

탄핵 심판과 이재명 대표의 재판 시기가 겹쳐 있는 현 상황은 더욱 불안하다. '정치의 사법화'와 '사법의 정치화'가 상승적으로 빚어내는 극한 혼란을 예고한다. 악의 순환고리는 대한민국을 집어삼킬 것이다. 윤석열 탄핵 심판은 적어도 3월 말까지는 선고될 전망이라면 그로부터 60일 이내인 5월 말이나 6월 초까지는 대선정국이 펼쳐진다. 탄핵 부결과 인용 모두는 일대 정치적 폭풍을 몰고 올 것이다. 윤석열의 복귀를 뜻하는 '부결'은 정치적 피바람을, '인용'은 대선정국의 회오리를 일으킬 것이다.

그사이, 이재명 민주당 대표의 2심 결과가 언제 나올 것인지 모두 신경을 곤두세우는 이유다. 유죄라면 대선 출마 가능여부를 두고 논란이 거세게 일어날 것이지만, 무죄라면 대선정국의 독주가 시작된다. 사법부가 유죄 판결을 내리면 친이親李 집단이 거리로 쏟아져 나올 것이다. 반면, 무죄 판결을 내리면 사법부가 권력의 눈치를 봤다는 보수 집단의 항의가 빗발칠 것이다. 헌재의 탄핵 심판 결과보다 먼저 이재명 대표 재판 결과가 나오면 사법부에게 쏟아질 편파성 논란 역시 눈에 보듯 뻔하다. 탄핵 심판보다 늦게 재판이 이뤄져도 마찬가지다. 사법부 판결에 대한 불신이 팽배한 현실에서 이래저래 정치적 혼란은 예정돼 있다. 권력 진공상태에 정치적 혼란과 진영 간 극한투쟁이 가세하면 질서를 유지할 주체는 더욱 마땅치 않다. 경찰? 검찰? 혹은 의회와 정당?

이재명 대표가 이 모든 난관을 뚫고 대통령에 등극한다고 가정해도 걱정이 사라지지 않는다. 세간에 널리 알려졌듯 이재명 대표는 포퓰리즘 성향이 짙고 친親노동, 친하층, 친복지로 알려져 있다. 한국의 현 상황에서 필요한 리더십일지 모른다. 그러나 우려도 많다.

'전 국민 25만 원 지원금'은 요 몇 달 이 대표가 성사시키려 한 예산안인데 여당의 반대가 극심했다. 그것은 기존 정책에서는 볼 수 없었던 신종 포퓰리즘이다. 4인 가족이라면 100만 원 지원금이 지급되는데, 상층에게는 별 효과가 없고, 중산층에게는 일종의 소비 격려이고, 하층민에게는 생계를 돕는 효과가 있을 것이다. 사회적 지원금은 연소득을 기준으로 생계가 극히 어려운 저소득층·사회적 약자층·청년 실업층에게 집중 지원하는 것이 상례였다. 이런 관점에서 보면 전 국민 지원금은 포퓰리즘에 속한다. 소비를 겨냥한 지원금은 일시적이고 비생산적이다.

그의 당 내 정치행보 역시 논란의 대상이다. 최근 김경수 전 지사가 이 대표를 방문해서 '치욕을 느끼고 당을 떠난 인사들에게 사과하고 복귀 기회를 주라'고 조언했는데 친당親黨 인사가 저런 조언을 할 정도라면 민주당은 친명계로 둘러싸였다고 봐야 한다. 비명非明과 친문親文 인사들은 주변부로 밀려났다. 당의 내부 동질성을 강화한다는 것은 정책을 한 방향으로 수렴한다는 것과, 내부 이견異見을 아예 없애버리는 효과를 갖는다. 동질적 소통은 소통이 아니다.

화합 정치는 이견을 조정하는 과정에서 나온다. 이견 없는 정치, 출신과 지향이 다른 정치인들의 기반을 없애는 리더십은 또 다른 독주를 예고한다.

대선정국이 열리더라도 이재명 대표를 제외하고 여야與野 정당에 마땅한 후보가 눈에 띄지 않는 것도 문제다. 정치인의 기근이다. 민주당에서는 김동연, 김부겸, 우원식 등이 거론되고, 여당에서는 이재명의 대항마로 김문수, 오세훈, 홍준표, 안철수가 거론된다. 그러나 대부분 대통령감인지는 아리송하다. 대장을 옹립해 격돌하는 정치, 일종의 '두목 정치'에서는 인물을 키우지 않는다. 인물이 될 만한 사람들은 모두 쫓겨났다. 오랫동안 한국 정치가 행한 경쟁자 축출 현상의 대가다.

이 짧은 대선 기간에 후보자 옹립도 문제지만, 지금 한국 정치에 가장 절실한 개헌 문제가 성사될지도 미지수다. 정치 양극화를 초래한 요인들을 제거하고 협치를 이룰 제도적 기반을 도입하는 것이 개헌의 초점인데, 대권 등극을 코앞에 두고 개헌 논의를 꺼낼 후보가 있겠는가? 적어도 개헌 내용과 일정을 공약에 명시할 것을 요청할 수는 있지만 그것도 후보와 옹립세력이 받아들여야 가능하다.

현 상황에서 개헌은 필수적이지만, 누구 하나 대못질을 할 권력도 권한도 없다. 개헌을 일소─ꮼ에 부친 대선이 진행된다면 한국은 2030년까지 결함이 많은 현 상태의 제도를 유지하는 수밖에 없다.

이래저래 암울하다. 그럼에도 다음과 같은 제안을 해봐야 한다. 정치 개혁은 멀지만, 유권자의 비상한 각오라면 의외로 앞당겨질 수도 있다.

와해된 민주주의는 반드시 살려내야 한다!

대한민국의 명운이 걸려 있고, 국민의 안녕이 좌우된다. 그러나 탄핵 사태를 둘러싼 공방전과 혼란을 보면 긍정보다 부정이, 난관보다 비관이 앞선다. 우리의 민주주의가 무엇이 잘못됐는지, 그 내부에 어떤 독소조항이 정치를 이렇게 만들었는지 찬찬히 살펴봐야 한다.

민주주의 생환을 위한 일곱 가지 제안이다.

민주주의 생환: 일곱 가지 제안

첫째, 이념은 변한다

몇 년 전 시청 앞 광장을 지날 때 일이다. 집회에 참여한 시민들이 광장을 가득 메웠다. 살펴보니 시민들이 아니라 모 단체 회원들이었다. 스피커로 익숙한 목소리가 퍼져 나왔다. 나중에 서울시 교육감이 된

대학 동기였다. 반가웠다. 스피커에 울리는 목소리는 대학 시절 유신 반대 데모의 그 목소리와 무척 닮았다. 대학 시절에는 반론이 있을 수 없었다. 그 목소리에 흥분했고 그 논리에 감복했다. 그런데 수십 년이 지난 그때 나의 내면에서 올라오는 반론이 만만치 않았다. 아니야, 그렇지 않을 수 있어! 그건 부작용이 많아, 너는 정책의 정의로움만 생각하지 부작용을 감안하지 않는 거잖아 … 등등.

평등주의 교육의 정의와 필요성에 대해 말하고 있었다. 그 친구는 결국 교육감에 당선됐고 한국 최초의 3선 교육감으로 활약했다. 신자유주의로 불리던 이명박 정권의 자사고와 특수목적고 폐지를 진두지휘했다. 이른바 엘리트형 교육정책을 폐지하고 평등주의 정책으로 선회한 것이다.

노무현 정권에서 서울대 폐지론이 나온 적이 있었다. 오적五賊 청산 운동의 일환이었다. 삼성, 서울대, 〈조선일보〉, 검찰, 강남 부자들이 진보단체가 지목한 신新오적이었다. 필자는 칼럼에 이렇게 반문했다. '서울대를 폐지하고 나면 신흥 명문대가 다시 등장할 텐데 그때 그 대학을 또 폐지해야 하나?' 서울대 폐지한다고 될 일이 아니다. 프랑스 68혁명의 여파로 명문대학인 소르본대학은 파리 4대학이 됐다. 그 번호는 아직도 건재한데 소르본대학이 평준화가 되지는 않았다. 여전히 명문이다.

고교 평준화에 대해 필자가 칼럼을 써서 반박했다. 강북 소재

고등학교 일선 교사들과 인터뷰한 결과를 가다듬었다. 교사들은 찬반으로 갈린 상태였다. 필자는 이렇게 반문했다. '교육정책이 주택정책과 직결돼 있는데, 강북 소재 자사고를 폐지하면 강남 집값이 급등한다!'고. 그랬더니 그 친구로부터 장문의 문자가 왔다. 교육 평등주의는 이 시대의 절박한 과제이며, 타고날 때부터의 귀속 지위 불평등을 해소하는 지름길이라고. 이 말은 맞다. 그런데 첨단 IT 시대 '교육의 질'의 하향평준화와 인재 양성의 문제는 어떻게 해결할 것인가? 하고 되물었던 것 같다. 교육 평준화가 추진된 지난 10년간 수많은 중고생이 해외로 유학 갔다. 인재 유출이다.

필자는 입시 지옥에 반대한다. 그렇다고 평준화에 찬성하는 것은 아니다. 나름 답은 있지만, 이 글의 초점은 개인의 이념 성향이다. 내 친구 교육감은 진보, 필자는 보수다. 그러나 소득분배와 복지정책과 같은 영역에서 필자는 진보적 관점을 취한다. 돈을 벌어야 나눠준다.

돈을 벌 수 있게 환경을 만드는 것에는 보수적 관점을, 소득을 나눠주는 영역에서는 진보적 관점을 취한다. 예를 들어, 유럽의 사민주의 국가들이 오랫동안 시행해온 성장, 고용, 소득분배(복지) 간 '황금삼각형'을 추종하는 사람이다. 그들이 시행하는 '적극적 노동시장 정책'은 문재인 정권이 추진했던 비정규직의 정규직화, 소득주도성장론 같은 일차원적 정책과는 사뭇 다른 가설에서 출발한다.

교육 역시 평등주의가 정의롭기는 하지만 다른 한쪽에서 엘리트

교육의 숨통을 틔워줘야 하는데 한국에서는 그게 난망하다. 가장 어려운 영역임에는 틀림없다. 다만, 평등주의를 주창하는 한편 그것의 부작용을 어떻게 지유할 것인지를 고려하지 않는 정책은 무지 그 자체임을 인지해야 한다.

그러나 인지하지도 인정하지도 않는 것이 문제다. 무지한 점에서 좌·우파가 다르지 않다. 정책 영역별 효과를 고려해서 좌·우파 정책을 병행할 수 있는데, 한국에서는 불가능하다. 좌든 우든 일방통행이다. 그것을 벗어나면 배신자로 낙인찍힌다. 교육감 친구는 좌파다. 대학 시절에도 그랬고 지금도 그렇다. 필자는 진보적 성향과 보수적 성향을 두루 수용했다. 어느 한쪽을 택했을 때의 부작용과 부정합을 견디지 못했다. 진보 쪽으로 가면 보수가 당겼고, 그 역도 마찬가지였다.

개인이 갖는 이념 성향은 대체로 집안과 성장배경에서 일차적으로 결정된다. 노무현과 이명박은 성장배경이 다르고 경력도 다르다. 이재명과 윤석열의 성장배경에는 확연한 차이가 있다. 사법시험 경력은 같은데 운동권 변호사와 검사로 가는 길이 정반대였다. 세대 경험은 보다 더 결정적이다. 인생 경험과 내면화한 가치가 천차만별이다.

정치인들은 자신의 이념 성향을 강화하는 경향이 있다. 선명성을 드러내야 유권자를 끌어모은다. 좌우를 진자振子운동하는 필자 같은 사람은 기회주의자로 치부된다. 기회주의자는 정치권에 발붙일 여지가 없다. 선명성 투쟁에서 항상 밀린다. 말발이 서지 않고 설득력도 떨어진다.

그러나 평범한 선남선녀의 경우는 조금 다르다. 무엇보다 연령 효과를 무시하지 못한다. 젊은 시절에는 진보적 성향이 강하고 세월이 갈수록 보수 쪽으로 기운다. 기우는 속도가 다를 뿐이다. 나이가 들면 어지간한 것들은 큰 흐름에 지장을 초래하지 않는다고 믿는다. 민감한 신경이 둔해지기도 한다. 생각을 바꾸기를 요청하는 세간의 변화가 거추장스럽다. 그래서 현재의 진보가 늘그막에 그 위치를 고수한다는 보장이 없다. '진보 노인'이란 말이 잘 어울리지 않는다. 시간이 가면, 나이를 먹으면, 보수화되는 경향이 있다.

올해 초, 가황 나훈아가 한 마디 했다가 혼쭐이 났다. '니는 잘했나?' 하고 왼팔을 쳤는데 그게 사달이 났다. 야당 쪽 인사들의 비난이 쏟아졌다. '팬들의 사랑을 받고 한평생 살았으면 됐지 오지랖 떨지 말라'고 했다. 어느 문화평론가는 한 발짝 더 나갔다. 그 연배 노인들은 왜 다 저모양이냐? 필자가 보기에, 그 평론가는 나이는 들었지만 아직 충분히 젊었다.

얼마 전 강연에서 질문을 받았다. 요즘 자기 부인이 광화문 시위에 자주 나가는데 이념이 달라 말이 안 통하고 관계가 서먹서먹해졌다고, 어떤 좋은 방법이 있겠냐고 말이다. 필자에게 묘안이 있을 리 없었다. 약간 뜸을 들인 후 이렇게 말해야 했다. 무조건 투항하시라, 투항하는 척이라도 하시라고. 이념은 결국 세월이 지나면 변하거나 옅어지고, 서로 이념이 다른 두 분이 죽기 살기로 다툰다 해서 정권이 바뀌는 것도 아니고, 정권이 바뀐다 해서 정치가 한층 나아지는 것도 아니라고.

말해 놓고 나서도 필자의 마음속엔 허전한 바람이 불었다.

대리전일지도 모른다. 이념이 다른 정당 간 투쟁이 부부에게 옮아 붙었는데 그것이 정당 간 투쟁을 정의로운 길로 인도할까? 아니다. 한 국에서는 어느 한 정당이 승리하더라도 결과는 비슷하다. 달라지지 않는 것은 두 가지뿐이다. 대북對北 정책과 소득분배 정책. 좌파는 북 한과 중국에 친화감을 보이고, 우파는 반북과 성장 친화적이다.

그런데 북한 문제는 확연히 갈리더라도 성장과 분배 문제는 오십보 백보다. 정책의 차이가 현실을 개선하는 정도는 지극히 작다. 독주, 독선, 독재라 해봐야 현실 변화는 작다. 독주의 주체가 달라질 뿐이 다. 독주 정책이 뾰족한 효력을 발휘하는가? 부작용이 커질 뿐이다. 그 부작용은 대리전을 치르는 부부를 덮친다.

문재인 정권에서 치른 집값 전쟁이 대표적이다. 서민 부부는 급상 승하는 아파트 가격에 상대적 박탈감이 커졌고 인상된 대출 이자로 경 제적 부담 역시 커졌다. 큰 평수 아파트로 이주하고 싶은 꿈을 접어야 했다.

광장에서는 이념집단들이 죽기 살기로 싸우는데 정권교체가 그 투 쟁에 그만한 보상을 할까? 그렇지 않다. 보상은 지극히 작다. 심리적 보상은 어떨지 모르지만, 경제적 보상은 작거나 오히려 기대와 달리 역방향일 경우가 자주 나타난다. 그러니까 이념이 다르다고 치열하게 다툴 필요가 없다는 뜻이다. 광장은 항상 시끄러웠지만 경제성장과 소득분배는 거의 변함이 없었고, 국제관계에서 한국의 위상 역시 그 러했다. 수치 변동, 위치 변동이 약간씩만 일어났을 뿐이다.

개인적 이념은 변할 개연성이 크고, 자신이 열렬히 지지하는 정 당이 집권당이 돼도 현실은 그다지 크게 달라지지 않는다. 여기서 중대한 문제가 도출된다. 자신의 이념 성향과 부합하는 정치인에게 투표하는 행위가 자신의 입장을 제대로 대변하는가의 문제다. 참여와 대변은 다른 체제와 비교해서 민주주의의 가장 중요한 장점인데 이것 이 한국에서 제대로 기능하는가?

투표는 희망사고적 선택이다. 유권자의 이념이 한껏 실린 기대의 징표다. 그런 표심을 모아 대통령에 등극한 지도자들, 국회로 진출한 의원들은 과연 그 표심에 맞는 적절한 보상을 되돌려 주는 것일까? 한 국 정치의 내부 구조와 작동 기제를 살피는 핵심 질문이다.

둘째, 표심票心은 잘 대변되지 않는다

동네 거리에 플래카드가 자주 걸린다. 지역구 국회의원의 활약상을 홍보하는 현수막이다. '학교시설 개선 20억 원 예산 확보!' 지역구

의원의 공적을 알리는 내용인데, 이런 것들은 투표 성향과는 관계없이 지역 주민 전체의 혜택이다. 그런데 전국적 차원에서 고려해 보면 사익에 해당한다. 예산 배정을 더 받아야 할 빈곤한 지역이 다수 존재하기 때문이다. 지역구를 위해 자신의 역량을 발휘했지만 전국적 차원의 공익에 기여했는지 여부는 애매하다.

애매한 것은 지역구 의원의 정당 내 위치와 행동이다. 의원의 개별 행동이 100% 보장되지 않는다. 그러면 제명당할 위험이 있다. 정책이 마음에 들지 않아도 정강을 따라야 하고, 지도부의 행동에 힘을 보태야 한다. 지도부가 거리집회를 명령하면 나가 싸워야 한다. 예를 들어 소득주도성장 같은 정책의 부작용을 지적해 반대하기가 불가능하다. 집값정책 역시 부작용을 우려해 변경을 요구할 수 없다. 젊은 층이 많이 사는 지역구 의원들은 괴롭다. 지지표가 떨어지는 소리가 들릴 정도다.

의원들의 행동을 구속하는 다른 하나는 계파系派다. 정당 내 파벌인데 사사건건 정강 정책에 시비를 거는 계파가 있을 수 있다. 그 계파가 당내 대표권을 두고 다툴 경우 선명성 투쟁이 일어난다. 어느 지역구 의원이 그 계파에 속해 있는지를 미리 아는 유권자도 있겠지만 대체로 유권자들은 여야 성향을 보고 찍는다. 계파에 속해 있는지 여부는 당선 후에 인지하는 것이 보통이다. 계파에 속한 의원들은 계파 이익이 우선이고 표심은 나중이다. 표심의 대변은 희망사고일 뿐이다.

의원들의 발목을 잡는 가장 영향력 있는 요인은 공천권이다. 지도부의 지시를 자주 어기거나 반론을 제기하는 의원, 당 대표의 행보에 시비를 거는 의원은 다음 총선 공천에서 탈락할 위험이 도사린다. 당 지도부가 무소불위無所不爲의 공천권을 발휘하기 때문이다. 이런 경우 지역구 주민의 표심을 대변하기란 매우 어렵다.

　29차례 탄핵을 감행한 민주당 지도부에 대해 반론을 제기한 의원이 있는가? 일사불란하게 해치우는 데에 동참했을 뿐이다. 지역구 주민들은 29차례 탄핵을 어떻게 생각했을까? 지지층이 늘어날까, 줄어들까? 이 글을 쓰고 있는 1월 중순 여론조사는 위헌적 비상계엄에도 불구하고 국민의힘 지지율이 민주당을 앞질렀다. 그러자 민주당은 여론조사 업체의 신빙성을 문제 삼아 조사에 착수하겠다고 으름장을 놨다. 여론조사 업체를 모두 신뢰할 것은 아니지만 여러 기관의 조사결과가 그와 비슷하게 나온다는 것을 인위적으로 뒤집을 수는 없다. 표심과 멀어졌다는 뜻이다.

　윤석열의 탄핵소추에 찬성한 국민의힘 의원들은 지역구 표심이 내내 걸렸을 것이다. 탄핵소추에 찬성표를 던졌던 김상욱 의원은 지역구인 경북 의성 주민들로부터 비난의 댓글에 시달렸다. 다음 총선에서 지지층 동원에 가장 중대한 걸림돌로 작용할지 모른다.

　정치인들은 강성 지지층으로 알려진 팬덤의 활약에 의존할 수 있다. 어지간해서는 마음의 행로를 변경하지 않는 팬덤과는 달리 약성지지층과 조건부 지지층은 정치인의 행보에 따라 표심을 바꿀 위험이 상존한다. 팬덤은 반대 집단을 가려버리는 아주 좋은 장막이다.

최고 득표자를 선출하는 현행 선거제도의 단점은 경쟁자에 향하는 표심을 사표死票로 만드는 것이다. 참여와 대변이라고 하지만, 투표자 과반수 내지 다수 득표자를 위한 대변이지 차상위 득표자에 대한 표심은 대변되지 않거나 배제당한다. 대변되는 표심도, 앞에서 지적했듯이, 정당 내부 구조에 의해 굴절되거나 최소화된다.

그러므로 항상 대의代意를 통해 대의大義로 나아가는 길을 고민하는 정치인이 필요한데, 민주주의는 다수결이라는 규범에 의해, 대의보다는 정강을 우선시해야 하는 현실적 요건에 의해 표심의 대변이 어렵다.

이런 까닭에, 민주주의는 규모가 작은 공동체에 가장 어울리는 정치체제다. 아리스토텔레스는 《정치학》에서 집단 규모에 따라 정치체제의 적합성이 달라진다고 했다. 규모가 작으면 민주정, 커지면 귀족정, 아주 커지면 독재정이 어울린다고 말이다. 민주정은 항상 대변의 문제를 안고 있고, 잘못하면 '다수의 폭정'에 노출될 위험을 안고 있다. 다수의 폭정은 전제정으로 가는 길을 연다.

민주주의가 표심을 충실히 대변한다고 믿는 것은 잘못이다. 정당 내부의 역학에 의해 표심이 굴절되거나 심지어는 배반하는 일도 발생한다. 정강, 계파, 공천권에 의해 유권자들이 선출한 정치인들의 대변기능이 꺾이거나 왜곡된다. 차상위 득표자에게 향한 표심은 물론 대변 창구를 잃는다. 다음 선거까지 기다려야 하는데, 그때 선출된 정치인이 자신의 뜻을 그대로 실천하리란 보장은 없다.

민주주의는 참여와 대변에 가장 탁월한 정치체제이지만, 대변을 왜곡하는 정당 내부의 힘이 대변을 약화하는 방향으로 작동한다.

셋째, 정당 협치協治를 살려야

민주화 38년 동안 정당 간 협력정치가 활발했다면 정치 양극화도 없었을 터이고 표심의 대변기능도 한층 나아졌을 것이다. 정당이 협치를 통해 중간지대로 이주한다면 양극의 극단세력은 점차 소수화된다. 이른바 극우, 극좌세력이 극성을 떠는 현실은 피할 수 있었을 것이다.

앞에서 지적했듯이 양당 간 거리가 좁혀지면 정책 효율성이 높아진다. 반면 양당 간 거리가 멀어지면 협치 가능성은 사라지고 독주, 독점 정치가 판을 친다. 민주주의의 생명이라고 할 수 있는 '균형과 견제'는 협치를 통해 이룰 수 있는 가치인데, 한국의 민주주의는 말은 그러했으나 실상은 양당이 서로 대적하는 형세였다. '정치 양극화'가 초기 김영삼 정권과 김대중 정권을 제외하고 모든 정권에서 일반화된 판세였다.

1987년 민주화 이행 이후 집권당이 의회 과반수를 넘는 여대야소 정국이 많았다. 무엇이든 할 수 있는 구조였다. 그럼에도 김영삼 정권과 김대중 정권에서는 양보와 타협을 존중했다. 오랫동안 민주화운동을 해왔던 동료답게 야당의 의견을 존중했고, 양당 간 거리가 생길 때는 정무 특보 혹은 정당 간사를 파견해 의견을 조율했다.

야당의 열세를 악용하여 밀어붙이는 행태는 노무현 정권부터 비롯되었다고 해도 과언이 아니다. 노무현 정권에서 열린우리당(152석)은 탄핵으로 쓰린 맛을 본 한나라당(121석)을 밀어붙였다. 일종의 한풀이였다. 이후 이명박 정권의 한나라당(153석)과 박근혜 정권의 새누리당(152석)은 원수 갚기에 나서 통합민주당(81석), 민주통합당(127석)을 꼼짝 못하게 막아냈다. 야당이 극렬한 저항운동에 돌입한 것도 그런 배경을 갖는다.

문재인 정권 시절 더불어민주당이 123석(2016년)에서 180석(2020년)으로 늘어난 거대 여당이 되자 그야말로 거칠 것이 없었다. 양당 간 세(勢)겨루기 외에는 타협이나 협력은 거의 찾아볼 수 없었던 20년이었다. 특히 2024년 총선에서 175석을 확보해 거대 야당이 된 민주당은 윤석열 대통령에 대한 복수정치로 나섰다. 그것은 말 그대로 일사불란하게 윤석열 정권의 모든 숨통을 막았다. 특검과 거부권 발동이 수차례 반복됐고, 청문회와 특별위원회가 연중 가동돼 여당과 정부를 몰아붙였다. 비상계엄과 탄핵 사태가 이렇게 일어났다.

이런 상황이 윤석열 정권만의 고유한 현상은 아니다. 야당은 상대당 대통령의 정책과 입법 초안을 무조건 거절하고 사생결단 막았고,

여당은 대통령의 권한이 실린 정책을 실행하기 위해 질세라 밀어붙였다. 대통령과 의회 권력이 국민의 의사를 대변하는 두 개의 정당성이라고 한다면, 이 두 개는 어떤 사안이라도 쟁점마다 부딪는 상황이 지난 20년간 연출되었다.

그것이 선의의 경쟁 내지 정책 경쟁이어서 어떤 성과를 내었다면 좋았겠으나, 갈등이 극한으로 치달아 정국경색을 초래하는 것이 다반사였다. 열세 상황을 피하려고 집권당은 군소정당을 합당하거나 상대당 의원을 빼오는 식의 미봉책으로 다수를 점하려는 전략이 횡행하였다. 대통령은 의회의 견제에 걸려 이렇다 할 업적을 만들지 못하거나 정쟁에 휘말리는 일이 반복되었으며, 이런 함정을 피하기 위한 수단으로 정치 외적인 자원을 동원하는 전략도 서슴지 않았다.

대통령 권력과 의회 권력이 서로 엇갈리는 분할 정부라고 해서 정치적 효율성이 떨어지는 것은 아니다. 그것은 오히려 협상기술의 부족, 상대방에 대한 불신, 정치 파트너로 인정하지 않으려는 성향 등이 빚어낸 오류이지 결코 정치적으로 잘못된 구도는 아니다. 분할 정부에 대한 불만은 노무현 정권 초기에 극에 달해, 정치적 파행의 원인을 상대방 탓으로 돌리거나 대통령으로서는 하지 않아야 할 극단적 발언을 쏟아내는 모습을 종종 목격했다. 그것은 다시 국민적 불만과 불안을 재촉했고, 진보 정권에 대한 환호와 실망으로 이어졌다.

이중적 정당성이 서로 충돌할 때 '다른 수단에 의한 정치'가 개입하고 이는 곧 정치 불신을 증폭한다. 대통령과 의회의 극한 대립이 언론기관이나 검찰, 사법부의 개입을 자초했다. 언론은 분할 정부의 틈새를 자주 파고들어 자율성을 넓혀 갔으며, 정치적 쟁점의 해결을 놓고 검찰과 법원의 갈등도 빚어졌다.

정치적 투쟁의 적법성을 사법부의 판단에 맡기는 극한 형태가 한국 민주주의가 당도한 초라한 자화상自畫像이었다. 민주주의적 양식으로 풀어야 할 문제를 법치주의로 판정하는 사태는 저급의 정치다. 정치적 불신을 자극하는 이 '정치의 사법화'는 노무현 정권 이후 점차 늘어나 윤석열 정권에서 절정에 달했다. 한국 정치에 내재된 이런 폐단들이 20년 동안 반복되었다면 미성숙 민주주의이자 정치발전의 과제가 산적해 있음을 나타낸다.

그러므로 탄핵 사태를 경과하고 있는 지금, 한국 정치가 당면한 이중적 정당성의 갈등을 해결하는 정치적 개혁방안에 대해 논의하지 않으면 안 된다. 헌재가 탄핵 사태를 종결짓겠지만 탄핵과 극도의 정치 불안정을 빚어낸 제도적 결점은 여전히 남기 때문이다. 그래서 개헌의 필요성이 제기되는 것이다. 가장 중요한 개헌改憲의 초점은 권력분점을 위한 제왕적 대통령제의 혁신, 국회의원의 선거구제 개선, 두 가지다.

개헌의 필요성을 대부분 인정하고는 있지만, 그 시기에 대해서는 여야가 합의를 도출하지 못할 것으로 예상된다. 대선과 맞물려 있기 때문이다. 어렵지만 대선정국에서 쟁점화해야 한다.

넷째, 제왕적 대통령제 개혁

대선주자급 잠룡^{潛龍}들을 중심으로 개헌 제안이 꿈틀거린다. 8년 전과 동일하다. 기시감이 있다. 박근혜 대통령이 탄핵정국 돌파용으로 내 놨던 '개헌!'은 그렇지 않아도 국민적 관심 사안이었다. 1987년 체제 의 한계가 극명하게 드러났고, 제왕적 대통령제와 다수당의 횡포가 정치발전을 저해하고 있다는 부정적 평가가 널리 확산된 터였다. 문화가 100km/h, 경제가 80km/h, 사회가 60km/h로 달린다면, 정치는 20km/h, 법은 10km/h 속도로 달린다는 비판은 어제 오늘의 일이 아니다.

후진적 정치는 대한민국의 발목을 잡았다. 견제받지 않는 제왕적 대통령제에서 기인한 탄핵정국은 한국을 정지시켰다. 개헌은 정치의 기본 틀을 바꾸는 것이고 정치분파 간 이해갈등이 첨예하게 갈리는 것이기에 국민적 요구와 필요성이 무르익었을 때 해내야 한다. 더욱이 민주화 이후 8명 대통령 중 법적 처벌을 피한 사람은 거의 없다. 자녀가 처벌을 받았고, 스스로 극단적 선택을 했고, 감옥에 갔다. 이걸 정상적이라 할 수 있는가?

8년 전 개헌 논의 때 김종인의 주장은 이목을 끌었다. 2017년 봄,

개헌을 성사시켜 차기 대통령 임기를 3년, 즉 2020년으로 한정하고, 개헌에 의한 새로운 정치체제를 2020년에 출범시키자는 제안이었다. 빌싱 자체는 참신한데 실현 자체는 미지수였다. 대신 주자들이 3년 임기를 수용할지가 의문이고 논쟁의 초점이 체제 유형에 이르면 주자들과 정당들 간 틈은 더욱 벌어졌다.

제왕적 대통령제의 폐해를 충분히 겪었으므로 권력을 제한하자는 데에는 이구동성 동의하지만, 그것이 내각제인지, 분권형 대통령제인지는 의견이 사뭇 엇갈렸다. 대통령 등극이 코앞인 민주당은 일소一笑에 부쳤다. 결국 불발됐다.

1987년 이후 5년 단임 대통령제의 폐단을 지긋지긋하게 체험했다. 대통령의 실질적 집권기간은 초기 1년, 말기 1년을 제외하고 고작 3년이었다. 3년간 사설 캠프에서 만든 100여 개의 공약을 집행하느라 정책실효성과 적합성을 검증할 시간도 여유도 없었다. 김영삼 정부 이후 모두 합하면 약 600여 개의 크고 작은 국가프로젝트가 쏟아졌다. 정권이 바뀌면 기존 정권의 국가정책은 예외 없이 폐기되었으며 백만 공무원은 새로운 정책에 적응하느라 바빴다. 같은 보수 정권이라도 마찬가지였다. 이명박 정권의 녹색성장은 박근혜 정부에서 창조경제로 바뀌었고, 4대강은 폐기 처분되었다. 4대강 사업은 문재인 정권이 강행했던 적폐청산의 주요 표적이 됐다. 많은 사람이 감옥에 갔다. 박근혜 정권이 추진했던 노동, 금융, 공공부문, 교육

개혁은 탄핵과 함께 끝났고, 그것을 그대로 이어받았던 윤석열 정권 역시 탄핵으로 마감됐다. 올 여름에 탄생할 차기 정권이 그것을 이을 것이라 생각하는 사람은 없다.

한국 정치는 기존 정권의 '정통성 부정'을 통해 정통성을 쌓는 이상한 전통 위에 서 있다.

어디 이것뿐이랴. 정권 말기에는 집권세력의 이탈 현상이 불거져 부패와 비리가 저질러졌다. 정권 말기 현상이 반복된 것이다. 공기업과 공공기관의 낙하산 인사는 물론, 검찰과 경찰, 국정원의 절대 복종과 저항이 반복되었다. 낙하산 인사는 차기 정권에 일종의 대못을 박는 행위였다. 차기 대통령을 압박하는 포위 전략으로 으뜸이었다.

또한 정권 투쟁 와중에 검증받지 못한 인물이 혜성처럼 나타나 인기를 얻게 되면 포퓰리즘적 정치술의 매혹이 확산됐다. 충격적인 정책일수록 유권자의 박수를 더 끌어냈으므로. 낭비가 얼마인가? 인수위는 후보 사설 팀이 가득 메웠다. 캠프가 그대로 청와대로 진입해 국가 운영을 떠맡았다.

제왕적 대통령제에서 국회와의 타협은 비효율적이고 또한 불가능했다. 그걸 방지하느라 국회선진화법을 만들었지만, 여소야대 국면에서는 야당의 거부권에 부딪혔고, 여대야소 국면에서는 거대 여당이 독주했다. 협치의 유용성을 모두 알지만 선명성 투쟁이 대권 장악에 절대적으로 유리함을 알고 있는 한국 정치에서는 공염불에 불과했다.

5년마다 치러지는 대선은 거의 전투에 가까운 이념투쟁이었고, 상호비방전이었다. 이걸 끝내려면 개헌이 필수적이라는 공감대는 어제오늘의 일이 아니다.

개헌의 방향, 즉 체제 유형에 대해서는 의견이 엇갈린다. 세 가지 유형이 있다. 분권형 대통령제(이원집정부제), 대통령 중임제, 내각제가 그것이다. 각 유형의 장단점은 이미 밝혀져 있다. 2017년 탄핵 당시 유권자들의 선호는 '현행'을 제외하고 세 가지 유형에 대해 엇비슷하게 분포되어 있었는데 잦은 탄핵으로 인하여 선호도가 바뀌었다.

2025년 〈매일경제〉 조사에 의하면, '4년 중임제'가 40%여서 '현행 5년제' 27%를 앞질렀으며, 의원내각제도 12%나 됐다. 다른 조사에서도 4년 중임제가 압도적으로 높았으나 의원내각제에 대한 선호도도 점차 증가하고 있는 실정이다.

2017년에는 다소 달랐다. 서울대 국가정책포럼의 조사 결과, 5년 중임제는 8.7%, 분권형 대통령제 29.9%, 4년 중임제 29%, 내각제 29.2%였다. 기성세대일수록 분권형 대통령제 선호도가 높아지는 반면, 젊은 세대는 내각제를 선호하는 경향이 두드러졌다. 아무튼, 바꾸자는 의견이 91.3%에 달해, 국민 대다수가 개헌의 필요성을 인정하고 있었다. 차기 대선 이전에 하자는 의견이 41.5%, 차기 정부에서 하는 것이 좋다는 의견이 47.3%로 비슷했음에도 불발이었다.

현재도 상황은 비슷하지만 난망하다. 대통령이 될 가능성이 큰 대선주자가 그것을 선뜻 받아들이겠는가? 개헌의 필요성은 비등하고 있지만 가장 유력한 대선주자인 민주당 이재명 대표는 가타부타 언급을 일절 피하고 있다. 집권 후에 보자는 표정이 읽힌다.

다섯째, 중선거구제와 제 3정당

한국에서는 대선, 총선을 앞두고 정당의 이합집산이 항상 발생했다. 선거 우위를 다투는 전략으로 꽤 효력을 발휘했다. 그 덕에 정치 불안정이 가중됐다. 제 3정당이 탄생했다가 곧 거대 정당에 포섭돼 소멸하는 현상이 반복적으로 일어났다. 제 3정당은 거대 양당이 촉발하는 정치적 양극화를 완화할 수 있는 중립지대 내지 타협 기제임에도 제 3정당의 존립기반은 항상 취약했다. 개헌으로 선거구제를 바꿔야 할 이유다.

지역에 기반을 둔 한국의 정당구조는 대체로 대선정국에서 전면 재편과정을 겪는다. 유력 후보를 중심으로 정권 창출을 위한 정당 간 짝짓기와 이합집산이 진행된다. 대선에서 실패한 정당은 다시 분열을 일으켜 각자의 위치로 돌아가거나 세 규합을 통해 신당 창당을 선언하기도 한다.

2007년 대선을 앞두고 열린우리당이 민주당에서 뛰쳐나왔다가 실패하자 다시 민주당으로 돌아갔다. 그 후유증이 길게 남아 홍역을 않다가 2016년 총선에서 국민의당 분당사태를 맞았다. 한나라당은 2004년 탄핵정국에서 거의 해체위기를 겪었는데 박근혜 의원을 앞세워 회생하는 데에 성공했다. 2012년 대선을 앞두고 한나라당은 새누리당으로 당명을 바꿔 달았다. 대선주자가 지휘하는 정당이 된 것이다. 지지기반의 요구를 대변하는 기능보다 정권 창출에 더 민감한 것이 한국의 정당이다.

유권자와 정당 간 거리가 멀어지는 현상을 '정당 이탈'이라 한다면, 한국의 정당은 정렬-이탈-재편 과정을 끊임없이 반복하고 있다.

2016년 4월 총선에서는 새누리당, 민주당, 국민의당 간 3당 구조가 만들어졌다. 1988년 이후 처음이었다. 새누리당의 독선과 독주를 막으려는 야당 지지표가 두 군데로 분산된 결과다. 3개 정당은 대체로 동서 분절, 즉 지역 기반에 근거한 구조이지만, 호남 지지가 특히 수도권 지역에서 2개로 분절되어 나타난 것이었다. 이 역시 2017년 12월 예정된 대선정국을 앞두고 벌어진 현상이었다. 탄핵이 없었다면 3개 정당 간, 혹은 대선을 위해 급조된 정당이 가세해 4개 정도의 정당이 치열한 각축전을 벌이다가 대선이 임박한 시점에서 2~3개로 수렴되는 것이 상례다. 그간 몇 차례 반복된 일종의 경쟁 법칙이다. 그러나 예정된 코스는 헝클어졌다. 탄핵이 인용되자 2017년 5월로 앞당겨진 대선에 대비해 정당 간 이합집산이 동시에 앞당겨진 것이다.

한국의 정당구조는 원래 제3의 군소정당이 존재하는 거대 양당 체제다. 그런데 38석을 거느린 국민의당은 군소정당이 아니라 캐스팅보트를 행사할 만큼 세력이 큰 정당이었고, 2017년 대선에서 정권 창출에 중대한 역할을 담당할 것이었다. 그런데 탄핵 인용으로 인하여 새누리당의 분열, 신당 창당과 재창당이 다시 겹치면서 정당 재편이 활발하게 일어났다. 2016년 12월 21일 떨어져 나온 비박非朴은 신당 창당을 선언했다. 국민의 당과 연대도 모색했다. 2017년 1~2월, 정당 재편에 의해 말 그대로 '정치 실종 시간'을 맞았고, 제3지대론을 앞세워 신당 창당이 공식화되면서 정당 난립구조가 만들어졌다.

통치자가 감옥에 들어간 '권력 진공상태'를 어떻게 관리해야 하는지의 문제가 불거졌지만, 정치인들은 권력 장악에 여념이 없었다. 권한대행인 황교안 총리를 중심으로 당정협의체 구성안이 제안되기도 했지만, 민주당은 근거가 없다고 거절했다. 민주당, 새누리당 잔류파, 국민의당 간 치열한 각축전이 벌어졌을 뿐이다. 정치 불안정은 극에 달했다.

지금도 다를 바 없다. 탄핵소추안이 통과한 며칠 후 한덕수 권한대행과 한동훈 여당 대표가 공동정권을 제안했는데 역시 근거가 없다고 민주당이 거절했다. 한덕수 권한대행은 헌재 재판관 임명 문제로 탄핵되었는데 최상목 부총리가 대행의 대행 역할을 수행 중이다. 탄핵 담장을 아슬아슬하게 걷고 있다. 최 대행은 민주당이 수정 발의한 내란죄 특검법안에 거부권을 행사했다. 탄핵 정국에서 한국은 제대로 항해할 수 있을까?

여야가 동수로 참여하는 당정협의체 같은 기구를 두는 것도 생각해 볼 수 있지만, 정당의 이익에 혈안이 된 의원들이 나라를 우선시하는 공익적 결단을 내릴 수 있을지 의구심이 든다.

정당 제도가 정치 불안정의 원천임은 누구도 부정할 수 없는 사실인데, 정당 개혁에는 선뜻 나서지 않는 것이 정치인들의 현실이다. 차제에 거대 양당 간 조정과 협상 역할을 할 수 있는 제3 정당이 기반을 내릴 수 있도록 개헌 구상을 하는 것이 중요하다. 선거구 조정이 핵심이다.

현행 소선거구제를 폐지하고 중선거구제로 이행하는 것이 필수적이다. 소선거구제는 승자독식에 의해 차상위 득표자의 지지가 사표死票가 되고, 결국 유권자의 의사를 제대로 반영하지 못한다는 폐단 때문이다.

그래서 현행 254개 소선거구를 대략 120여 개 중선거구로 대폭 조정하고 각 선거구에서 2명씩을 선출하는 방안과, 1명으로 하되 득표수에 따라 전국구 비례대표를 늘리는 방안이 나와 있다. 일종의 정당 투표제와 혼합하는 방안이다. 선거구당 평균 인구가 20만 명에서 40~50만 명으로 늘어난다. 그러면 차상위 득표자가 당선되기 때문에 사표가 확연히 줄어든다. 비례대표제를 늘리면 현행 지역구 제도보다 유권자 이익을 제대로 대변할 수 있다는 주장인데, 2020년과 2024년 총선처럼 일종의 위성 정당인 비례당을 만들어 정당구조를 흩뜨려 놓으면 그것도 심각한 문제다. 국회에 이미 설치된 개헌 특위에서 적합한 방안을 모색해야 한다.

여섯째, 당정黨政협의체 거버넌스

탄핵 인용이 3월 중순에 이뤄진다면 적어도 6월 말까지는 신정부가 탄생할 것으로 예상한다. 탄핵이 부결되면 정국은 걷잡을 수 없는 회오리에 빠진다. 광장 시위와 정면 대립을 언제까지 계속할 수는 없다.

경제와 민생, 이행기 거버넌스가 절박하다. 한국은 올여름까지 모든 외교가 중단되고 국가운명을 결정할 중대 결정이 유보된다. '국가의 시대'가 물러난 것은 좋은데, 정책 미결정 상태를 지속할 수는 없다. 정치권이라는 엔진이 작동해야 한국이 굴러간다.

이런 관점에서 2017년 봄 당정협의체 구상이 제안된 바 있으나 곧 폐기됐다. 대통령 권한대행을 맡았던 황교안 총리의 행보가 눈에 띄게 달라지자 야당이 견제성 공세를 하고 나섰다. 황 총리가 대통령인 줄 착각한다, 탄핵 공동책임을 진 총리가 그걸 의식하지 않고 오버한다는 비난이었다. 2024년 12월 한덕수 권한대행에 대한 견제는 탄핵으로 끝났다.

그러나 중요한 사안은 지금이라도 여야 정당이 최상목 권한대행 내각과 긴밀한 당정협의체를 꾸리고 모든 사안을 서로 논의해 실행에 옮기는 것이었다. 이른바 '당정협의체 거버넌스'다. 여당이 무너진 바에야 중요 정책결정과 정무적 쟁점을 당정협의체로 이관하는 일은 바람직하다. 그래야 잡음을 줄이고 붕괴한 거버넌스를 살려낼 수 있다.

탄핵정국이 언제까지 지속될지 모르고, 2017년과는 달리 지금은 탄핵을 둘러싼 위헌성 여부가 정치 투쟁을 가속화할 전망이다. 한국은 누가 관리하는가? 최상목 부총리에게 모든 일을 일임한 상태로 족한가? 왜 민주당은 당정협의체 같은 위기관리 기구를 일축하는가? 최 권한대행의 대행이 감당할 수 없는 국가업무가 쏟아질 텐데 그것에 대한 공동책무를 이행하는 방법은 없을까?

권력은 국가 위기관리 능력에서 나온다. 여야가 공동 참여한 당정협의체는 어떤가? 정치 불안정을 줄일 수 있는 방법이다.

당정협의체는 여야 당 대표와 최 권한대행으로 구성된 최고위원회를 정점으로 그 휘하에 4개의 실행그룹을 두는 구조를 생각해 볼 수 있겠다. ① 경제민생 위원회, ② 국방외교위원회, ③ 교육 · 복지 · 시민사회위원회, ④ 정치현안위원회가 그것이다(이 보다 더 많이 가동해도 좋다). 각 실행위원회에는 해당 업무의 장 · 차관이 참여하고, 각 정당에서는 국회의원 중 전공 영역에 맞춰 정책위원으로 참여하면 된다. 약 5~6명으로 구성하고 그 밑에 10여 명 규모의 전문위원회를 둔다. 각 위원회가 반드시 다뤄야 할 가장 절박한 과제를 선정하여 실행 로드맵을 작성하고 그 결과를 수시로 점검한다. 진정한 협치의 씨앗을 뿌리는 것이다. 이게 잘 운영된다면, 대통령의 제왕적 권력개입이 없어도 무방하다. 권력의 진공상태를 협치로 건너는 셈이다.

이렇게 하면 대선주자들이 불쑥불쑥 던지는 공약성 발언의 혼란을 어느 정도 걸러낼 수 있다. 민주당 이재명 대표는 '카톡 가짜뉴스 확산 방지' 등과 같은 행동수칙을 벌써 발령 중이고, 국민연금 개혁안을 대선 전까지 완료하겠다고 말한 상태다. 탄핵 인용 시까지 몇 가지 중대한 정책 발언을 이어갈 것으로 전망된다. 마치 2017년 봄, 민주당 유력주자인 문재인 전 대표가 촛불 민심을 표방해 12대 과제를 내놓았던 것처럼 말이다.

명칭도 '국가대청소 과제', '시민혁명 입법·정책과제'였다. 엄청난 실행력을 요하는 굵직굵직한 과제를 '2017년 4월까지 반드시 관철시키겠다'고 해서 논란을 일으켰다. 권력의 진공상태에서 어떻게 '혁명과제'를 실천할 수 있는가? 거의 혼수상태를 헤매는 여당을 상대로 이런 거창한 사안을 협의할 수는 있는가? 패러다임을 바꾸는 그 정도의 정책은 대선 공약이거나, 차기 정권에서 실행할 사안이다.

오히려 당정협의체는 이행기 거버넌스가 더 이상 약화하지 않도록 관리하는 것에 초점을 둬야 한다. 정권의 관리력을 넘는 정책은 유보하는 것이 맞다. 이행기의 가장 중요한 관심은 '정치 불안정의 최소화'다.

일곱째 '정치가' 양성

1987년 시민 항쟁과 노동자 투생을 계기로 민수수의로 이행한 한국은 헌팅턴이 말한 '제 3파'의 마지막 흐름을 탔다. 일단 민주이행은 성공적이었다. 당시에는 민주이행을 주관한 노련한 정치인들이 많았다. 평생을 정치에 바친 프로 정치인들이었다. 김영삼과 김대중, 그리고 이들을 보좌한 정치인들은 '정치가政治家'라 불러도 충분한 전문인이었다. 국민들은 이들의 생애 경력과 진실한 고투를 믿었다. 계급적, 집단적 타협이 아니라 엘리트 협상에 의한 이행이라는 점이 걸렸지만, 김영삼과 김대중 정권은 민주주의의 기반을 구축하는 데에 남다른 기여를 했다. 그럼에도 민주화 이후 일련의 개혁정책에 의해 불거진 수혜자와 피해자 간 충돌, 수익 분배율 다툼을 해결하기에는 역부족이었다.

민주주의는 시련의 강江이다. 민주주의가 개막됐다고 모든 것이 순조롭게 흐르지 않는다. 일시에 터져 나온 이해갈등과 집단 간 이익투쟁을 민주주의라는 그릇에 담아내기는 어렵다. 1987년 이후, 한국은 그런 가시밭길을 조심스레 걸어왔다.

프로 정치가들이 활약하던 시간은 노무현의 등장과 2004년 총선에서 운동권의 대거 진입으로 막을 내렸다. 그들은 정치인이기 이전에 운동가였다. 정치적 목적은 뚜렷했으나 그것을 이루는 정치적 행동양식은 거의 초보였고 아예 그것을 배우려 하지 않았다. 기존 정치에 대한 총체적 거부와 혐오 속에 정치적 행동양식을 파묻어 버렸다.

신선한 충격이 없던 것은 아니었다. 2004년 정치 신인으로 등장한 유시민 의원이 17대 국회 개막 회의에 청바지를 입고 등장했던 것이 대서특필됐다. 이후 국회는 세대교체의 소용돌이로 빠져들었다. 그로써 '기예技藝로서의 정치'가 동시에 막을 내렸는데 정권 장악을 향한 권력투쟁은 역으로 거세졌다.

변화와 격동의 시대에는 '예술로서의 정치'와 '예술가로서의 정치가'가 필요하다. 생활의 지루함과 고통을 잠시 삭혀 주고 일상의 가벼움을 해학과 웃음으로 승화시켜 주는 코미디가 진짜 코미디라면, 시민들의 불안과 위기의식을 달래고 미래에 대한 낙관적 전망을 제공하는 것은 진정한 정치의 최소한의 조건인 것이다. 각양각색으로 터져 나오는 시민들의 요구를 한 방향으로 수렴시켜 누구든지 극단적으로 부정하지 않고 냉소하지 않는 어떤 목표를 향해 한 사회가 그런대로 진전되고 있다는 느낌을 대다수의 시민들이 막연하게나마 받을 때 정치는 비로소 '예술'로서의 자격을 획득한다.

'사람들을 모이게 하는 기예技藝'로서의 정치란, 선거유세가 후보자의 세계관과 정책 기량을 공개 심사하는 자리가 되고 투표가 국민들의 잔치가 되며, 그리하여 '정치!'라고 말했을 때 전율을 선사하는 감동의 무대와 인생의 무게를 실어 공연하는 예술가의 투혼을 떠올릴 수 있어야 한다. 어려운 시대일수록, 한 사회에 부과된 과제가 많으면 많을수록, 혼신의 노력을 다하는 감동의 무대로서의 정치가 필요하다.

과거 권위주의적 정권이 정치로부터 사람들을 해산시키는 폭력적 치세治世의 방식에 의존하였다면, 민주화란 그 반대의 방식, 즉 사람들을 정치영역으로 불러들여 자기들의 입장을 한껏 주장하도록 하는 방식을 택한다. 이런 의미에서 한국사회는 그 어느 때보다도 정치가 필요한 시대를 경과하고 있다. 그런데 개방된 영역을 관리할 정치가 없다. 직업으로 정치를 택한 사람은 많지만, 시민들 간 서로 엇갈리는 주장과 상반된 이해갈등을 조정하고 이들의 행위에 합리적 규범과 품위를 부여할 진정한 정치가가 없다는 것이 한국의 비극이다.

정치가가 없다면, 시민 대중에게 지혜와 믿음을 주고 시대적 사명을 일깨워 줄 지성적 선각자나 종교적 지도자에게 기대를 걸 수도 있다. 그런데 우리 사회에는 국민적 존경을 받는 대석학, 사제와 교회지도자, 승려를 찾아보기 어렵다. 엘리트 주도의 정치가 반드시 좋은 것은 아닐 터이지만, 민주화 이행과정에서 그들에 대한 사회적 존경은 급격히 철회됐다.

더욱이, 그 지도자들이 지대추구적 행위에 몰두하는 시민조직에게 공익의 중요성을 일깨워 주고, 이해갈등을 자발적으로 해결하게끔 합리적 게임규칙을 제정하고 관리하는 역할을 충실히 수행한다면 대변혁의 과정에서 그들의 존재는 보석 세공사와 같을 것이다.

그러나 한국사회에는 그러한 지도자가 결여되어 있다. 있다면, 반독재 투쟁에 일가견을 가진 '저항의 투사'들일 뿐, 발전의 장애물을 과감하게 척결하고 시민들을 상호협력의 장으로 인도하는 미래지향적 지도자는 아니다. 진정한 정치가의 결여는 '정치의 시대'에 한국을 무정치無政治 혹은 비정치非政治 지대로 만들어 놓았다. 탄핵 사태 전후 정치권의 행태를 보면, 한국의 정치는 '없거나(무정치)', 정치는 있되 '정치는 아닌(비정치)' 양상으로 치닫고 있다는 위기감을 떨칠 수 없다. 민주주의에의 열정과 기대가 크면 클수록 현실적 불만도 더불어 커지는 것은 자연스런 귀결임은 감안하더라도, 38년간의 개혁정치에 먼저 실망감과 분노가 앞서게 되는 것이 요즘의 국민 정서다.

불안하고 초조하다. 무정치, 비정치의 양상은 곧 적대 정치로 가는 길을 연다. 꽤 오래됐다. 보수든 진보든 개혁정치의 과정이 결코 평탄한 것만은 아니다. 기존 제도의 폐기와 새로운 제도의 창달에는 수혜자와 피해자의 상호교차가 수반될 뿐만 아니라 사회 집단 간 새로운 이해갈등이 촉발된다. 개혁 주도집단은 정책 과잉 혹은 정책실패로 말미암아 발생하는 개혁연합의 해체와 지지기반의 축소에 항상 신경을 곤두세워야 하며, 정책수행의 결과가 정치적 지지 시장에 미치는 효과를 정확하게 판단해야 한다.

지지 시장의 축소가 일어나고 개혁연합의 세勢가 약화되면 아무리 바람직한 개혁정책이라도 실행에 옮기는 것 자체가 불가능해진다.

개혁정치는 권력집단의 급진적 재편을 자주 초래하기 때문에 정치권 내부의 자체 분열을 낳기도 한다. 진정한 정치가 필요한 것은 바로 이 시점이다. 개혁과정에서 돌발하는 생섬들이 개혁에 대한 국민적 합의를 손상하지 않도록 관리하는 능력이 필요하고, 설득과 보상이 동시에 주어져야 한다. 사회집단과 시민들을 개혁의 대열에 동참시키는 동원능력과 개혁열망을 일정한 수준으로 유지하는 관리 능력이야말로 개혁정치의 성패를 좌우하는 중대 요소이다.

개혁정치에 가해지는 외부적 제약도 문제이지만 개혁이 성공할수록 자체의 딜레마도 동시에 커진다는 점은 무엇보다도 주의해야 할 본질적 문제이다.

그러나 없다. 프로 정치인들이 사라졌다. 권력쟁탈전에 이골 난 싸움꾼들이 요직을 차지해 참호전을 감행하는 정치는 민주주의가 아니다. 보수·진보와 좌·우파를 막론하고 민주주의의 윤리와 행동양식에 긴장을 느끼는 정치인들을 보지 못했다. 김영삼과 김대중 이후 한국의 정치는 민주주의의 성숙 과정이 아니라 분열과 반목 과정으로 치달았다.

윤석열의 비상계엄과 민주당 주도의 탄핵 결의로 급기야 정치 공백 상태를 만들어내기까지 한국의 정치인들은 극한적 '정치 양극화'에 도달했고 결국 민주주의의 파산을 초래했다. 민주주의의 생환을 주도할 정치인들이 없다. 정치인이 되는 가장 빠른 길은 국회 보좌관과 시민운동가다. 그들은 정치를 배우긴 했지만 관용과 자제, 공존과 협치 같은 핵심가치를 내면화하기엔 부족하다. 정치전문가 양성을 위한 국립 정치대학이라도 신설해야 하나? 이들을 어떻게 양성할 것인지는 한국 정치가 떠안은 중장기적 과제다.

그래도 봄을 기다리며

제안의 리스트는 더 길 수 있겠다. 그러나 당장 급한 것은 정치인들과 좌·우파 이념집단이 연일 뿜어대는 정치적 독기毒氣를 정화하는 일이다. 우리는 매연 속에 살았다. 매연을 뿜어내는 고장 난 기계를 고칠 생각보다는 매연의 소재를 색출하고 책임을 전가하는 싸움을 지속했다. 싸움은 날로 커져 결국 민주주의의 붕괴를 몰고 왔다. 가족과 지인 간, 심지어는 연인 간 정치적 대화 자체가 불가능해진 상태를 누가 민주주의라고 할 수 있겠는가.

광장의 함성과 치열한 대치 행위로 민주주의가 피어날 것이란 환상을 버려야 한다. 민주주의는 광장이 아니라 일상생활에서, 생활세계에서 피어나는 꽃이다. 그러나 매연이 화초와 수목을 덮쳐 말라 죽게 만드는 현실에 당도한 것이다. 이런 상황에서 또 다른 정권을 원한들 무슨 소용이 있겠는가. 이미 한국 정치는 죽음의 계곡으로 몰려갔고, 국민이 원하는 바를 수행할 능력을 상실했다. 권력욕을 당분간이라도 억누르고, 극한의 양보와 자제력을 발휘해 개헌하는 것 외에는 출구가 없다는 것이 이 책의 결론이다. 한국은 이미 적대 정치의 진열장이 됐다. 그 속에 휘말린 우리의 일그러진 자화상이 이 책의 갈피마다 번득인다.

민주주의를 조심스레 다뤄야 했다. 민주화를 만들어낸 그 열기와 열정이 민주주의를 죽이는 독이 될 수 있다는 사실을 진즉에 깨달았어야 했다. 민주주의에서는 적敵이 정권을 잡을 수 있으며, 영원한 적이 아니라 경쟁상대라는 사실, 그래서 적과의 타협이 배신이 아니라는 사실을 일찍이 내면화했어야 했다.

목표는 하나, 국민의 민복과 국가의 안위다. 정치는 국민이 정치인에게 잠시 빌려준 번영의 수단이자 도구다. 그런데 국민을 끝없는 정쟁과 소모전에 휘말리게 만드는 일이 일어났다. 생활세계를 증오와 원한의 증기로 덮었다. 이대로라면, 남미의 게릴라전, 중동의 내전으로 발화할 날이 머지않았다. 20여 년 지속된 적대 정치가 50년을 더 가지 않을 거란 확신이 있는가? 바로 이 시점에서 그 둥지를 잘라내야 한다. 권력욕에 눈먼 정치인과 정치집단에 기대하기는 틀렸다.

시민들이다. 그들의 정쟁에 휘말린 우리의 초라한 자화상을 들여다봐야 한다. 적대 정치의 앤솔러지가 그 거울이다.

미 주

1. 파국으로 가는 길

1 A. Przeworski(1991), *Democracy and Market*, Cambridge: Cambridge University Press.

2 스티븐 레비츠키·대니얼 지블랫(2018), 《어떻게 민주주의는 무너지는가: 우리가 놓치는 민주주의의 위기 신호》, 어크로스, 86쪽.

3 *Newsis*, 2024. 11. 13.

4 에이미 추아(2019), 《정치적 부족주의》, 김승진(역), 부키.

5 새뮤얼 헌팅턴(2016), 《문명의 충돌》, 이희재(역), 김영사.

6 폴 크루그먼(2008), 《미래를 말하다》, 예상한 외(역), 현대경제연구원.

7 앞의 책, 233쪽.

8 모이제스 나임(2013), 《권력의 종말》, 김병순(역), 책읽는 수요일, 432쪽.

9 2025년 1월 3일, 공수처는 한남동 관저에 몸을 숨긴 윤석열 대통령을 내란죄 혐의로 체포하기 위해 수사관 100여 명을 보냈는데 경호처의 저항에 막혀 실패했다. 공수처는 경찰에 체포 임무를 넘기고자 했는데, 민주당 박찬대 원내대표는 업무수행 불성실 죄목으로 공수처장을 탄핵하겠다고 으름장을 놨다. 탄핵은 만능키였다.

2. 적대 정치의 기원과 증폭: 좌파의 양식

1 당시에는 30~40대, 1980년대 학번, 1960년대 태생이라 386세대로 불렸다. 지금은 586세대 혹은 686세대가 됐다.

2 〈중앙일보〉, 2009. 5. 5.

3 〈경향신문〉, 2018. 12. 4.

4 송호근(2020), 《국민의 탄생》, 민음사.

5 T. Skocpol(2004), *Deminished Democracy: From Membership to Management in American Civic Life*, University of Oklahoma Press. 로버트 퍼트넘(2006), 《사회적 자본과 민주주의》, 안청시 외(역), 박영사.

3. 정치 양극화와 폐쇄정치: 우파의 양식

1 노무현, "원광대학교 명예박사 학위수락 연설문", 2007. 6. 8.

2 목수정(2008), "촛불 소녀와 배운 여자, 문화적 상상력을 운동에 풀어놓다", 《대한민국은 민주공화국이다?》, 남구현 외, 메이데이.

3 정한울·정원칠(2008), "2008 집회시위를 통해 본 시민사회 프로젝트 (II)", 〈EAI 워킹페이퍼〉, 2008-07, 동아시아 연구원, 6쪽.

4 장덕진(2008), "누가 촛불을 드는가: 광우병 관련 촛불집회 참여과성의 단계별 분석", 서울대학교 사회발전연구소 주최 '한국의 사회적 질과 위험' 심포지엄 발표 논문, 2008. 11. 14.

5 로버트 퍼트넘(2006), 《사회적 자본과 민주주의》, 안청시 외(역), 박영사.

4. 민주주의의 생환: 좋은 정치를 찾아서

1 아제모을루·로빈슨(2020), 《좁은 회랑: 국가, 사회, 그리고 자유의 운명》, 장경덕(역), 시공사.

2 A. Przeworski(1991), *Democracy and the Market*, Cambridge: Cambridge University Press.
S. Huntington(1991), *The Third Wave: Democratization of the late Twentieth Century*, Norman: University of Oklahoma Press.
J. Linz(1990), Transition to Democracy, *Washington Quarterly*, 13(3).

3 최근에 민주주의의 퇴조와 타락에 경종을 울리는 저서들이 많이 출간되었다.
레비츠키·지블랫(2018), 《어떻게 민주주의는 무너지는가》, 박세연(역), 어크로스.
야스챠 뭉크(2018), 《위험한 민주주의》, 함규진(역), 와이즈베리.
데이비드 런시먼(2020), 《쿠데타, 대재앙, 정보권력》, 최이현(역), 아날로그.

4 S. Mainwaring, S. Valenzuela and G. O'Donnell (eds.)(1992), *Issues in Democratic Consolidation*, Notre Dam: University of Notre Dam Press.

5 S. Huntington(1991), *The Third Wave: Democratization in Late Twentieth Century*, Norman: University of Oklahoma Press.

6 레비츠키·지블랫(2018), 《어떻게 민주주의는 무너지는가》, 박세연(역), 어크로스, 186쪽.

7 저자의 '탄생 시리즈'가 이 점을 심층 분석했다. 《시민의 탄생》(민음사, 2013)과 《국민의 탄생》(민음사, 2020) 참조.

21세기 한국 지성의 몰락

미네르바 부엉이는 날지 않는다

송호근(한림대 도헌학술원 원장)

21세기 한국, 지성인은 어디로 사라졌는가?
실종된 지식인들을 찾는 탐사기

날카로운 사회분석과 칼럼으로 한국지성을 대표하는 송호근 교수가 세
계 지성사의 흐름과 한국 지식인 사회를 성찰하고 지식인이 앞으로 나아
갈 길을 모색했다. 사회학자이자 교수로서 누구보다 넓은 시야로 19세기
부터 21세기까지 세계 지성사와 문명사의 큰 흐름을 읽어냈다. 21세기
문명 전환기, 한국 지식인들은 왜 사라졌는가?

신국판 | 372면 | 24,000원

나남 031) 955-4601
nanam www.nanam.net